2025年春 受験用 解答集

福岡県 久留米大学附設中学校

2019～2013年度の7年分

本書は，実物をなるべくそのままに，プリント形式で年度ごとに収録しています。
問題用紙を教科別に分けて使うことができるので，本番さながらの演習ができます。

■ 収録内容

・解答集（この冊子です）

　　書籍ＩＤ番号，この問題集の使い方，リアル過去問の活用，解答例と解説，
　　ご使用にあたってのお願い・ご注意，お問い合わせ

・2019(平成31)年度 ～ 2013(平成25)年度　学力検査問題

JN131970

〇は収録あり	年度	'19	'18	'17	'16	'15	'14	'13
■ 問題収録		〇	〇	〇	〇	〇	〇	〇
■ 解答用紙		〇	〇	〇	〇	〇	〇	〇
■ 解答		〇	〇	〇	〇	〇	〇	〇
■ 解説		〇	〇	〇	〇	〇	〇	
■ 配点								

☆問題文等の非掲載はありません

もっと過去問！シリーズ

Ｋ 教英出版

■ 書籍ID番号

入試に役立つダウンロード付録や学校情報などを随時更新して掲載しています。
教英出版ウェブサイトの「ご購入者様のページ」画面で，書籍ID番号を入力してご利用ください。

書籍ID番号 **163040**

（有効期限：2025年9月30日まで）

【入試に役立つダウンロード付録】
「中学合格への道」

■ この問題集の使い方

年度ごとにプリント形式で収録しています。針を外して教科ごとに分けて使用します。①片側，②中央のどちらかでとじてありますので，下図を参考に，問題用紙と解答用紙に分けて準備をしましょう（解答用紙がない場合もあります）。

針を外すときは，けがをしないように十分注意してください。また，針を外すと紛失しやすくなりますので気をつけましょう。

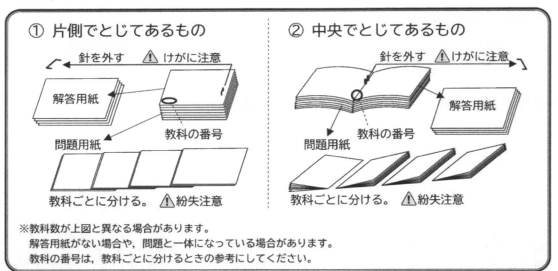

① 片側でとじてあるもの
針を外す ⚠️ けがに注意
解答用紙
教科の番号
問題用紙
教科ごとに分ける。 ⚠️ 紛失注意

② 中央でとじてあるもの
針を外す ⚠️ けがに注意
解答用紙
問題用紙 教科の番号
教科ごとに分ける。 ⚠️ 紛失注意

※教科数が上図と異なる場合があります。
解答用紙がない場合や，問題と一体になっている場合があります。
教科の番号は，教科ごとに分けるときの参考にしてください。

リアル過去問の活用

~リアル過去問なら入試本番で力を発揮することができる~

❀ 本番を体験しよう！

問題用紙の形式（縦向き／横向き），問題の配置や余白など，実物に近い紙面構成なので本番の臨場感が味わえます。まずはパラパラとめくって眺めてみてください。「これが志望校の入試問題なんだ！」と思えば入試に向けて気持ちが高まることでしょう。

❀ 入試を知ろう！

同じ教科の過去数年分の問題紙面を並べて，見比べてみましょう。

① 問題の量

毎年同じ大問数か，年によって違うのか，また全体の問題量はどのくらいか知っておきましょう。どのくらいのスピードで解けば時間内に終わるのか，大問ひとつにかけられる時間を計算してみましょう。

② 出題分野

よく出題されている分野とそうでない分野を見つけましょう。同じような問題が過去にも出題されていることに気がつくはずです。

③ 出題順序

得意な分野が毎年同じ大問番号で出題されていると分かれば，本番で取りこぼさないように先回りして解答することができるでしょう。

④ 解答方法

記述式か選択式か（マークシートか），見ておきましょう。記述式なら，単位まで書く必要があるかどうか，文字数はどのくらいかなど，細かいところまでチェックしておきましょう。計算過程を書く必要があるかどうかも重要です。

⑤ 問題の難易度

必ず正解したい基本問題，条件や指示の読み間違いといったケアレスミスに気をつけたい問題，後回しにしたほうがいい問題などをチェックしておきましょう。

❀ 問題を解こう！

志望校の入試傾向をつかんだら，問題を何度も解いていきましょう。ほかにも問題文の独特な言いまわしや，その学校独自の答え方を発見できることもあるでしょう。オリンピックや環境問題など，話題になった出来事を毎年出題する学校だと分かれば，日頃のニュースの見かたも変わってきます。

こうして志望校の入試傾向を知り対策を立てることこそが，過去問を解く最大の理由なのです。

❀ 実力を知ろう！

過去問を解くにあたって，得点はそれほど重要ではありません。大切なのは，志望校の過去問演習を通して，苦手な教科，苦手な分野を知ることです。苦手な教科，分野が分かったら，教科書や参考書に戻って重点的に学習する時間をつくりましょう。今の自分の実力を知れば，入試本番までの勉強の道すじが見えてきます。

❀ 試験に慣れよう！

入試では時間配分も重要です。本番で時間が足りなくなってあわてないように，リアル過去問で実戦演習をして，時間配分や出題パターンに慣れておきましょう。教科ごとに気持ちを切り替える練習もしておきましょう。

❀ 心を整えよう！

入試は誰でも緊張するものです。入試前日になったら，演習をやり尽くしたリアル過去問の表紙を眺めてみましょう。問題の内容を見る必要はもうありません。どんな形式だったかな？受験番号や氏名はどこに書くのかな？…ほんの少し見ておくだけでも，志望校の入試に向けて心の準備が整うことでしょう。

そして入試本番では，見慣れた問題紙面が緊張した心を落ち着かせてくれるはずです。

※まれに入試形式を変更する学校もありますが，条件はほかの受験生も同じです。心を整えてあせらずに問題に取りかかりましょう。

算　数

平成 ㉛ 年度　解答例・解説

《解答例》

1　(1)0.51　　(2)85　　(3)① 5　②13　　(4)① 2，24　②42

2　(1)右図　　(2)210　　(3)最多…1275　最少…1226

(4)一番下…64　一番上…11，5

3　(1)120　　(2)40　　(3)11988　　(4)359964

4　(1)右図，78.5　　(2)431.75　　(3)806.5

5　(1) 9　　(2)①面の数… 8　体積…$333\frac{1}{3}$

②面の形…ひし形　面の数…12　体積…250

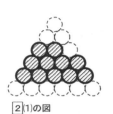

1 段目
2 段目
3 段目
4 段目
5 段目
6 段目

2(1)の図

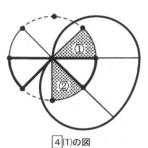

4(1)の図

《解　説》

1　(1)　与式＝$(\frac{1}{8}-\frac{1}{9})\times36\times1.7-1\frac{1}{12}\times\frac{24}{13}\times\frac{1}{10}\times1.7=\frac{1}{72}\times36\times1.7-\frac{13}{12}\times\frac{24}{13}\times\frac{1}{10}\times1.7=\frac{1}{2}\times1.7-\frac{1}{5}\times1.7=$

$(\frac{1}{2}-\frac{1}{5})\times1.7=(\frac{5}{10}-\frac{2}{10})\times1.7=\frac{3}{10}\times1.7=0.3\times1.7=0.51$

(2)　この商品 1 個の仕入れ値を 100 として右の面積図で考える。

定価は $100\times(1+0.2)=120$，割引後の単価は $120\times(1-0.3)=84$，すべて
を売ったあとの平均単価は $100\times(1+0.146)=114.6$ になる。右図の色の
ついた長方形と斜線をつけた長方形の面積は等しく，たての長さの比は

$(120-114.6):(114.6-84)=5.4:30.6=3:17$ だから，a：b＝17：3 である。
比の和の $17+3=20$ が 100 個にあたるから，定価で売れた個数は $100\times\frac{17}{20}=85$（個）である。

(3)　線に沿って，右，斜め右上，上のいずれかへ進むから，ある頂点への行き方の数は，その頂点
の左側の頂点までの行き方の数と，その頂点の下側の頂点までの行き方の数と，その頂点の左下の
頂点までの行き方の数の和に等しくなる。したがって，それぞれの頂点への行き方の数は右図のよ
うになるから，AからBまでの行き方は①5 通り，AからCまでの行き方は②13 通りある。

(4)①　正しい時計が，1 時間＝60 分進む間に，時計Aは $60-5=55$（分）進むから，正しい時計と時計Aの進む速
さの比は，60：55＝12：11 である。したがって，時計Aが 2 時間 12 分＝（2×60＋12）分＝132 分進んだとき，正
しい時計は，$132\times\frac{12}{11}=144$（分）進む。$144\div60=2$ 余り 24 より，求める時刻は，正午から 144 分後＝2 時間 24 分
後の午後 2 時 24 分である。

②　①の解説をふまえる。

正しい時計が 60 分進む間に，時計Bは $60+2=62$（分）進むから，正しい時計と時計Bの進む速さの比は，60：62＝
30：31 である。正しい時計が，午後 8 時 24 分－午後 2 時 24 分＝6 時間＝360 分進むと，時計Aは $360\times\frac{11}{12}=330$（分）
進み，時計Bは $360\times\frac{31}{30}=372$（分）進むから，時計Aと時計Bは，$372-330=42$（分）ずれている。

2 (1) 7個のときの図より，1段目から4段目までのすべてに球を入れると，10個入るから，球が11個のときに5段目をはじめて使うとわかる。したがって，5段目に5個，4段目に4個，3段目に2個入るとわかる。

(2) 1段目から20段目までのすべてに球が入っているから，球の個数は，$1＋2＋3＋\cdots＋20$(個)である。連続する整数の和の2倍は$\{(最初の数)＋(最後の数)\}\times(個数)$だから，$1＋2＋3＋\cdots＋20＝\dfrac{(1＋20)\times20}{2}＝210$(個)である。

(3) 最も多いのは1段目から50段目までのすべてに球が入っているときだから，$1＋2＋3＋\cdots＋50＝\dfrac{(1＋50)\times50}{2}＝1275$(個)である。

最も少ない個数よりさらに1個少ないと，一番下の段は49段で，1段目から49段目までのすべてに球が入っているから，$1275－50＝1225$(個)である。したがって，一番下の段が50段目のとき，最も少ない球の個数は，$1225＋1＝1226$(個)である。

(4) 1から連続する整数の和が2019に近くなるところを探す。(2)の解説より，連続する2数の積が$2019\times2＝4038$に近くなるところを探すと，$63\times64＝4032$，$64\times65＝4160$が見つかる。1段目から63段目までのすべてに球を入れると，$\dfrac{(1＋63)\times63}{2}＝2016$(個)入るから，2019個の球を入れるとき一番下の段は，64段目である。

1段目から64段目までのすべてに球が入れると，$2016＋64＝2080$(個)入るから，1段目から64段目までのうち，球が入っていない部分は，$2080－2019＝61$(個分)である。1段目から10段目までに55個分あるから，11段目の$61－55＝6$(個分)は球が入っていないとわかる。よって，球が入っている一番上の段は11段目で，入っている球の数は，$11－6＝5$(個)である。

3 (1) 1けたの数は，1，2，9の3個，2けたの数は十の位の数が1，2，9の3通り，一の位の数も1，2，9の3通りあるから$3\times3＝9$(個)，同じように3けたの数は$3\times3\times3＝27$(個)，4けたの数は$3\times3\times3\times3＝81$(個)並ぶ。したがって，全部で$3＋9＋27＋81＝120$(個)並ぶ。

(2) 3の倍数は各位の数の和も3の倍数である。1けたの数で3の倍数は9の1個ある。

2けたの数で3の倍数となるのは，12，21，99の3個ある。

和が3の倍数となる3つの数の組は，(1，1，1)
(2，2，2)(9，9，9)(1，2，9)がある。

(1，1，1)(2，2，2)(9，9，9)を使ってできる3けたの数字は1個ずつある。

> **同じものを含むときの並べ方**
> 異なるn個のものを並べるときの並べ方は，
> 　n！＝n×(n－1)×(n－2)×…×2×1(通り)
> n個の中に同じものをa個含むときのn個の並べ方は，
> 　$\dfrac{n！}{a！}$(通り)

(1，2，9)を使ってできる3けたの数字は，$3！＝3\times2\times1＝6$(個)できるから，3けたの3の倍数は，$1\times3＋6＝9$(個)ある。

和が3の倍数となる4つの数の組は，(1，1，1，9)(2，2，2，9)(9，9，9，9)(1，2，9，9)
(1，1，2，2)がある。

(1，1，1，9)(2，2，2，9)を使ってできる4けたの整数は，9を置く位によって4個ずつある。

(9，9，9，9)を使ってできる4けたの整数は1個ある。

(1，2，9，9)を使ってできる4けたの整数は，$\dfrac{4！}{2！}＝12$(個)ある(同じものを含むときの並べ方を参照)。同じようにして(1，1，2，2)を使ってできる4けたの整数は，$\dfrac{4！}{2！\times2！}＝\dfrac{4\times3\times2\times1}{2\times1\times2\times1}＝6$(個)ある。4けたの3の倍数は$4\times2＋1＋12＋6＝27$(個)できるから，3の倍数は全部で，$1＋3＋9＋27＝40$(個)並ぶ。

(3) (1)より，111から999までに27個の数が並ぶから，それぞれの位に1，2，9が$27\div3＝9$(個)ずつあるとわかる。したがって，各位の数の和は，$(1＋2＋9)\times9＝12\times9＝108$である。よって，111から999までの和は，$108\times100＋108\times10＋108\times1＝108\times111＝11988$である。

(4) (3)の解説をふまえる。(1)より，1111 から 9999 までに 81 個の数が並ぶから，それぞれの位に 1，2，9 が 81÷3＝27(個)ずつあり，各位の数の和は，12×27＝324 である。

よって，1111 から 9999 までの和は，324×1000＋324×100＋324×10＋324×1＝324×1111＝359964 である。

4 (1) おうぎ形ＡＢＣが①から②まで移動したとき，右図 i の太線のようになる。
曲線ＰＱは，おうぎ形の曲線部分どうしが接しているときに点Ａが移動する線で，接している点から点Ａまでの長さは常に 10 cm だから，曲線ＰＱは半径が 10＋10＝20(cm)のおうぎ形の曲線部分の長さに等しい。また，このおうぎ形は円を 8 等分したものである。したがって，求める長さは，半径が 10 cm の円周の長さと曲線ＰＱの長さの和なので，$10×2×3.14＋20×2×3.14×\frac{1}{8}＝(20＋5)×3.14＝78.5(cm)$ である。

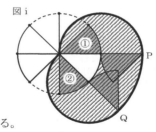
図 i

(2) 求める面積は，図 i の斜線部分の面積だから，半径が 10 cm の円の面積と半径が 20 cm で円の $\frac{1}{8}$ のおうぎ形の面積の和から，半径が 10 cm の円の $\frac{1}{8}$ のおうぎ形の面積を引いたものである。

よって，$10×10×3.14＋20×20×3.14×\frac{1}{8}－10×10×3.14×\frac{1}{8}＝(100＋50－\frac{25}{2})×3.14＝\frac{275}{2}×3.14＝431.75(cm^2)$

(3) おうぎ形ＡＢＣが通過する部分は，右図 ii の斜線部分と色付き部分である。
この面積は，(2)で求めた面積の 2 倍から，図 ii の色付き部分の面積を引いて求める。色付き部分の半分の面積は，半径が 10 cm の円の $\frac{1}{4}$ から，2 辺の長さが 10 cm の直角二等辺三角形をのぞいた面積だから，$10×10×3.14×\frac{1}{4}－10×10÷2＝78.5－50＝28.5(cm^2)$ なので，色付き部分の面積は，$28.5×2＝57(cm^2)$ である。

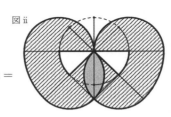
図 ii

よって，求める面積は，431.75×2－57＝806.5(cm^2)

5 (1) 立方体の 4 つのどの側面から見ても，右図 i の太線で切り落とすことになる。したがって，Ａ，Ｆ，Ｋ，Ｊを通る平面と，Ｂ，Ｅ，Ｌ，Ｉを通る平面で切り落とすと，右図 ii のようになり，その後，Ｃ，Ｈ，Ｌ，Ｋを通る平面と，Ｄ，Ｇ，Ｉ，Ｊを通る平面で切り落とすと，右図 iii のようになる。したがって，残った部分の立体は，直方体と四角すいを組み合わせたような立体となり，面は 9 面ある。

図 i
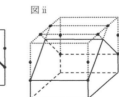
図 ii
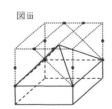
図 iii

(2)① (1)からＡ，Ｆ，Ｋ，Ｊを通る平面とＣ，Ｈ，Ｌ，Ｋを通る平面のような位置関係の 2 平面で切ると，ななめの交わる辺ができることがわかる。したがって，立方体の上半分だけで考えると，図 iv のような正四角すいができるとわかるので，下半分まで考えると八面体となる。

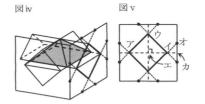
図 iv　図 v

四角すいの底面は 1 辺の長さが図 v のアイの正方形であり，高さはウエである。オカの長さは 2 点の間の長さ 15÷3＝5 (cm)の半分の $\frac{5}{2}$ cm で，三角形オカは直角二等辺三角形だから，イカ＝オカ＝$\frac{5}{2}$ cm である。図 v の正方形の 1 辺の長さが 15 cm だから，アイの長さは $15－\frac{5}{2}×2＝10(cm)$，三角形ウアイ，三角形ウエイも直角二等辺三角形だから，ウエ＝エイ＝アイ÷2＝10÷2＝5 (cm)である。

よって，四角すい 1 個の体積は，$10×10×5÷3＝\frac{500}{3}(cm^3)$ だから，求める立体の体積は，$\frac{500}{3}×2＝\frac{1000}{3}＝333\frac{1}{3}(cm^3)$ である。

② 図viの正四角すいを真上から見ると図viiのように見える。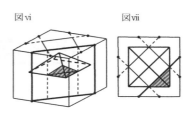

図viの太線の平面で，正四角すいから切り落とすと色付きの三角すいが

切り落とされ，断面は二等辺三角形になるから，下の部分まで考えると，

断面は，2つの二等辺三角形の底辺を合わせたひし形になる。

八面体の1つの頂点を切り落とすと，ひし形の断面が1つ増えるから，

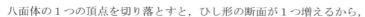

4つの頂点で切り落とすと全部で4面増えて面の数は12面となる。求める体積は，①の八面体の体積から，図vi

の色つき部分の三角すい8個分の体積を引いた体積である。図viの色付きの三角すいは，もとの四角すいを半分

にした三角すいの半分の大きさだから，底面積が $5 \times 5 \div 2 = \dfrac{25}{2}$ (cm²)，高さが $\dfrac{5}{2}$ cmとなり，その体積は，

$\dfrac{25}{2} \times \dfrac{5}{2} \div 3 = \dfrac{125}{12}$ (cm³)である。よって，求める体積は，$\dfrac{1000}{3} - \dfrac{125}{12} \times 8 = \dfrac{750}{3} = 250$ (cm³)である。

《解答例》

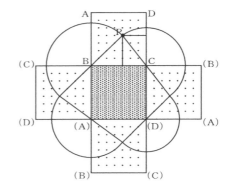

1 (1)(ア) 900　(イ) 1.5　(2)(ア) 3　(イ) 7　(ウ) 43　(エ) 1807

　(3)(ア) 10　(イ) 18　(4)(ア) 1 : 2　(イ) 7 : 6

2 (1) 150　(2) 200　(3) 375

3 (1) Aが奇数ならA＋1が偶数に，Aが偶数ならA＋1が奇数と

　なり，偶数と奇数の積は必ず偶数になるから。

　(2) 14　(3) 10　(4)＜11＞，＜12＞，＜14＞，＜23＞

4 (1) 右図　(2) 15.7　(3) 255　(4) 114.61

5 (1)(ア) 5　(イ) 8　(ウ) 5　(エ) 60

　(2)(オ) 6　(カ) 12　(キ) 8　(ク) 45

《解　説》

1 (1)(ア)　与式＝234－36＋2×15×10＋345＋57＝234＋300＋345＋57－36＝936－36＝900

(イ)　与式＝$19×0.01×25＋5×0.25－6×\frac{1}{2}×\frac{1}{4}－15×0.1×2.5＝$

$19×0.25＋5×0.25－3×0.25－15×0.25＝(19＋5－3－15)×0.25＝6×0.25＝1.5$

「答えが整数でない場合は小数で表しなさい」という条件に注意すること。

(2)　$1＋\dfrac{1}{1－\frac{1}{2}}＝1＋\dfrac{1}{\frac{1}{2}}＝1＋1÷\dfrac{1}{2}＝1＋2＝_ア\underline{3}$

以下の計算では，10－(2＋3)＝10－2－3と変形できることを利用する。

$1＋\dfrac{1}{1－(\frac{1}{2}+\frac{1}{3})}＝1＋\dfrac{1}{1－\frac{1}{2}－\frac{1}{3}}＝1＋\dfrac{1}{\frac{1}{2}－\frac{1}{3}}＝1＋\dfrac{1}{\frac{1}{2×3}}＝1＋1÷\dfrac{1}{6}＝1＋6＝_イ\underline{7}$

$1＋\dfrac{1}{1－(\frac{1}{2}+\frac{1}{3}+\frac{1}{7})}＝1＋\dfrac{1}{1－\frac{1}{2}－\frac{1}{3}－\frac{1}{7}}＝1＋\dfrac{1}{\frac{1}{6}－\frac{1}{7}}＝1＋\dfrac{1}{\frac{1}{6×7}}＝1＋1÷\dfrac{1}{42}＝1＋42＝_ウ\underline{43}$

$1＋\dfrac{1}{1－(\frac{1}{2}+\frac{1}{3}+\frac{1}{7}+\frac{1}{43})}＝1＋\dfrac{1}{1－\frac{1}{2}－\frac{1}{3}－\frac{1}{7}－\frac{1}{43}}＝1＋\dfrac{1}{\frac{1}{42}－\frac{1}{43}}＝1＋\dfrac{1}{\frac{1}{42×43}}＝1＋1÷\dfrac{1}{1806}＝1＋1806＝_エ\underline{1807}$

(3)(ア)　右図のように記号をおく。A＋5＋6＝A＋11 とA＋B＋2が等しいのだから，

B＋2＝11 であり，B＝11－2＝9 とわかる。

同様に，6＋B＋C＝6＋9＋C＝15＋C が5＋X＋Cと等しいので，

5＋X＝15 より，X＝15－5＝10

5	A	6
X	B	
C	2	

（イ）　右図のように記号をおき，（ア）と同じような手順で考える。

P×5×6＝P×30とP×Q×2が等しいのだから，Q×2＝30　　　Q＝30÷2＝15

6×Q×R＝6×15×R＝90×Rが5×Y×Rと等しいので，

5×Y＝90より，Y＝90÷5＝18

（4）（ア）　三角形BQFと三角形CGFは同じ形で，辺の長さの比がBF：CF＝1：2である。

よって，BQ：GC＝1：2

（イ）　三角形EQPと三角形CGPは同じ形だから，EP：CPはEQ：CGと等しい。

ABとDCの長さを1とすると，EB＝$\frac{1}{2}$，GC＝$\frac{3}{4}$だから，(1)より，BQ＝GC×$\frac{1}{2}$＝$\frac{3}{4}$×$\frac{1}{2}$＝$\frac{3}{8}$

したがって，EQ＝EB＋BQ＝$\frac{1}{2}$＋$\frac{3}{8}$＝$\frac{7}{8}$となるから，EQ：CG＝$\frac{7}{8}$：$\frac{3}{4}$＝7：6

よって，EP：PC＝7：6である。

[2] （1）　ふくまれる食塩の量が変わらなければ，食塩水の濃度と食塩水の量は反比例する。Bから水を蒸発させて濃度が6÷4＝$\frac{3}{2}$（倍）になったのだから，食塩水の量は$\frac{2}{3}$倍になったとわかる。

よって，蒸発した食塩水は450gの1－$\frac{2}{3}$＝$\frac{1}{3}$（倍）の，450×$\frac{1}{3}$＝150（g）

（2）　Bから50gを取り出してAに混ぜて，Aの濃度が8.4％になったときの操作をてんびん図で表すと，右図のようになる。

食塩水の量の比は，a：b＝（9－8.4）：（8.4－6）＝1：4の逆比の4：1になるから，Aに最初に入っていた食塩水の量は，

50×4＝200（g）

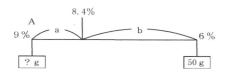

（3）　Bから50gを取り出してAに混ぜて，Aの濃度が7.4％になったときの操作をてんびん図で表すと，右図のようになる。

c：dは，食塩水の量の比である250：50＝5：1の逆比の1：5になるから，d＝c×$\frac{5}{1}$＝（8.4－7.4）×5＝5（％）

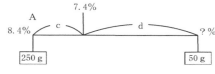

したがって，Bから取り出した50gの食塩水の濃度は7.4－5＝2.4（％）とわかる。

Bに水を加えることで，濃度が2.4÷6＝$\frac{2}{5}$（倍）になったのだから，食塩水の量は$\frac{5}{2}$倍になったとわかる。

水を加える前のBの食塩水の量は450－150－50＝250（g）だったのだから，加えた水は，250gの$\frac{5}{2}$－1＝$\frac{3}{2}$（倍）の，250×$\frac{3}{2}$＝375（g）

[3] （2）　＜3＞＝3×4＝12だから，＜A＞＝2520÷12＝210となる整数Aを求めればよい。

210を素数の積で表すと210＝2×3×5×7となるから，2つの連続する整数の積で表すと，

（2×7）×（3×5）＝14×15となる。よって，A＝14である。

（3）　Aが3の倍数のうち奇数のとき，A＋1が偶数（2の倍数）となるから，＜A＞は6の倍数となる。

Aが3の倍数のうち偶数のとき，Aは6の倍数だから，＜A＞は6の倍数となる。

したがって，Aが3の倍数のとき＜A＞は6の倍数となる。同様に，A＋1が3の倍数のときも＜A＞は6の倍数となる。つまり，＜A＞が6の倍数となるのは，Aが3の倍数か，3の倍数より1小さい数のときである。

よって，条件にあうAは，11，12，14，15，17，18，20，21，23，24の10個である。

（4）　6を約数にもつ数の約数には，1，2，3，6が必ずふくまれる。したがって，5番目に小さい約数が6となる数は，約数に6をふくんでいて，さらに4か5のどちらか1つだけを約数にもつ数である。＜A＞がこのような数のとき＜A＞は6の倍数だから，(3)の解説より条件にあうAは11，12，14，15，17，18，20，21，23，24のどれかである。

＜A＞が約数に4をふくむ場合，AとA＋1の片方は奇数だから，AとA＋1のどちらかが4の倍数である。また，
＜A＞が約数に5をふくむ場合，AとA＋1のどちらかが5の倍数である。このことをふまえて条件にあうAの値
を探す。

＜A＞が約数に4をふくんで5をふくまないのは，Aが 11，12，23 のときである。

＜A＞が約数に5をふくんで4をふくまないのは，Aが 14 のときである。

よって，求める＜A＞は，＜11＞，＜12＞，＜14＞，＜23＞である。

4 (1)　最初のPの位置と，アの状態にあるときのPの位置は，Cを対称の中心とした点対称の位置にある。以降の回
転でも，Pは回転の中心に対して点対称な位置に移動する。

(2)　Pは，PC＝5cmを半径とする半円の曲線をえがくので，その長さは，5×2×3.14÷2＝15.7(cm)

(3)　右のように作図する。求める面積は，三角形PSQと三角形RSQ

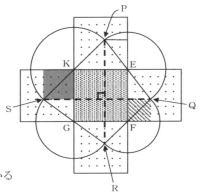

とE，F，G，Kそれぞれを中心とする半円の面積の和である。

三角形PSQの面積は，14×8÷2＝56(cm²)

三角形RSQの面積は，14×6÷2＝42(cm²)

E，Gそれぞれを中心とする半円をあわせると，半径5cmの円ができる

から，その面積の和は，5×5×3.14＝25×3.14(cm²)

FQ×FQの値は，斜線の正方形の面積から，3×3×2＝18 とわかる

ので，Fを中心とする半円の面積は，18×3.14÷2＝9×3.14(cm²)

KS×KSの値は，色をつけた正方形の面積から，4×4×2＝32 とわかる

ので，Kを中心とする半円の面積は，32×3.14÷2＝16×3.14(cm²)

よって，求める面積は，56＋42＋25×3.14＋9×3.14＋16×3.14＝98＋50×3.14＝255(cm²)

(4)　右のように作図する。色をつけた部分の面積を求めればよい。直線IR，RS，

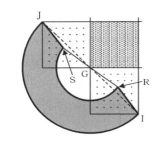

SJと曲線JIに囲まれた部分を図形Xとすると，色をつけた部分の面積は，図形

Xの面積からGを中心とする半径がGSの半円の面積を引けば求められる。

三角形GIRと三角形GJSが合同だから，図形Xの面積は，Gを中心とする半径

がGIの半円の面積と等しい。1辺が7cmの正方形の面積から，GI×GIの値は

7×7×2＝98 とわかるから，図形Xの面積は，98×3.14÷2＝49×3.14(cm²)

Gを中心とする半径がGSの半円の面積は，5×5×3.14÷2＝$\frac{25}{2}$×3.14(cm²)

よって，求める面積は，49×3.14−$\frac{25}{2}$×3.14＝$\frac{73}{2}$×3.14＝114.61(cm²)

5 (1)　PBとQAの交点をDとする。CDは面

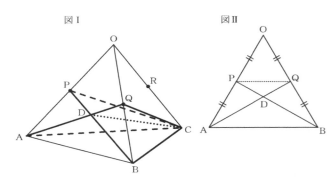

PBC上の直線であり，面QAC上の直線で

もあるから，切り口は右図Ⅰのようになり，

Oをふくむ立体は四角すいC - OPDQとわ

かる。したがって，面の数は(ア)5面，辺の

本数は(イ)8本，頂点の個数は(ウ)5個である。

正四面体OABCの底面を三角形OABとみる

と，正四面体OABCと四角すいC - OPDQ

は高さが等しいから，体積比は底面積の比と等しくなる。したがって，三角形OABと四角形OPDQの面積比を

求める。右図Ⅱのように作図し，三角形OABの面積を1とする。以下では，高さが同じ三角形の面積比は底辺の

長さの比に等しいことを利用する。

（三角形ＯＡＱの面積）：（三角形ＯＡＢの面積）＝ＯＱ：ＯＢ＝１：２だから，

（三角形ＯＡＱの面積）＝（三角形ＯＡＢの面積）$\times \dfrac{1}{2} = \dfrac{1}{2}$

（三角形ＯＰＱの面積）：（三角形ＡＰＱの面積）＝ＯＰ：ＡＰ＝１：１だから，

（三角形ＯＰＱの面積）＝（三角形ＡＰＱの面積）＝（三角形ＯＡＱの面積）$\div 2 = \dfrac{1}{2} \div 2 = \dfrac{1}{4}$…①

三角形ＰＱＤと三角形ＢＡＤは同じ形であり，辺の比がＰＱ：ＢＡ＝１：２だから，ＱＤ：ＡＤ＝１：２となるため，ＱＤ：ＱＡ＝１：（１＋２）＝１：３

（三角形ＤＰＱの面積）：（三角形ＡＰＱの面積）＝ＱＤ：ＱＡ＝１：３だから，

（三角形ＤＰＱの面積）＝（三角形ＡＰＱの面積）$\times \dfrac{1}{3} = \dfrac{1}{4} \times \dfrac{1}{3} = \dfrac{1}{12}$…②

①，②より，四角形ＯＰＤＱの面積は，$\dfrac{1}{4} + \dfrac{1}{12} = \dfrac{1}{3}$

よって，四角形ＯＰＤＱの面積は三角形ＯＡＢの面積の$\dfrac{1}{3}$だから，四角すいＣ－ＯＰＤＱの体積は，

（正四面体ＯＡＢＣの体積）$\times \dfrac{1}{3} = 180 \times \dfrac{1}{3} =$ (エ)60（cm³）

(2) ＱＣとＲＢの交点をＥ，ＲＡとＰＣの交点をＦとする。(1)の解説より，面ＰＢＣと面ＱＡＣが交わってできる直線はＣＤだから，面ＱＡＣと面ＲＡＢが交わってできる直線はＡＥ，面ＲＡＢと面ＰＢＣが交わってできる直線はＢＦであり，ＣＤ，ＡＥ，ＢＦは右図Ⅲのａで交わる。

したがって，Ｏをふくむ立体は，(1)で体積を求めた四角すいＣ－ＯＰＤＱから四角すいＣ－ＲＦＳＥを除いた立体だから，面の数は (オ)6面，辺の本数は (カ)12本，頂点の個数は (キ)8個である。

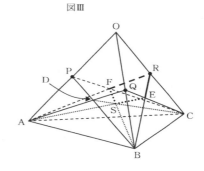

図Ⅲ

四角すいＣ－ＲＦＳＥと三角すいＣ－ＲＡＢは高さが等しいから，体積比は底面積の比と等しくなるので，四角形ＲＦＳＥと三角形ＲＡＢの面積比を求める。右図Ⅳのように作図し，三角形ＲＡＢの面積を１とする。

以下では，高さが同じ三角形の面積比は底辺の長さの比に等しいことを利用する。

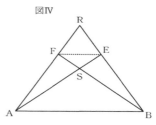

図Ⅳ

(1)の解説でＱＤ：ＱＡ＝１：３となったように，ＲＥ：ＲＢ＝ＲＦ：ＲＡ＝１：３となるから，ＦＥ：ＡＢ＝１：３

（三角形ＲＡＥの面積）：（三角形ＲＡＢの面積）＝ＲＥ：ＲＢ＝１：３だから，

（三角形ＲＡＥの面積）＝（三角形ＲＡＢの面積）$\times \dfrac{1}{3} = \dfrac{1}{3}$

（三角形ＲＦＥの面積）：（三角形ＲＡＥの面積）＝ＲＦ：ＲＡ＝１：３だから，

（三角形ＲＦＥの面積）＝（三角形ＲＡＥの面積）$\times \dfrac{1}{3} = \dfrac{1}{3} \times \dfrac{1}{3} = \dfrac{1}{9}$…③，（三角形ＡＦＥの面積）$= \dfrac{1}{3} - \dfrac{1}{9} = \dfrac{2}{9}$

三角形ＦＥＳと三角形ＢＡＳは同じ形であり，辺の比がＦＥ：ＢＡ＝１：３だから，

ＥＳ：ＡＳ＝１：３となるため，ＥＳ：ＥＡ＝１：（１＋３）＝１：４

（三角形ＦＥＳの面積）：（三角形ＡＦＥの面積）＝ＥＳ：ＥＡ＝１：４だから，

（三角形ＦＥＳの面積）＝（三角形ＡＦＥの面積）$\times \dfrac{1}{4} = \dfrac{2}{9} \times \dfrac{1}{4} = \dfrac{1}{18}$…④

③，④より，四角形ＲＦＳＥの面積は，$\dfrac{1}{9} + \dfrac{1}{18} = \dfrac{1}{6}$だから，三角形ＲＡＢの面積の$\dfrac{1}{6}$である。

三角すいＣ－ＲＡＢの体積は正四面体ＯＡＢＣの体積の$\dfrac{1}{2}$だから$180 \times \dfrac{1}{2} = 90$（cm³）なので，

四角すいＣ－ＲＦＳＥの体積は，（三角すいＣ－ＲＡＢの体積）$\times \dfrac{1}{6} = 90 \times \dfrac{1}{6} = 15$（cm³）

よって，求める体積は，（四角すいＣ－ＯＰＤＱの体積）－（四角すいＣ－ＲＦＳＥの体積）＝60－15＝ (ク)45（cm³）

平成29年度 解答例・解説

《解答例》

1 (1)96　(2)10　(3)480　(4)(ア)8079　(イ)1999，2016　(5)$4\frac{10}{11}$

2 (1)

Aの段数	1段	2段	3段	4段	5段	Bの段数	6段
タイルの枚数	1枚	4枚	9枚	16枚	25枚	タイルの枚数	42枚

(2)300　(3)A．3　B．4　(4)A．31　B．32

3 (1)$\frac{1}{10}$　(2)20，30　(3)2，44　(4)10

4 (1)B　(2)6.28　(3)右図／面積…9.85　(4)7.28

5 (1)右図　(2)$\frac{1}{3}$　(3)ア．4　イ．5　ウ．16　エ．$\frac{1}{4}$

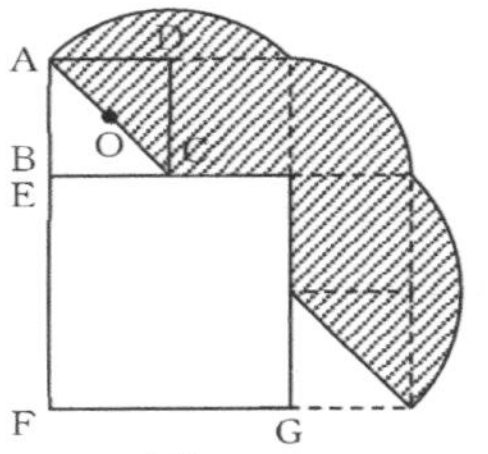

4(3)の図

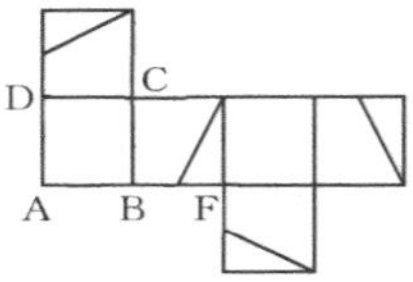

5(1)の図

《解　説》

1 **(1)**　与式$=(1.2+2.9)\times3.9+4.1\times4.1+8.0\times7.9=4.1\times(3.9+4.1)+8.0\times7.9=8.0\times(4.1+7.9)=8.0\times12=96$

(2)　2枚のカードの数字の和は，最小で$1+2=3$，最大で$7+8=15$である。したがって，できる3の倍数は，3，6，9，12，15の5つある。和がこれらの値になる2つの数の組み合わせは，右の表のようになるから，求める引き方の数は，$1+2+4+2+1=10$(通り)

和	組み合わせ
3	1＋2
6	1＋5，2＋4
9	1＋8，2＋7，3＋6，4＋5
12	4＋8，5＋7
15	7＋8

(3)　定価を仕入れ値の2割(20%)増しでつけたから，すべて定価で売れていれば，利益は仕入れ総額の20%になるはずだった。実際には，全体の$1-\frac{4}{5}=\frac{1}{5}$を定価の200円引きで売ったため，利益が仕入れ総額の1割(10%)になった。このため，200円引きで売った分の損失は，仕入れ総額の$20-10=10$(%)にあたる。定価で売った分も含めて，すべて200円引きで売っていれば，損失は仕入れ総額の$10\div\frac{1}{5}=50$(%)になるから，200円は仕入れ値の50%にあたるとわかる。したがって，仕入れ値は$200\div\frac{50}{100}=400$(円)だから，定価は，$400\times(1+\frac{20}{100})=480$(円)
なお，1個の仕入れ値を⑩⓪として，定価で売った4個と200円引きで売った1個を合わせた，5個を1セットで考えて，次のように解くこともできる。定価につけた利益は⑳となるから，1セットの利益の合計が，5個の仕入れ値の1割の，(⑩⓪×5)×$\frac{10}{100}$＝㊿になればよい。このとき，200円引きの商品の分の損失は，⑳×4－㊿＝㉚となるから，200円引きの値段は⑩⓪－㉚＝⑦⓪である。定価は，⑩⓪＋⑳＝⑫⓪だから，⑫⓪－⑦⓪＝㊿が200円にあたるので，定価は，$200\times\frac{120}{50}=480$(円)

(4)(ア)　<2017>＝2017＋0＋1＝2018，<2018>＝2018＋0＋1＝2019，<2019>＝2019＋0＋1＝2020，<2020>＝2020＋0＋2＝2022だから，与式＝2018＋2019＋2020＋2022＝2020×4－2－1＋2＝8079

(イ)　百の位と十の位の数の和は，最大で$9+9=18$，最小で$0+0=0$だから，Bは，$2017-18=1999$以上で，$2017-0=2017$以下の数である。1999から2017までにある整数は，百の位と十の位の部分が，99か，00か，01だから，Bに入る数は1999か，2017か，$2017-0-1=2016$である。2017は明らかに適さないとわかるので，求める数は，1999と2016である。

(5) 高さが等しい三角形の面積比は底辺の長さの比に等しいから，三角形DEF と三角形CDEの面積比は，FD：CDに等しい。このため，三角形CDEの面積と，FD：CDがわかれば，三角形DEFの面積が求められる。

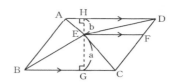

平行四辺形ABCDの内部にEをとったから，三角形BCEと三角形DAE，または三角形ABEと三角形CDEの面積の和は，平行四辺形ABCDの面積の半分に等しくなる。このことから，三角形CDEの面積は(24＋9)－15＝18(cm²)とわかる。また，EFとADが平行だから，CF：FD＝a：bであり，a：bは三角形BCEと三角形DAEの面積比に等しく，a：b＝24：9＝8：3である。したがって，CF：FD＝8：3だから，FD：CD＝3：$\overset{8+3}{11}$となる。よって，求める面積は，$18 \times \frac{3}{11} = 4\frac{10}{11}$(cm²)

2 (1) 図形Aでは，4段目に7枚，5段目に9枚のタイルを並べる。このため，図形Aの並べる枚数は，1段だと1枚，2段だと1＋3＝4(枚)，3段だと4＋5＝9(枚)，4段だと9＋7＝16(枚)，5段だと16＋9＝25(枚)になる。以上のことから，n段の図形Aに並べるタイルの枚数は，n×nで表せる(平方数になる)とわかる。

また，図形Bは，各段に並べるタイルの枚数が図形Aの同じ段より1枚ずつ多いから，n段の図形Aのタイルの枚数にn枚を加えれば，n段の図形Bのタイルの枚数になる。6段の図形Aのタイルは6×6＝36(枚)だから，6段の図形Bのタイルは，36＋6＝42(枚)

(2) (1)の解説をふまえる。12段の図形Aのタイルは12×12＝144(枚)だから，12段の図形Bのタイルは144＋12＝156(枚)である。よって，求める合計は，144＋156＝300(枚)

(3) (1)の解説をふまえる。段数の差が1段までだから，図形Aと図形Bのタイルの枚数には大きな差がないと考えられる。2つの図形のタイルの枚数の平均が29÷2＝14.5だから，14.5に近い平方数を探すと，9と16が見つかる。このため，2つの図形の段数は3段か4段と考えられるから，各図形の段数の組み合わせを調べると，右の表のようになる。

図形A	3段（9枚）	3段（9枚）	4段（16枚）	4段（16枚）
図形B	3段（12枚）	4段（20枚）	3段（12枚）	4段（20枚）
合計	21枚	29枚	28枚	36枚

この表から，合計枚数が29枚になるのは，図形Aが3段で図形Bが4段のときとわかる。

(4) (3)の解説と同様に考える。2017÷2＝1008.5だから，1008.5に近い平方数を探すと，31×31＝961と，32×32＝1024が見つかる。したがって，各図形の段数の組み合わせを調べると，右の表のようになるから，合計枚数が2017枚になるのは，図形Aが31段で図形Bが32段のときとわかる。

図形A	31段(961枚)	31段(961枚)	32段(1024枚)	32段(1024枚)
図形B	31段(992枚)	32段(1056枚)	31段(992枚)	32段(1056枚)
合計	1953枚	2017枚	2016枚	2080枚

3 (1) カメの速さはウサギの $\frac{1}{8}$ だから，ウサギが全体の $\frac{4}{5}$ を走る間にカメが走る距離は，全体の，$\frac{4}{5} \times \frac{1}{8} = \frac{1}{10}$

(2) ウサギが寝始めてからカメがゴールするまでの時間は，3時間＋4分30秒＝184.5分である。(1)から，カメは184.5分で全体の $1 - \frac{1}{10} = \frac{9}{10}$ を走ったとわかるため，全体の $\frac{1}{10}$ を走るまでにかかった時間は，$184.5 \times \frac{1}{9} =$ 20.5(分)となる。したがって，ウサギが寝始めたのは20.5分後，つまり20分30秒後である。

(3) カメがウサギを追い抜いたのは，全体の $\frac{4}{5} = \frac{8}{10}$ を走ったときである。このため，(2)から，求める時間は 20.5 × 8 ＝ 164(分後)，つまり2時間44分後とわかる。

(4) ここまでの解説をふまえる。ウサギは全体の $\frac{4}{5}$ を走るのに20.5分かかったから，残りを走るのにかかる時間は，$20.5 \times \frac{1}{4} = \frac{41}{8}$(分)である。このうちの4分30秒で残り50mになったから，残りの50mをウサギが走るのにかかる時間は，$\frac{41}{8} - 4.5 = \frac{5}{8}$(分)である。カメとウサギの速さの比は1：8だから，同じ距離を走るのにかかる時間の比は，速さの逆比の $\frac{1}{1} : \frac{1}{8} = 8 : 1$ になるため，カメが50mを走るのにかかる時間は，$\frac{5}{8} \times 8 = 5$(分)である。
よって，求める速さは，分速(50 ÷ 5)m＝分速10m

4 (1) 正方形ＡＢＣＤの動きは，下の図のようになるから，Ｇと重なるのはＢである。

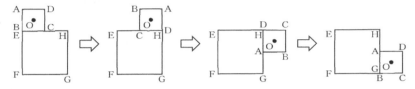

(2) Ｏが動く部分は，右の図の太線部分である。この太線部分を，㋐，㋑，㋒の3つに分けて考える。㋐と㋒は半径が 2 ÷ 2 ＝ 1(cm)で中心角が90度のおうぎ形の曲線部分，㋑は半径が1cmで中心角が 90 × 2 ＝ 180(度)のおうぎ形(半径1cmの半円)の曲線部分である。したがって，求める長さは，半径が1cmの円の周の長さの，(90 ＋ 180 ＋ 90) ÷ 360 ＝ 1 (倍)に等しいから，1 × 2 × 3.14 ＝ 6.28(cm)となる。

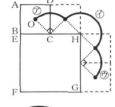

(3) 三角形ＡＣＤが通過した部分を，右の図のように，㋓，㋔，㋕，㋖，㋗の5つに分けて考える。㋓と㋗は，半径が2cmで中心角が90度のおうぎ形だから，これらの面積の和は，半径が2cmの半円の面積に等しい。㋔と㋖は，正方形ＡＢＣＤを半分にしてできる直角二等辺三角形だから，これらの面積の和は，正方形ＡＢＣＤの面積に等しい。
㋕は，半径が正方形ＡＢＣＤの1辺の長さに等しく，中心角が90度のおうぎ形である。正方形はひし形でもあるから，正方形ＡＢＣＤの面積は(対角線)×(対角線)÷2＝2 × 2 ÷ 2 ＝ 2 (cm²)とわかるため，正方形ＡＢＣＤにおいて，ＡＢ×ＡＢ＝2とわかる。このことから，㋕の面積は，ＡＢ × ＡＢ × 3.14 × $\frac{90}{360}$ ＝ 2 × 3.14 × $\frac{90}{360}$ ＝ 1.57(cm²)となる。よって，求める面積は，2 × 2 × 3.14 × $\frac{1}{2}$ ＋ 2 ＋ 1.57 ＝ 9.85(cm²)

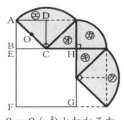

(4) (3)で求めた面積から，ＡＣが通過しない部分の面積を引く。ＡＣが通過しない部分は，右の図で水玉模様をつけた部分である。三角形ＡＣＤがＨの周りで回転するとき，回転の中心であるＨから最も近いところにあるのはＯだから，ＡＣが通過しない部分は，半径がＨＯ＝1cmの半円(㋕)と，正方形ＡＢＣＤを4等分してできる直角二等辺三角形(㋓と㋖)に分けられる。したがって，ＡＣが通過しない部分の面積の合計は，1 × 1 × 3.14 × $\frac{1}{2}$ ＋ 2 × $\frac{2}{4}$ ＝ 2.57(cm²)だから，求める面積は，9.85 － 2.57 ＝ 7.28(cm²)

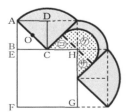

5 (1) 立方体や直方体を切断するとき，向かい合う面にできる切り口の線は平行になる。このため，立方体の見取り図に切り口の線を書きこむと，右の図アのようになる。また，解答らんの展開図に各頂点の記号と，J，Lを書きこむと，右の図イのようになる。したがって，切り口の線（AJ，GJ，AL，GL）を書きこむと，解答例のようになる。

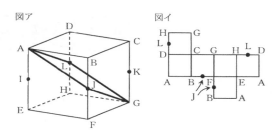

図ア

図イ

(2) 面EFGHを含む方の立体は，右の図ウの太線の立体である。これは，(a)直方体IJKL－EFGHから，(b)三角すいL－IEJと，(c)三角すいL－KGJを除いた図形である。このため，下線部(a)，(b)，(c)の立体の体積が，元の立方体の体積の何倍かを調べる。下線部(a)の立体は，元の立方体を半分にしてできる図形だから，体積は$\frac{1}{2}$倍である。また，下線部(b)の立体は，下線部(a)の立体を半分にしてできる，三角柱LHK－IEJの体積から調べる。角すいの体積は，底面積と高さが等しい

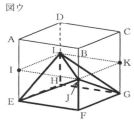

図ウ

角柱の体積の$\frac{1}{3}$倍になるから，下線部(b)の立体の体積は三角柱LHK－IEJの$\frac{1}{3}$倍とわかり，元の立方体の$\frac{1}{2}×\frac{1}{2}×\frac{1}{3}=\frac{1}{12}$（倍）となる。下線部(c)の立体は下線部(b)の立体と合同だから，求める割合は，$\frac{1}{2}-\frac{1}{12}×2=\frac{1}{3}$（倍）

(3) (2)の立体を，3点B，K，Hを通る平面で切ると右の図エのようになり，さらに3点D，I，Fを通る平面で切ると右の図オのようになる。これらの図において，M，N，O，P，Qは，それぞれ，IH，KH，JL，IF，KFの真ん中の点（中点）である。

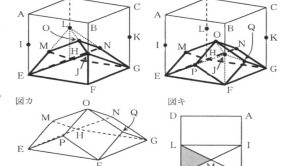

図エ

図オ

図オから太線の図形を取り出したものが，右の図カである。図カから，三角形の面は4枚，四角形の面は5枚あるとわかり，辺の数を数えると16本になる。

また，体積を調べるため，図エで取り除かれた部分に注目する。このとき取り除かれた部分を，三角すいO－MLH

図カ

図キ

と，三角すいO－NLHに分けて体積を調べる。三角すいO－MLHについて，三角形MLHは長方形ILHEを4等分してできる図形であり（右上の図キ参照），長方形ILHEは正方形ADHEを半分にしてできる図形だから，三角形MLHの面積は，正方形ADHEの面積の$\frac{1}{2}×\frac{1}{4}=\frac{1}{8}$（倍）である。三角すいO－MLHの底面を三角形MLHとしたときの高さは，元の立方体の1辺の半分だから，三角すいO－MLHの体積は，元の立方体の$\frac{1}{8}×\frac{1}{2}×\frac{1}{3}=\frac{1}{48}$（倍）となる。三角すいO－NLHの体積も同様に求められ，元の立方体の$\frac{1}{48}$倍とわかるから，図エで取り除かれた部分の体積は，元の立方体の$\frac{1}{48}×2=\frac{1}{24}$（倍）である。図オで取り除かれた部分の体積も，元の立方体の$\frac{1}{24}$倍だから，求める割合は，$\frac{1}{3}-\frac{1}{24}×2=\frac{1}{4}$（倍）

━━━━━━━━ 《解答例》 ━━━━━━━━

1 (1)11.5　(2)12　(3)6.28　(4)101, 103, 107, 109, 113, 127　(5)7, 0, 18

2 (1)(11, 4)　(2)(3, 7)(8, 4)(13, 1)　(3)(5, 2, 1)(1, 1, 3)

3 (1)右図／ア. 144　イ. 144

　(2)右図／ウ. AD　エ. 108　オ. 5　カ. ACD　キ. 5

3(1)の図　　3(2)の図

4 (1)2：25　(2)7：20　(3)5：4

5 (1)

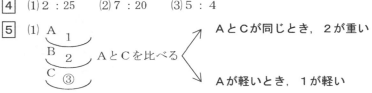

AとCを比べる
- AとCが同じとき，2が重い
- Aが軽いとき，1が軽い

(2)※(イ)

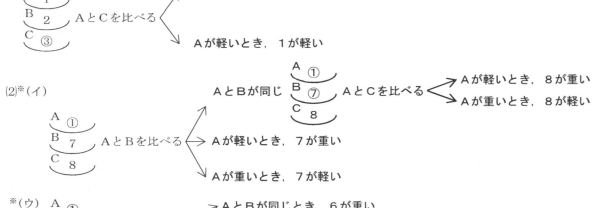

AとBを比べる
- AとBが同じ → （A①, B⑦, C8）AとCを比べる
  - Aが軽いとき，8が重い
  - Aが重いとき，8が軽い
- Aが軽いとき，7が重い
- Aが重いとき，7が軽い

※(ウ)

A①
B3

AとBを比べる
- AとBが同じとき，6が重い
- Aが重いとき，3が軽い

※(エ)

A1
B2

AとBを比べる
- AとBが同じとき，5が重い
- Aが軽いとき，1が軽い
- Aが重いとき，2が軽い

(オ) 4が重い

※の別解は解説を参照してください。

━━━━━━━━ 《解　説》 ━━━━━━━━

1 (1) 与式＝$23×2×0.625+23×3×0.25-23×1.5＝23×(1.25+0.75-1.5)＝23×0.5＝$**11.5**

(2) 行きと帰りの速さの比は $1：3$ だから，かかる時間の比は $\frac{1}{1}：\frac{1}{3}＝3：1$ である。したがって，帰りにか

かった時間は $40×\frac{1}{3+1}＝10$（分）だから，求める速さは，時速$(2÷\frac{10}{60})$km＝**時速 12 km**

(3) 右の図において，三角形OABと三角形DOCは合同な直角三角形だから，それぞれ

の色をつけた部分の面積が等しい。このため，求める面積は，半径が4cmで中心角が

$90×\frac{2}{4}＝45$（度）のおうぎ形の面積に等しく，$4×4×3.14×\frac{45}{360}＝$**6.28**（cm²）

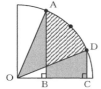

(4) 約数が2個の整数は素数だから，3けたの素数を小さい方から順に6つ探せばよい。

このとき，偶数と，一の位が5である数は素数ではないから，これらを除いて探すことにすると，101，103，107，109，113，127 が見つかる。なお，111，117，123 は 3 の倍数，119 は 7 の倍数，121 は 11 の倍数である。

(5) この時計は，$(12-10)+24+6.5=32.5$（時間）で，1 分 10 秒＋$(30-29)$分＝2 分 10 秒，つまり 130 秒遅れる。$11.5-7=4.5$（時間）では，$130×\dfrac{4.5}{32.5}=18$（秒）遅れるから，午前 7 時の時点で，**午前 7 時 0 分 18 秒**を指すようにすればよい。

2 (1) B を 15 個買うと，代金は $120×15=1800$（円）となり，実際よりも $1800-1250=550$（円）高くなる。1 個を A にかえると，代金は $120-70=50$（円）安くなるから，A は $550÷50=11$（個），B は $15-11=4$（個）買ったとわかる。よって，（A，B）＝（11，4）となる。

(2) 代金の下 2 けたに注目すると，$60÷20=3$ より，B は少なくとも 3 個買ったことがわかる。B を 3 個買った場合，C は $(1760-120×3)÷200=7$（個）買ったことになる。また，120 と 200 の最小公倍数は 600 だから，B の $600÷120=5$（個）の代金と C の $600÷200=3$（個）の代金が等しいため，B の 5 個と C の 3 個を入れかえながら他の組み合わせを探すと，（B，C）＝（3，7）（8，4）（13，1）となる。

(3) 3 種類を 1 個ずつ買う場合の代金が $70+120+200=390$（円）だから，残りの $790-390=400$（円）で買える組み合わせを考える。400 は，$70×4+120×1$，または $200×2$ と表すことができるから，代金が 400 円になる買い方は，（A，B，C）＝（4，1，0）（0，0，2）である。よって，代金が 790 円になる買い方は，（A，B，C）＝（5，2，1）（1，1，3）となる。

3 (1) 右の図の色をつけたおうぎ形が半径 AD のおうぎ形，斜線をつけたおうぎ形が半径 AE のおうぎ形である。正五角形の 1 つの内角の大きさは $\dfrac{180×(5-2)}{5}=108$（度）だから，二等辺三角形 EAD において，角 EDA ＝ $\dfrac{180-108}{2}=36$（度）である。

このため，アにあてはまる数字は，$360-108-36-(108-36)=$**144** となる。

また，イにあてはまる数字は $360-108×2=$**144** である。

(2) 正五角形 ABCDE が通過する部分は，右の図の色をつけた合同なおうぎ形と，斜線をつけた合同な三角形に分けられる。

色をつけたおうぎ形は，半径が AD で，中心角が $360-108-72×2=$**108**（度）であり，全部で **5 個**ある。また，斜線をつけた三角形は，三角形 ACD と合同で，全部で **5 個**ある。

4 切り分けてできる 2 つの立体のうちの一方の体積が，三角すい A - OBC の体積の何倍かを調べる。このとき，平面図形を a 倍に拡大（または縮小）すると面積が（a × a）倍になり，空間図形を b 倍に拡大（または縮小）すると体積が（b × b × b）倍になることを利用する。

(1) 頂点 O を含む立体は，右の図アの三角すい F - ODE である。

三角形 ODE は三角形 OBC を $\dfrac{1}{3}$ 倍に縮小した図形だから，その面積は $\dfrac{1}{3}×\dfrac{1}{3}=\dfrac{1}{9}$（倍）である。したがって，三角すい F - ODE は，底面積が三角すい A - OBC の $\dfrac{1}{9}$ 倍で，高さが $\dfrac{2}{3}$ 倍だから，体積は $\dfrac{1}{9}×\dfrac{2}{3}=\dfrac{2}{27}$（倍）である。よって，求める体積の比は，$\dfrac{2}{27}:\left(1-\dfrac{2}{27}\right)=$**2 : 25**

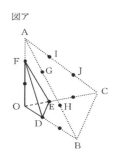
図ア

⑵　頂点Oを含む立体は，右の図イの三角すいA−FGIと三角柱FGI−ODEを合わせた図形である。三角すいA−FGIは三角すいA−OBCを$\frac{1}{3}$倍に縮小した立体だから，その体積は$\frac{1}{3}×\frac{1}{3}×\frac{1}{3}=\frac{1}{27}$(倍)である。また，三角柱FGI−ODEは，三角すいA−FGIと比べると底面積が等しく高さが2倍だから，その体積は，三角すいA−FGIの体積の3×2＝6(倍)となる。このため，頂点Oを含む立体の体積は三角すいA−OBCの体積の$\frac{1}{27}×(1+6)=\frac{7}{27}$(倍)だから，求める体積の比は，$\frac{7}{27}:(1-\frac{7}{27})=$ **7 : 20**

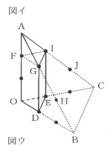
図イ

⑶　頂点Oを含む立体は，右の図ウの三角すいJ−AHQから三角すいQ−ODEを切り取った図形である。三角すいJ−AHQは，合同な三角すいA−PHJ，Q−PHJに分けることができ，これらは三角すいA−OBCを$\frac{2}{3}$倍に縮小した図形だから，三角すいJ−AHQの体積は，三角すいA−OBCの体積の$(\frac{2}{3}×\frac{2}{3}×\frac{2}{3})×2=\frac{16}{27}$(倍)となる。三角すいQ−ODEは⑵の解説の図の三角すいA−FGIと合同だから，頂点Oを含む立体の体積は三角すいA−OBCの体積の$\frac{16}{27}-\frac{1}{27}=\frac{5}{9}$(倍)となるため，求める体積の比は，$\frac{5}{9}:(1-\frac{5}{9})=$ **5 : 4**

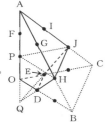
図ウ

⑸ ⑴　AとBを比べてAが軽かった時点で，皿に乗せなかった3が適格であることがわかり，1が不適格で軽い場合と，2が不適格で重い場合が考えられる。解答らんには，次の操作でAとCを比べることが書かれているから，解答例のような結果になる。

⑵　1回目の操作でAとBの重さが同じ場合，1〜6がすべて適格であることと，7か8が不適格であることがわかる。このとき，(イ)の解答らんには，次の操作でAとB(①と7)を比べることが書かれており，結果が3種類あることが示されている。3種類の結果のうち，AとB(①と7)が同じ場合は，7も適格で8が不適格であることがわかるが，8が軽いか重いかを調べる必要がある。8の重さを調べる操作の結果は，Cが軽いか重いかの2通りであることに注意する。なお，このとき比べる皿は，BとCでもかまわない。

　1回目の操作でAが軽い場合，皿に乗せなかった7と8が適格であることがわかり，1か2か3が軽い場合と，4か5か6が重い場合が考えられる。また，2回目の操作では，3と6を皿から下ろしていることと，Aの皿に1と2を残してBの皿に5を残していることと，Bの皿からAの皿に4を移したことの3点に注意する。

　2回目の操作でAとBの重さが同じ場合，皿から下ろした3と6のどちらかが不適格であることがわかる。このため，(ウ)の部分では，適格とわかったもの(1，2，4，5，7，8)と，3と6のうちの一方を比べる操作を，結果とともに書けばよい。

　2回目の操作でAが軽い場合，Aの皿に残した1か2が軽い場合と，Bの皿に残した5が重い場合が考えられる(この時点で，皿から下ろした3と6は適格である)。このため，(エ)の部分では，この3個の中から不適格なものを探す操作を書く。1と2はどちらも軽い可能性があるため，解答例のようにこの2個を比べるだけで不適格なものを見つけられる。

　2回目の操作でAが重い場合，Bの皿からAの皿に移した4が重いことがわかる。

平成㉗年度 解答例・解説

━━━━━━━━━━━━━━━━ 《解答例》 ━━━━━━━━━━━━━━━━

1 (1)(ア)0.9 (イ)0.5 (2)504 (3)(ア)下図 (イ)下図

2 (1)値…495 回数…5 (2)値…6174 回数…4 (3)値…6174 回数…8 (4)211, 322

3 (1)下図 (2)3.75 (3)ア. 12 イ. 1 (4)下図

4 (1)120 (2)(ア)6 (イ)25 (ウ)25 (エ)6.2

5 (1)(ア)205円…221 206円…222 207円…224 (イ)230円…248 231円…249 232円…251

(2)223, 236, 250, 263 (3)231

1③(ア)の図

1③(イ)の図

3①の図

3④の図

━━━━━━━━━━━━━━━━ 《解 説》 ━━━━━━━━━━━━━━━━

1 (1)(ア) 与式より，$87×23＋87×18＋87×10×□＝4350$　　$87×(23＋18＋10×□)＝4350$

$41＋10×□＝4350÷87$　　$10×□＝50－41$　　$□＝9÷10＝$**0.9**

(イ) 与式より，$\frac{12}{7}×\frac{14}{3}－(12＋□×6)÷3＝3$　　$(12＋□×6)÷3＝8－3$　　$12＋□×6＝5×3$

$□×6＝15－12$　　$□＝3÷6＝$**$\frac{1}{2}$**

(2) 分速40mで14分歩くと，進む距離は$40×14＝560$(m)となり，家から学校までの距離よりも$728－560＝$
168(m)短くなる。14分のうちの1分を分速40mから分速60mにかえると，進む距離は$60－40＝20$(m)長
くなるから，A君が分速60mで進んだ時間は$168÷20＝8.4$(分)とわかる。

よって，求める距離は，$60×8.4＝$**504**(m)

(3) 正六角形ＡＢＣＤＥＦが回転するたびに，点Ｍ，点Ｃの位置を調べ，それぞれを曲線で結ぶ。

この曲線は，回転の中心と点Ｍ，または点Ｃを結ぶ線を半径とする，おうぎ形の曲線部分である。

2 各けたの数字を並べかえて最大の数，最小の数をそれぞれつくるとき，最大の数の場合は上のけたから順
に，最小の数は下のけたから順に大きい数字が並ぶようにすればよい。

(1) $441－144＝297$，$972－279＝693$，$963－369＝594$ となり，102の例から，594のあとは2回の操作で495が
続くとわかるから，144の終了となる値は**495**で，操作の回数は$3＋2＝$**5**となる。

(2) $4321－1234＝3087$，$8730－0378＝8352$，$8532－2358＝6174$，$7641－1467＝6174$ となるから，
1234の終了する値は**6174**で，操作の回数は**4**となる。

(3) $5210－0125＝5085$，$8550－0558＝7992$，$9972－2799＝7173$，$7731－1377＝6354$，$6543－3456＝3087$ となり，
(2)より，3087のあとは3回の操作で6174が続くとわかるから，2015の終了する値は**6174**で，操作の回数
は$5＋3＝$**8**となる。

(4) 100の例から，1回の操作で99になる数の終了する値が0になるとわかるから，1回の操作で99になる

100以外の3けたの数を探す。このような数は、100の各けたの数字を同じ数字だけ大きくしていけば、簡単に見つけられる(211, 322, 433など)。このように、1回の操作で99になる3けたの数は、「1つのけたの数字が、他の2つのけたの数字より1だけ大きい(または小さい)数」だから、101や221なども正答である。なお、3けたの数の場合、102の例と(1)の解説からわかるように、どの操作でも99の倍数になる(十の位が一致するため)。したがって、1回目の操作で99以外の99の倍数になると、終了する値は495になる。

3 各正四角すいを順に取り除いていくと、下図のようになる。

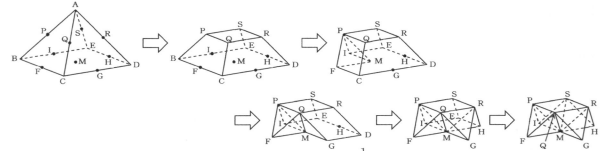

(2) 取り除いた5個の正四角すいは、正四角すいA-BCDEを$\frac{1}{2}$倍に縮小した立体である。
  ある立体をx倍に拡大(または縮小)すると、体積は$(x×x×x)$倍になるから、取り除いた5個の正四角すいの体積は、正四角すいA-BCDEの体積の$\frac{1}{2}×\frac{1}{2}×\frac{1}{2}=\frac{1}{8}$(倍)である。このことから、残った立体の体積は、正四角すいA-BCDEの体積の$1-\frac{1}{8}×5=\frac{3}{8}$(倍)とわかるから、その値は、$10×\frac{3}{8}=$**3.75(cm³)**

(3) 残った立体は、正四角すいM-PQRSと、合同な正四面体4個に分けることができる。残った立体の正三角形の面は、この4個の正四面体それぞれの3面にあたるから、その数は$3×4=$**12(枚)**である。また、残った正方形の面は、正方形PQRSだけだから、その数は**1枚**である。

(4) 残った立体から正四角すいM-PQRSを取り除くと、合同な正四面体4個が残る。この立体を真上から見ると、右上図のように見える。1つの正四面体P-FQMに注目すると、辺PFの中点を通って底面に平行な平面で切ると、右下図のように、切り口は辺PF、辺PM、辺FQ、辺QMの中点を結んだ正方形になる。したがって、4つの正四面体だと解答例のようになる。

4 (1) 4L＝4000mL＝4000cm³であり、容器アの上から40cm³の容積は$91×40=3640$(cm³)だから、外側の円柱の容器の底から3cmの容積は$4000-3640=360$(cm³)とわかる。よって、求める底面積は、$360÷3=$**120(cm³)**

(2)(ア) 容器アには$91×86=7826$(cm³)の水が入るから、容器アから水があふれるのは8000cm³の水を入れたときであり、あふれ出る水の体積は$8000-7826=174$(cm³)である。この体積の水は、底面積が$120-91=29$(cm³)の部分に入るから、求める水面の高さは、$174÷29=$**6(cm)**

(イ) 容器アには$91×25=2275$(cm³)の水が入るから、容器アから水があふれるのは3000cm³の水を入れたときであり、あふれ出る水の体積は$3000-2275=725$(cm³)である。したがって、(ア)と同様にして水面の高さを求めると、$725÷29=$**25(cm)**となる。

(ウ) 容器アには$91×22=2002$(cm³)の水が入るから、容器アから水があふれるのは3000cm³の水を入れたときである。これは(イ)と同じであり、(イ)より、外側の円柱の容器の底から25cmの部分に3000cm³の水が入るとわかるから、容器アからあふれ出た水の水面の高さは、(イ)と同じ**25cm**になる。

(エ) 容器アには$91×20=1820$(cm³)の水が入るから、容器アから水があふれるのは2000cm³の水を入れたと

きであり，あふれ出る水の体積は 2000－1820＝180（cm²）である。したがって，（ア）と同様にして水面の

高さを求めると，180÷29＝6.20…より，**6.2 cm** となる。

5 (1) 販売価格は，本体価格の 1＋0.08＝1.08（倍）の値の小数第 1 位を四捨五入した値となる。

（ア）　205×1.08＝221.4 → **221 円**，206×1.08＝222.48 → **222 円**，207×1.08＝223.56 → **224 円**

（イ）　230×1.08＝248.4 → **248 円**，231×1.08＝249.48 → **249 円**，232×1.08＝250.56 → **251 円**

(2) (1)より，求める金額のうちの 2 つは **223 円** と **250 円** であるとわかる。また，販売価格と本体価格の差に注目
すると，223 円を境に 16 円から 17 円になっていることと，250 円を境に 18 円から 19 円になっていること
がわかる。このことから，販売価格にならない金額を境に，販売価格と本体価格の差が 1 円広がることが
わかる。本体価格が 200～250 円のとき，販売価格は 216～270 円になるから，販売価格と本体価格の差が，
初めて 18 円になるときの本体価格と，初めて 20 円になるときの本体価格を調べる。
販売価格と本体価格の差が初めて 18 円になるのは，消費税分が 17.5 円をこえるときだから，
17.5÷0.08＝218.75 より，本体価格が 219 円のときに初めて 18 円になるとわかる。219×1.08＝236.52 より，
このときの販売価格は 237 円だから，**236 円** が販売価格にならない金額である。以下，同様に考えれば，
19.5÷0.08＝243.75，244×1.08＝263.52 より，**263 円** が販売価格にならない金額である。

(3) 支払う金額の差は消費税分の差にあたることと，一番高い値段を求めるから，本体価格の 8－5＝3（%）
の値が 7 円になる本体価格を探す。これにより，小数第 1 位を四捨五入していない消費税分の差が 7 円に
なる本体価格が見つかるから，その本体価格をもとに小数第 1 位を四捨五入した消費税分の差が 6 円にな
る本体価格を探す。7÷0.03＝233.3…より，小数第 1 位を四捨五入していない消費税分の差が 7 円になる
本体価格として，234 円が見つかる。したがって，右表のように小数第 1 位を
四捨五入した消費税分の差を調べれば，求める値段は **231 円** となる。

本体価格	5 %	8 %	差
233 円	12 (11.65)	19 (18.64)	7 円
232 円	12 (11.6)	19 (18.56)	7 円
231 円	12 (11.55)	18 (18.48)	6 円
⋮	⋮	⋮	⋮

平成 ㉖ 年度 解答例・解説

《解答例》

1 (1)15　(2)106, 212, 361, 722　(3)229.22　(4)ＢＱ…1　ＣＲ…2.4

2 (1)16　(2)実技平均…6　筆記平均…15

(3)

	得点		順位			
	実技	筆記	実技	筆記	順位の[合計]	合否
A	10	13	1	4	1＋ 4×2＝9	○
B	9	14	2	3	2＋ 3×2＝8	○
C	3	18	4	1	4＋ 1×2＝6	○
D	2	15	5	2	5＋ 2×2＝9	×
E	6	10	3	5	3＋ 5×2＝13	×

(4)

	得点		順位			
	実技	筆記	実技	筆記	順位の[合計]	合否
A	10	13	1	5	1＋ 5×2＝11	×
B	9	14	2	4	2＋ 4×2＝10	○
C	3	18	3	1	3＋ 1×2＝5	○
D	2	15	4	2.5	4＋2.5×2＝9	○
E	1	15	5	2.5	5＋2.5×2＝10	×

(5)実技試験…0　筆記試験…16

3 (1)4, 35　(2)(ア)最短…5, 5　最長…6, 15　(イ)最大…7／4, 20

4 (1)22.5　(2)上側…40.5　下側…67.5

5 (1)315317, 54　(2)171173　(3)1, 9　(4)1719371

6 (1) 水の体積は四角すいD‐PEFQの体積と等しい。

三角柱ABC‐DEFの体積は，10×9＝90(cm³)　三角すいD‐ABCの体積は，10×9÷3＝30(cm³)

したがって，四角すいD‐BEFCの体積は，90−30＝60(cm³)

CQとEPはともに3cm，BPとFQはともに6cmだから，台形BPQCと台形FQPEの面積は等しい。

よって，四角すいD‐PEFQの体積は四角すいD‐BEFCの体積の半分の 60÷2＝30(cm³)であり，答えは正しい。

(2)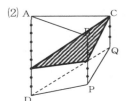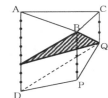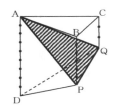

───────────── 《解　説》 ─────────────

1 (1) 与式＝$\{8-(\frac{76}{36}-\frac{27}{36})×\frac{9}{7}\}÷\frac{3}{12}+\frac{2}{12}=(8-\frac{49}{36}×\frac{9}{7})÷\frac{5}{12}=(8-\frac{7}{4})×\frac{12}{5}=(\frac{32}{4}-\frac{7}{4})×\frac{12}{5}=\frac{25}{4}×\frac{12}{5}=$**15**

(2) 2014＝19×2×53 より，2014×2014＝2×2×19×19×53×53

よって，条件にあう3けたの数は，2×53＝**106**，2×2×53＝**212**，19×19＝**361**，2×19×19＝**722**

(3) 求める面積は右図の2つの太線の円の面積の差に等しく，小さい円の半径は小さい

正方形の1辺の長さの半分であり，大きい円の半径は大きな正方形の1本の対角線の

長さの半分である。

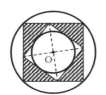

4つの斜線部分はすべて3辺の長さの比が3：4：5の直角三角形だから，小さい正

方形の1辺の長さは$6×\frac{5}{3}=10$(cm)であり，小さい円の半径は10÷2＝5(cm)となる。

大きい正方形の面積は(6＋8)×(6＋8)＝196 で，これは大きい円の(直径)×(直径)÷2の値に等しいから，

(半径)×(半径)の値は(直径)×(直径)÷2の値の$\frac{1}{2}×\frac{1}{2}×2=\frac{1}{2}$となる。

つまり，大きい円の(半径)×(半径)の値は$196×\frac{1}{2}=98$だから，求める面積は，

98×3.14−5×5×3.14＝(98−25)×3.14＝73×3.14＝**229.22(cm²)**

(4) 2点を結ぶ直線は，その2点間をつなぐ線の中で最も短いこと，そして，

平行な2直線の間の最も短い直線の長さは，平行な直線に垂直に引いた直線

であることを利用する。右図のように，三角形ABCと合同な三角形ABD，

EBDを作図し，記号をおくと，DEとACが平行になる。そこで，Oから

DEに垂直な直線OGを引けば，OGは2点O，Gをつなぐ最も短い直線に

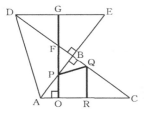

なり，また，三角形QBPとFBPが合同な直角三角形であることからPQ＝PF，三角形QRCとFGDも合

同になることからQR＝FGがいえる。

つまり，このときOP＋PQ＋QR＝OP＋PF＋FG＝OGとなり，折れ線OPQRの長さは最も短くなる。

三角形ABC，AOP，FBP，FGDはすべて，3辺の長さの比が3：4：5の直角三角形である。

$AP=AO×\frac{5}{3}=\frac{5}{3}$(cm)より，$BP=3-\frac{5}{3}=\frac{4}{3}$(cm)だから，$BF=BP×\frac{3}{4}=1$(cm)

三角形QBPとFBPは合同だから，**BQ＝BF＝1cm**

また，FD＝BD−BF＝4−1＝3(cm)より，$DG=FD×\frac{4}{5}=2.4$(cm)

三角形QRCとFGDは合同だから，**CR＝DG＝2.4(cm)**

2 (1) 20×5−23−23−21−17＝**16(点)**

(2) 実技の平均は，$\dfrac{10+9+3+2}{4}=6$（点）　筆記の平均は，$\dfrac{13+14+18+15}{4}=15$（点）

(5) 筆記の順位は2倍されるから，筆記で上位になるほど順位の［合計］は小さくなり，合格に近づく。

E が実技試験1点，筆記試験 15 点のときは，(4)より不合格であり，実技試験0点，筆記試験16点のときは右表のような結果になり合格できる。

	得点		順位		順位の[合計]	合否
	実技	筆記	実技	筆記		
A	10	13	1	5	$1+5\times2=11$	×
B	9	14	2	4	$2+4\times2=10$	○
C	3	18	3	1	$3+1\times2=5$	○
D	2	15	4	3	$4+3\times2=10$	×
E	0	16	5	2	$5+2\times2=9$	○

③ (1) $25\times(10+1)=275$（秒），つまり **4分35秒**かかる。

(2)(ア) 最も短いのは，買い物量が多い客の割合が3割で，$10\times\dfrac{3}{10}=3$（人）のときだから，
$50\times(3+1)+15\times(10-3)=305$（秒），つまり **5分5秒**かかる。

最も長いのは，買い物量が多い客の割合が5割で，$10\times\dfrac{5}{10}=5$（人）のときだから，
$50\times(5+1)+15\times(10-5)=375$（秒），つまり **6分15秒**かかる。

(イ) 実習生のレジに並んでいる客のうちの買い物量が多い客の割合が最大のときに，Aさん以外の客がレジを終えるまでにかかる時間が $275-50=225$（秒）より少なければよい。

買い物量が多い客の割合が最大の5割になるのは，レジに並んでいる客の人数が偶数（ぐうすう）のときであり，実習生は買い物量が多い客1人と少ない客1人を終えるのに $50+15=65$（秒）かかる。

$225\div65=3$ 余り 30 より，買い物量が多い客3人と少ない客3人の合計 $3+3=6$（人）のときは，実習生のレジの方が早く終わり，8人のときは実習生のレジの方がおそい。

レジに並んでいるのが7人のときは，$7\times\dfrac{5}{10}=3.5$ より，買い物量が多い客は最大でも3人であり，そのときAさん以外にかかる時間は $50\times3+15\times(7-3)=210$（秒）だから，実習生のレジの方が早く終わる。

よって，求める人数は**7人**であり，求める時間は $210+50=260$（秒），つまり **4分20秒**である。

④ (1) 切り口は右図の太線のような五角形になり，その面積は，1辺の長さが6cmの正方形の面積から，等しい2辺の長さが $6\div2=3$（cm）の直角二等辺三角形3つの面積を引いた値に等しく，
$6\times6-(3\times3\div2)\times3=$ **22.5（cm²）**

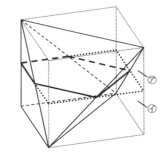

(2) はじめに切り取った三角すいの1つに注目すると，その三角すいがあった部分は底面と平行な切り口によって2つに分けられる。その2つの部分のうち小さい方と同じ形の立体を立体㋐，大きい方と同じ形の立体を立体㋑とすると，切り取った三角すいの体積は $(6\times6\div2)\times6\div3=36$（cm³），立体㋐の体積は $(3\times3\div2)\times3\div3=4.5$（cm³），立体㋑の体積は $36-4.5=31.5$（cm³）である。

体積を求める立体のうち上側の立体の体積は，立方体の半分の体積から，立体㋐1つと立体㋑2つの体積を引いた値に等しく，$6\times6\times6\div2-4.5-31.5\times2=$ **40.5（cm³）**

体積を求める立体のうち下側の立体の体積は，立方体の半分の体積から，立体㋐2つと立体㋑1つの体積を引いた値に等しく，$6\times6\times6\div2-4.5\times2-31.5=$ **67.5（cm³）**

⑤ (1) 奇数（きすう）だけでできた整数のうち 131 から 199 までの個数は，百の位が1の1通り，十の位が3，5，7，9の4通り，一の位が1，3，5，7，9の5通りだから，$1\times4\times5=20$（個）ある。

したがって，131 と 199 の間には $20-2=18$（個）あり，これを数字の列にすると，$3\times18=$ **54（個）**の数字が並ぶ。

(2) 奇数だけでできた整数のうち，1けたの数は1，3，5，7，9の5個あり，2けたの数は，十の位と一の位がともに5通りだから $5\times5=25$（個）ある。これらを数字の列にすると $1\times5+2\times25=55$（個）の数字が並ぶから，

100番目の数字までにはあと100−55＝45(個)の数字が並ぶ。45÷3＝15より，数字の列の100番目は奇数だけでできた3けたの整数の15個目の一の位の数だから，101〜106番目は奇数だけでできた3けたの整数の16個目と17個目を並べたものとわかる。

奇数だけでできた整数においては，十の位1通りに対して，一の位は5通りあるから，15個目の3けたの整数は，百の位が1で，十の位が15÷5＝3である最も大きい数の159とわかる。16個目，17個目の3けたの整数は171，173だから，数字の列の101〜106番目は，**171173**

⑶ 9は，1けたの整数に1個あり，2けたの整数19，39，59，79，91，93，95，97，99の中に10個あり，3けたの整数119，139，159，179，191，193，195，197の中に8個ある。

ここまでで1＋10＋8＝19(個)あるから，20個目の9は199の十の位の9である。

よって，前後の数字は，**1と9**

⑷ 奇数だけでできた整数のうち，3けたの数は5×5×5＝125(個)あり，これらを数字の列にすると

3×125＝375(個)の数字が並ぶから，999までの整数を数字の列にすると55＋375＝430(個)の数字が並ぶ。

2014番目の数字までにはあと2014−430＝1584(個)の数字が並ぶから，1584÷4＝396より，数字の列の2014番目は奇数だけでできた4けたの整数の396個目の一の位の数である。

奇数だけでできた4けたの整数においては，千の位1通りに対して，百，十，一の位の組み合わせは

5×5×5＝125(通り)，百の位1通りに対して，十，一の位の組み合わせは5×5＝25(通り)，十の位1通りに対して，一の位は5通りある。

396＝125×3＋25×0＋5×4＋1より，396個目の奇数だけでできた4けたの整数は，千の位が3＋1＝4(番目)の7，百の位が0＋1＝1(番目)の1，十の位が4＋1＝5(番目)の9，一の位が1番目の1とわかる。つまり，396個目は7191で，それ以降を順に数字の列にすると，719171937195…となるから，数字の列の2014〜2020番目は，**1719371**

6 ⑵ 水面の三角形を三角形LMNとし，面ABCからL，M，Nまでのそれぞれの長さに注目する。

例えば，三角形LMNが右図1のようになるとき，面ABCからの長さは，Lが6cm，Mが3cm，Nが0cmであり，LとMとの差は6−3＝3(cm)，MとNとの差は3−0＝3(cm)である。このとき三角形LMNは三角形DPQと合同であり，

⑴の「底面積×高さの平均」の計算から立体N−ALMBの体積を求めると30cm³

となるから，立体LMN−DPQの体積は60−30＝30(cm³)となり，水がこぼれないとわかる。

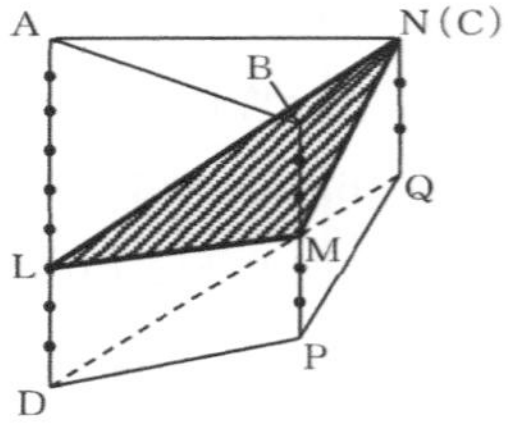

つまり，水面の三角形の3つの頂点が底面からの高さにおいて3cmずつ離れていれば，水面の三角形は条件にあう三角形となる。

そのような水面の三角形は図1以外にも，下図2・3の2つが考えられる。

図1

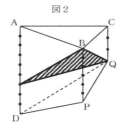

図2

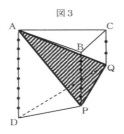

図3

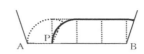

═══════════════《解答例》═══════════════

1 (1)0.75　(2)1250　(3)66660　(4)10

2 (1)21 番目　(2)$\dfrac{25}{26}$　(3)$\dfrac{91}{2}$　(4)56，$\dfrac{1}{22}$

3 (1)右図　(2)19.42　(3)14.71

4 (1)60.3，2　(2)14.5 秒，14.6 秒　(3)14.2 秒，14.3 秒，14.4 秒　(4)14.0

5 (1)ア，イ，オ，ク　(2)「1 ㎝でイウエオ」「2 ㎝でアカ」「3 ㎝でアイウエ」

　(3)「2 ㎝でイカキ」「4 ㎝でアオクケ」「6 ㎝でアキク」「8 ㎝でアウエカ」「10 ㎝でアイウオキ」

6 (1)15　(2)20　(3)$\dfrac{875}{8}$　(4)1698　(5)$\dfrac{2793}{16}$

═══════════════《解　説》═══════════════

1 (1)　与式より，$\dfrac{625}{1000}-□\times(\dfrac{6}{10}-\dfrac{1}{3}\times\dfrac{6}{5})=\dfrac{19}{40}$　$\dfrac{5}{8}-□\times(\dfrac{3}{5}-\dfrac{2}{5})=\dfrac{19}{40}$　$□\times\dfrac{1}{5}=\dfrac{5}{8}-\dfrac{19}{40}$

　　$□=(\dfrac{25}{40}-\dfrac{19}{40})\times5=\dfrac{6}{40}\times5=\dfrac{3}{4}=$**0.75**

(2)　この品物の仕入れ値を 1 とすると定価は，$1\times(1+0.2)=1.2$

　　定価の 8 ％引きの金額は $1.2\times(1-0.08)=1.104$ だから，利益の 130 円は仕入れ値の $1.104-1=0.104$ にあた

　　る。よって，仕入れ値は，$130\div0.104=$**1250**（円）

(3)　4 けたの数は $4\times3\times2\times1=24$（通り）できる。

　　各位にならべる数は同じ回数ずつ現れるから，それぞれの数は各位に $24\div4=6$（回）ずつ現れる。

　　つまり，できた 4 けたの数をすべて足すとき，千の位には 1 から 4 が 6 回ずつ現れ，同様に百の位，十の位，一

　　の位にも 1 から 4 が 6 回ずつ現れる。$(1+2+3+4)\times6=60$ より，求める和は，

　　$60\times1000+60\times100+60\times10+60\times1=60\times(1000+100+10+1)=60\times1111=$**66660**

(4)　右図のように，ＢＣを 1 辺とする正方形をＢＣＤＥとし，正方形ＢＣＤＥの

　　それぞれの辺を 1 辺とする，直角三角形ＡＢＣと合同な直角三角形を作図する

　　と，四角形ＡＦＧＨは 1 辺の長さが $2+1=3$（㎝）の正方形になる。

　　三角形ＡＢＣの面積は，$2\times1\div2=1$（㎠）正方形ＢＣＤＥの面積は，正方形

　　ＡＦＧＨから三角形ＡＢＣ 4 個分の面積を引いて，$3\times3-1\times4=5$（㎠）

　　ＣとＥを結ぶ。直角二等辺三角形ＣＤＥの面積は，$5\div2=\dfrac{5}{2}$（㎠）

　　正方形ＢＣＤＥの対角線ＣＥを 1 辺とする正方形の面積は，直角二等辺三角形ＣＤＥの 4 個分の面積に等しいから，

　　$\dfrac{5}{2}\times4=$**10**（㎠）

2 (1)　ならんでいる分数の分母は 2 から始まる連続する偶数であり，分母が $2\times1=2$ である分数は 1 個，

　　$2\times2=4$ である分数は 2 個，$2\times3=6$ である分数は 3 個，…のように考えると，分母が $2\times□$ である分数は

　　□個ある。また，同じ分母がならぶ分数の分子には，1 から始まる連続する奇数がならぶ。

　　$12=2\times6$，$11=2\times6-1$ より，$\dfrac{11}{12}$は，分母が 12 である分数の 6 個目にならぶ。

　　これは $1+2+3+4+5+6=$**21**（番目）の分数である。

(2)　1 から 13 までの整数の和が $(1+13)\times13\div2=91$ となるから，91 番目の分数は分母が $2\times13=26$ で，分子が

　　$2\times13-1=25$ の分数である。よって，求める分数は，$\dfrac{25}{26}$

(3)　同じ分母である分数の和をそれぞれ求めると，

　　$\dfrac{1}{4}+\dfrac{3}{4}=1=\dfrac{2}{2}$，$\dfrac{1}{6}+\dfrac{3}{6}+\dfrac{5}{6}=\dfrac{3}{2}$，$\dfrac{1}{8}+\dfrac{3}{8}+\dfrac{5}{8}+\dfrac{7}{8}=2=\dfrac{4}{2}$，…より，同じ分母がならぶ分数の和は，分母が

$2 \times \square$ なら $\dfrac{\square}{2}$ になる。

よって，91 番目までの分数の和は，$\dfrac{1}{2}+\dfrac{2}{2}+\dfrac{3}{2}+\cdots+\dfrac{12}{2}+\dfrac{13}{2}=\dfrac{\mathbf{91}}{\mathbf{2}}$

(4) (3)より，同じ分母である分数の最後までを足すと，その和は分母が 2 の分数か，整数になる。

$\dfrac{303}{11}=27\dfrac{6}{11}$ より，$\dfrac{303}{11}$ は $27\dfrac{1}{2}$ と 28 の間にある。

$27\dfrac{1}{2}=\dfrac{55}{2}=\dfrac{1}{2}+\dfrac{2}{2}+\dfrac{3}{2}+\cdots+\dfrac{10}{2}$ より，和が $27\dfrac{1}{2}$ になるのは，分母が 10 の分数の最後までを足したときであり，これは $1+2+3+\cdots+10=55$(番目)までの和である。

56 番目以降で足した，同じ分母の分数の和は，$27\dfrac{6}{11}-27\dfrac{1}{2}=\dfrac{1}{22}$

これは，分母が 22 である分数の 1 番目の分数だから，$55+1=\mathbf{56}$(番目)で$\dfrac{\mathbf{1}}{\mathbf{22}}$となる。

---

3 (2) おうぎ形が元の場所にもどるまでに，点Pは(1)の図形を5回えがく。五角形の内角の和は

$180 \times (5-2)=540$(度)だから，正五角形の 1 つの内角の大きさは，$540 \div 5=108$(度)

右図の太線は，半径が 1 cmで中心角が 90 度のおうぎ形の弧の部分と，2 cmの直線

部分，半径が 1 cmで中心角が $108-90=18$(度)のおうぎ形の弧の部分に分けること

ができる。

弧の部分の長さの和は，半径が 1 cmで中心角が $90+18=108$(度)のおうぎ形の弧の長さに等しく，

$2 \times 1 \times 3.14 \times \dfrac{108}{360}=1.884$(cm)

(1)の点P が動いてできる長さは $1.884+2=3.884$(cm)だから，求める長さは，$3.884 \times 5=\mathbf{19.42}$(cm)

(3) (1)の点P が動いてできる図形と正五角形の辺で囲まれた部分の面積は，半径が 1 cmで中心角が 108 度のおうぎ形

と，たての長さが 1 cmで横の長さが 2 cmの長方形の面積の和に等しく，

$1 \times 1 \times 3.14 \times \dfrac{108}{360}+1 \times 2=2.942$(cm²)

右図のように，点P が動いてできる図形は一度も重ならないから，求める面積は，

$2.942 \times 5=\mathbf{14.71}$(cm²)

---

4 (1) A君のタイムは，200m通過時で $14.7 \times 2=29.4$(秒)，300m通過時で $29.4+15.0=44.4$(秒)である。

A君のラップタイム④は $15.0+(15.0-14.7) \times 3=15.9$(秒)だから，400mで，$44.4+15.9=\mathbf{60.3}$(秒)

C君のタイムは，200m通過時で $15.2 \times 2=30.4$(秒)，300m通過時で $15.2 \times 3=45.6$(秒)，400mで，60.8 秒

B君のタイムは，200m通過時で $14.8 \times 2=29.6$(秒)と，先頭のA君とのタイム差は $29.6-29.4=0.2$(秒)だから，

ラップタイム③は 14.8 秒である。そして，300m通過時で $29.6+14.8=44.4$(秒)となり，A君とともに先頭を走っ

ているから，ラップタイム④は 14.8 秒になる。

B君は 400mを $44.4+14.8=59.2$(秒)で走るから，A君は **2**位である。

(2) B君のラップタイム④が 15.2 秒になるのは，200m通過時の先頭とのタイム差が 0.4 秒以上で，300m通過時の

先頭とのタイム差が 1 秒より小さいときである。

A君とB君は 200mまでそれぞれ一定の速さで走るから，200m通過時にB君と先頭とのタイム差が 0.4 秒以上に

なるのは，A君のラップタイム①が $14.8-0.4 \div 2=14.6$(秒)か，これより速いときである。

300m通過時の先頭とのタイム差が 1 秒より小さくなるのは，A君の 300m通過時のタイムが

$29.6+15.2-1=43.8$(秒)より遅いときである。このときのラップタイム①は，$(43.8-15.0) \div 2=14.4$(秒)よ

り遅いから，条件にあうA君のラップタイム①は，**14.5秒，14.6秒**

(3) A君がラップタイム①を 15.0 秒より□秒速く走ると，400m のタイムは

$(15.0-□)＋(15.0-□)＋15.0＋(15.0＋□×3)＝60.0＋□$（秒）となるから，60 秒より速く走ることはない。

B君の 400m のタイムは，$14.8×4＝59.2$（秒），$29.6＋15.2＋15.2＝60.0$（秒），$29.6＋15.2＋16.2＝61.0$（秒）の 3 種類があり，C君の 400m のタイムは 60.8 秒だから，A君が 1 位もしくは 1 位タイになるのは，400m を 60.0 秒以上 60.8 秒以下で，B君より速いか，C君と同じタイムで走る場合である。下にA君とB君のタイムを示した。

下表より，条件にあうA君のラップタイム①は，**14.2 秒，14.3 秒，14.4 秒**

A君	①	15.0	14.9	14.8	14.7	14.6	14.5	**14.4**	**14.3**	**14.2**	14.1	**14.0**	13.9	13.8
	②	15.0	14.9	14.8	14.7	14.6	14.5	14.4	14.3	14.2	14.1	14.0	13.9	13.8
	③	15.0	15.0	15.0	15.0	15.0	15.0	15.0	15.0	15.0	15.0	15.0	15.0	15.0
	④	15.0	15.3	15.6	15.9	16.2	16.5	16.8	17.1	17.4	17.7	18.0	18.3	18.6
	合計	60.0	60.1	60.2	60.3	60.4	60.5	60.6	60.7	60.8	60.9	61.0	61.1	61.2
B君	①	14.8	14.8	14.8	14.8	14.8	14.8	14.8	14.8	14.8	14.8	14.8	14.8	14.8
	②	14.8	14.8	14.8	14.8	14.8	14.8	14.8	14.8	14.8	14.8	14.8	14.8	14.8
	③	14.8	14.8	14.8	14.8	14.8	15.2	15.2	15.2	15.2	15.2	15.2	15.2	15.2
	④	14.8	14.8	14.8	14.8	15.2	15.2	16.2	16.2	16.2	16.2	16.2	16.2	16.2
	合計	59.2	59.2	59.2	59.2	60.0	60.0	61.0	61.0	61.0	61.0	61.0	61.0	61.0

(4) B君とC君は同時にゴールすることはない。また，A君とC君が同時にゴールすると 1 位タイとなることから，A君とB君が 2 位タイとなるときとわかる。

上表より，条件にあうのは，60.8 秒のC君が 1 位で，61.0 秒のA君とB君が 2 位タイのときだから，A君のラップタイム①は，**14.0 秒**

5 (1) （おもりまたは物の重さ）×（真ん中からのきょり）の和が，左右で等しくなるとき，つり合うことがわかる。

それぞれの○の所での（おもりの重さ）×（真ん中からのきょり）の値は，アとコでは $9×9＝81$，イとケでは $4.5×6＝27$，ウとクでは $3×3＝9$，エとキでは $1.5×2＝3$，オとカでは $1×1＝1$ で，（物の重さ）×（真ん中からのきょり）の値は $100×1＝100$ である。

左側の値の和は多くても $81＋27＋9＋3＋1＝121$ だから，右側の値の和が 100 以上 121 以下で，左右の値が等しくなるのは，$81＋27＋1＝109＝100＋9$ より，**ア，イ，オ，ク**におもりを入れたときである。

(2) (1)と同じように考える。左側の値の和は多くても 121 だから，$121÷40＝3$ 余り 1 より，皿は少なくとも真ん中から右に 3cm 以内にぶら下げることになる。5 種類のおもりが 1 個ずつしかないことに注意して考える。

・皿を真ん中から右に 1cm の所にぶら下げたとき　（物の重さ）×（真ん中からのきょり）の値は，$40×1＝40$

$27＋9＋3＋1＝40$ より，イ，ウ，エ，オにおもりを入れると，左右の値の和が等しくなる。

よって，「**1cm でイウエオ**」

・皿を真ん中から右に 2cm の所にぶら下げたとき　（物の重さ）×（真ん中からのきょり）の値は，$40×2＝80$

$81＝1＋80$ より，ア，カにおもりを入れると，左右の値の和が等しくなる。よって，「**2cm でアカ**」

・皿を真ん中から右に 3cm の所にぶら下げたとき　（物の重さ）×（真ん中からのきょり）の値は，$40×3＝120$

$81＋27＋9＋3＝120$ より，ア，イ，ウ，エにおもりを入れると，左右の値の和が等しくなる。

よって，「**3cm でアイウエ**」

(3) (2)と同じように考える。

物の重さが 11.5g だから，（物の重さ）×（真ん中からのきょり）の値が整数になるのは，（真ん中からのきょり）が偶数（ぐうすう）の長さのときである。

・皿を真ん中から右に 2cm の所にぶら下げたとき　（物の重さ）×（真ん中からのきょり）の値は，$11.5×2＝23$

$27＝1＋3＋23$ より，イ，カ，キにおもりを入れると，左右の値の和が等しくなる。よって，「**2cm でイカキ**」

・皿を真ん中から右に 4cm の所にぶら下げたとき　（物の重さ）×（真ん中からのきょり）の値は，$11.5×4＝46$

$81＋1＝82＝9＋27＋46$ より，ア，オ，ク，ケにおもりを入れると，左右の値の和が等しくなる。

よって，「**4cm でアオクケ**」

・皿を真ん中から右に6cmの所にぶら下げたとき　(物の重さ)×(真ん中からのきょり)の値は、11.5×6＝69

81＝3＋9＋69より、ア、キ、クにおもりを入れると、左右の値の和が等しくなる。よって、「**6cmでアキク**」

・皿を真ん中から右に8cmの所にぶら下げたとき　(物の重さ)×(真ん中からのきょり)の値は、11.5×8＝92

81＋9＋3＝93＝1＋92より、ア、ウ、エ、カにおもりを入れると、左右の値の和が等しくなる。

よって、「**8cmでアウエカ**」

・皿を真ん中から右に10cmの所にぶら下げたとき　(物の重さ)×(真ん中からのきょり)の値は、11.5×10＝115

81＋27＋9＋1＝118＝3＋115より、ア、イ、ウ、オ、キにおもりを入れると、左右の値の和が等しくなる。よって、「**10cmでアイウオキ**」

6 (1) 右図のように、CとA、GとEを結び、AからEGに垂線AKを引く。

AK＝12cm、AC＝7cm、EG＝25cmであり、四角形ACGEは等脚

台形だから、EK＝(25－7)÷2＝9(cm)

EK：AK＝9：12＝3：4より、直角三角形AKEは、直角をはさ

む2辺の長さの比が3：4だから、(注意)に書いてあるように、3辺

の長さの比が3：4：5になる。よって、AE＝AK×$\frac{5}{4}$＝15(cm)

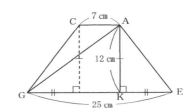

(2) (1)の解説の図において、GK＝25－9＝16(cm)

AK：GK＝12：16＝3：4より、直角三角形GKAも、3辺の長さの比が3：4：5になる。

よって、AG＝GK×$\frac{5}{4}$＝20(cm)

(3) 右図のように、I、Jを通り、面ABCDに平行な面がAE、

CGとの交わる点を、それぞれL、Mとする。

四角形LIMJは正方形となるから、IJ＝MLであり、

OはIJ、MLのそれぞれの真ん中の点である。

AC、EGの真ん中の点をそれぞれP、RとするとP、O、

Rは一直線上にある。

GR＝EG×$\frac{1}{2}$＝$\frac{25}{2}$(cm)、AP＝AC×$\frac{1}{2}$＝$\frac{7}{2}$(cm)

2つの直角三角形OGRとOAPは、大きさの異なる同じ形

の直角三角形だから、対応する辺の長さの比は等しく、

GO：AO＝GR：AP＝$\frac{25}{2}$：$\frac{7}{2}$＝25：7

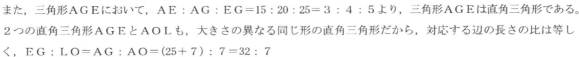

また、三角形AGEにおいて、AE：AG：EG＝15：20：25＝3：4：5より、三角形AGEは直角三角形である。

2つの直角三角形AGEとAOLも、大きさの異なる同じ形の直角三角形だから、対応する辺の長さの比は等し

く、EG：LO＝AG：AO＝(25＋7)：7＝32：7

EG＝25cmより、LO＝EG×$\frac{7}{32}$＝$\frac{175}{32}$(cm)

JO＝IO＝LO＝$\frac{175}{32}$cmだから、2つの合同な三角形AGJとAGIの面積はともに、20×$\frac{175}{32}$÷2＝$\frac{875}{16}$(cm²)

よって、四角形AIGJの面積は、$\frac{875}{16}$×2＝$\frac{875}{8}$(cm²)

(4) EA、HD、GC、FBをそれぞれ延長すると、4つの直線は1つ

の点で交わる。この点をSとする。(3)の記号を利用すると、2つの直

角三角形AGEとRSEは、大きさの異なる同じ形の直角三角形だか

ら、ER：SR：SE＝3：4：5になる。ER＝$\frac{25}{2}$cmだから、

SR＝ER×$\frac{4}{3}$＝$\frac{50}{3}$(cm)

PR＝12cmより、SP＝SR－PR＝$\frac{14}{3}$(cm)

正四角すいS - EFGHの体積は、(25×25÷2)×$\frac{50}{3}$÷3＝$\frac{15625}{9}$(cm³)

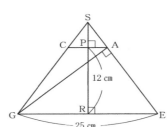

正四角すいＳ－ＡＢＣＤの体積は，$(7 \times 7 \div 2) \times \dfrac{14}{3} \div 3 = \dfrac{343}{9}$（cm³）

よって，求める体積は，$\dfrac{15625}{9} - \dfrac{343}{9} = 1698$（cm³）

(5)　切断面より上の部分の立体の体積は，(4)のＳを考えたとき，四角すいＳ－ＡＩＧＪの体積から，正四角すいＳ－ＡＢＣＤの体積を引けば求められる。

(4)より，　$ＳＥ＝ＥＲ \times \dfrac{5}{3} = \dfrac{125}{6}$（cm），　$ＳＡ＝ＳＥ－ＡＥ＝\dfrac{35}{6}$（cm）

四角形ＡＩＧＪとＡＥは垂直に交わっているから，四角すいＳ－ＡＩＧＪの底面を四角形ＡＩＧＪとしたときの高さはＳＡにあたり，体積は$\dfrac{875}{8} \times \dfrac{35}{6} \div 3 = \dfrac{30625}{144}$（cm³）となる。

よって，求める体積は，$\dfrac{30625}{144} - \dfrac{343}{9} = \dfrac{2793}{16}$（cm³）

理 科

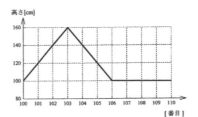

平成 ③1 年度 解答例・解説

《解答例》

1. 問1. 78.1　問2. 9.1　問3. 56.2　問4. イ　問5. イ　問6. エ
2. 問1. え　問2. う, か　問3. モンシロチョウ　問4. セミ／アブラムシ／カメムシ などから1つ
　　問5. タンパク質／しぼう　問6. (相利)共生　問7. 区画A
　　問8. (ア)い　(イ)う　(ウ)あ　(エ)え　(オ)お　①ふえる　②ふえる　③悪く　④ふえる
3. 問1. 207.8, 26.5　問2. 記号…ア／取り囲んでいた水の粒子が水蒸気に変化　問3. ①とけず　②とける
　　問4. ①大きい　②はやい　問5. い. 二酸化炭素　う. 炭酸水素ナトリウム
　　問6. え. 気体　お. 固体
4. 問1. 0.5　問2. 4　問3. 午後2時00分02秒75　問4. 8
　　問5. 00秒75　問6. 午後2時00分28秒50　問7. 81
　　問8. 右グラフ

《解 説》

1. **問1** 〔湿度(%)＝$\dfrac{\text{空気1㎥が実際にふくんでいる水蒸気の量(g)}}{\text{飽和水蒸気量(g)}}×100$〕で求めることができる。表1より,
15℃での飽和水蒸気量は12.8g, 空気1㎥が実際にふくんでいる水蒸気の量は10gなので, 湿度は$\dfrac{10}{12.8}×100＝$
78.125→78.1%である。

　問2 30℃での飽和水蒸気量は30.4gだから, 湿度60%の空気1㎥がふくんでいる水蒸気の量は30.4×0.6＝
18.24(g)である。1㎥→1000Lより, 空気500Lは0.5㎥だから, 18.24×0.5＝9.12→9.1gが正答である。

　問3 25℃での飽和水蒸気量は23.1gだから, 湿度65%の空気1㎥がふくんでいる水蒸気の量は23.1×0.65＝
15.015(g)である。この空気1㎥を10℃(飽和水蒸気量は9.4g)まで冷やすと, 15.015－9.4＝5.615(g)の水滴が
できるので, 空気10㎥では5.615×10＝56.15→56.2gの水滴ができる。

　問4 40℃で湿度70%の空気1㎥がふくんでいる水蒸気の量は, 51.1×0.7＝35.77(g)であり, 飽和水蒸気量が
35.77gより小さくなると水滴ができる。飽和水蒸気量は35℃で39.6g, 30℃で30.4gだから, イが正答である。

　問5 熱は温度が高い方から低い方へ移動するので, ガラスの外側の表面の空気の温度が教室の中の気温と同じ
25℃まで冷やされる。教室の外の空気1㎥がふくんでいる水蒸気の量は39.6×0.7＝27.72(g)であり, これは25℃
の飽和水蒸気量(23.1g)より大きいから, 教室の外の空気1㎥あたり27.72－23.1＝4.62(g)の水蒸気が水滴に変
化して, 教室のガラスの外側の表面に付着する。したがって, イが正答である。

　問6 30℃で湿度77%の空気1㎥がふくんでいる水蒸気の量は30.4×0.77＝23.408(g)である。朝6時の気温は
20℃で, 飽和水蒸気量は17.3gだから, 空気1㎥あたり23.408－17.3＝6.108(g)の水滴(霧)が発生していたとい

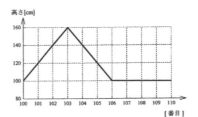

うことである。したがって，飽和水蒸気量が 23.408 g より大きくなれば水滴が水蒸気にもどって霧が晴れる。そのときの気温は，表1より，25℃よりは確実に高く，29℃よりは低いと考えられるので，エが正答である。

2 問2 スズメは稲作の伝来とともに大陸から渡って来て定着したといわれている。シロツメクサは江戸時代にヨーロッパ(オランダ)からの輸入品(ガラス製品)の緩衝材(かんしょうざい)として詰められていたものが定着したといわれている。

問5 三大栄養素は，炭水化物，タンパク質，脂肪(しぼう)である。さらに，三大栄養素にビタミンとミネラルを加えて五大栄養素という。

問6 アシナガキアリとカイガラムシの関係は，アリとアブラムシの関係と同じであることがわかる。2種の生物が互い(たが)に密接な関係をもって生活する現象を共生といい，その中でもとくに，互いが利益を受ける共生を相利共生という。

問7 相利共生の関係にある生物は，一方が増えればもう一方も増えるので，アシナガキアリの数が多いのはカイガラムシの数が多い区画Aだと考えられる。

問8 問7解説の通り，アは「い」，①は「ふえる」である。また，アシナガキアリ以外では，スズカビがカイガラムシの排泄物(はいせつぶつ)を栄養としているので，イは「う」，②は「ふえる」であり，スズカビによって光合成を十分に行えなくなるので，③は「悪く」である。一方，オカガニはアシナガキアリに攻撃されるから，アシナガキアリの数がふえるとオカガニの数はへり(ウは「あ」)，オカガニがへると，オカガニに食べられる落ち葉や芽生えはふえる(エとオは「え」と「お」，④は「ふえる」)。

3 問1 食塩は20℃の水100gに36gまでとけるから，食塩55gをとかすために必要な20℃の水は $100 \times \frac{55}{36} = 152.77\cdots \to 152.8$ g であり，このとき飽和食塩水は $55 + 152.8 = 207.8$（g）できる。また，〔水溶液(すいようえき)のこさ（%）$= \frac{\text{とかしたものの重さ（g）}}{\text{水溶液の重さ（g）}} \times 100$〕より，$\frac{55}{207.8} \times 100 = 26.46\cdots \to 26.5$% となる。なお，飽和食塩水のこさは，温度が同じであれば水溶液の重さにかかわらず一定なので，水の重さが100gのときで考えて，$\frac{36}{100+36} \times 100 = 26.47\cdots \to 26.5$% と求めてもよい。

問2 粒子(りゅうし)(●)を水の粒子(○)が取り囲んで，粒子(●)どうしが結びつかないようになっている状態が「とけている」状態であり，取り囲んでいる水の粒子(○)が蒸発してなくなると，粒子(●)どうしの結びつきに変化して，結晶として出てくることになる。

問3 食塩水の層とエタノールの層の間では，エタノールが食塩水の水にとけることで，「とけている粒子」を取り囲んでいる水の粒子(○)がエタノールにうばわれる。取り囲んでいた水の粒子(○)をうばわれた粒子(●)は，エタノールにはとけないので，同じように水の粒子(○)をうばわれた粒子(●)どうしの結びつきに変化して，結晶として出てくる。

問4 食塩水の層に近いところから順にエタノールが水にとけていく（「とけている粒子」から水の粒子(○)をうばっていく）ので，上の方ほどまだ水にとけていないエタノールの割合が大きく，「とけている粒子」からさかんに水の粒子(○)をうばっていくということである。

問5 アンモニアは水に非常にとけやすく，二酸化炭素は水に少しとける程度である。したがって，先に二酸化炭素をとかそうとしてもあまりとけない。これに対し，先にアンモニアをとかすと，水溶液がアルカリ性になり，水にとけると酸性を示す二酸化炭素がとけやすくなり，炭酸水素ナトリウムが生成されやすくなるということである。

問6 食塩は固体，アンモニアと二酸化炭素は気体である。(b)では食塩をとかしたあとにアンモニアや二酸化炭素をとかしているが，BやCでは最初にアンモニアや二酸化炭素をとかしている。

4 **問1** 100mはなれた2点の間に201人の観客が等間隔(かんかく)に並んでいるから，間隔は観客の人数よりも1小さい200ある。したがって，100÷200＝0.5(m)が正答である。

問2 図4と図5に着目する。11番目の観客と25番目の観客の間には14の間隔があるのでP君の走った距離(きょり)は0.5×14＝7(m)である。このときかかった時間は1秒75(1.75秒)だから，P君の速さは7÷1.75＝(秒速)4(m)である。

問3 A点と11番目の観客までの距離は0.5×10＝5(m)なので，かかる時間は5÷4＝1.25(秒)→1秒25である。したがって，A点を出発したのは，11番目の観客の前を通った午後2時00分04秒00の1秒25前の午後2時00分02秒75である。

問4 P君は1秒で4m進む。観客一人ひとりの間隔は0.5mで，4mの間には4÷0.5＝8の間隔があるから，4mの間には最大で9人の観客がいることになる。つまり，P君が午後2時00分08秒30の瞬間(しゅんかん)に，ある観客の前を通れば，1秒間で9人の観客の前を通り過ぎることになる。しかし，P君は0.5÷4＝0.125(秒)→00秒125ごとに観客の前を通り過ぎるので，午後2時00分08秒30は観客の前を通り過ぎる瞬間ではないことがわかる。したがって，最大の9人より1人少ない8人が正答である。

問5 11番目の観客が立ち上がるときに5番目の観客がちょうど座ったのだから，P君は5番目の観客が立ち上がってから座るまでに11－5＝6つの間隔を通り過ぎたことになる。問6解説より，P君は0.125秒ごとに観客の前を通り過ぎるから，0.125×6＝0.75(秒)→00秒75が正答である。

問6 P君がAからBの100mを走るのに100÷4＝25(秒)かかるから，P君が201番目の観客の前を通り過ぎるのが問3の25秒後の午後2時00分27秒75であり，201番目の観客が座るのはそのさらに00秒75後だから，午後2時00分28秒50が正答である。

問7 P君は秒速4m，Qさんは秒速3mで走るので，2人はAとCの間の距離を4：3に分ける点ですれ違(ちが)う。AとCの間に間隔は141－1＝140あるから，Aから$140×\frac{4}{4＋3}＝80$の間隔を通り過ぎた点，つまり，1＋80＝81(番目)の観客の前である。

問8 今回の実験では，観客が立ち始めてから座り終わるまでに1秒かかる。Qさんが100番目の観客の前を通り過ぎるときは，100番目の観客が立ち上がり始める瞬間(高さは100㎝)であり，Qさんがその1秒前に通り過ぎた観客が座り終わった瞬間(高さは100㎝)でもある。Qさんは1秒で3m進むから，1秒前に通り過ぎた観客は100番目の観客から間隔が3÷0.5＝6つはなれた位置にいる106番目の観客である。したがって，この2人のちょうど真ん中にいる103番目の観客が最も高い160㎝になる。

=== 《解答例》 ===

1 問1．あ．180万　い．子房　う．被子　え．維管束　お．網状脈　か．節足

　　問2．クモ…イ，キ　ムカデ…オ，ク　カニ…ウ，キ

　　問3．A．サ　B．シ　C．ケ　D．コ　E．ト　F．テ
　　　　G．チ　H．ツ　I．セ　J．ス　K．タ　L．ソ

　　問4．a．かむ口をもつ　b．さしてすう口をもつ

　　問5．セミ…4　カブトムシ…6　バッタ…3

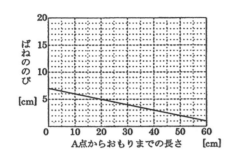

2 問1．運ぱん…上流　しん食…上流　たい積…下流

　　問2．ア．③　イ．①　ウ．②

　　問3．A．160　B．133　C．160　D．133　　問4．東

　　問5．E．80　F．67　　問6．G．181　H．172

3 問1．5　　問2．12　　問3．4，80　　問4．右グラフ

　　問5．24，150　　問6．A点…25　C点…125　　問7．20

4 問1．オ　　問2．イ

　　問3．語句…脂肪酸の粒(分子)の数　計算方法…S÷(b×b)

　　問4．右図　　問5．右図

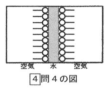

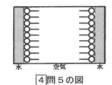

4 問4の図　　　　4 問5の図

　　問6．洗剤液を入れた試験管を，氷水が入ったビーカーに入れて冷やす。

=== 《解　説》 ===

1 **問1**　い〜お．花がさき，種子ができる植物を種子植物といい，さらに胚珠が子房に包まれている被子植物と，胚珠がむき出しになっている裸子植物に分けられる。胚珠は種子に，子房は果実になる部分である。被子植物のうち，子葉が1枚のものを単子葉類，子葉が2枚のものを双子葉類といい，単子葉類と双子葉類には右表のようなちがいがある。また，双子葉類はさらに，花びらが根もとでくっついている合弁花類と，花びらが1枚1枚離れている離弁花類に分けられる。か．背骨がない動物を無セキツイ動物といい，無セキツイ動物のうち，からだやあしに節があり，からだがかたい殻でおおわれている動物を節足動物という。節足動物はさらに，エビやカニなどの甲殻類，バッタやチョウなどの昆虫類，クモ類，ムカデ類などに分けられる。

	子葉	根	茎の維管束	葉脈
単子葉類	1枚	ひげ根	ばらばら	平行脈
双子葉類	2枚	主根と側根	輪状	網状脈

　　問4　スズメバチのような肉食のハチはかむ口をもっている。また，ミツバチのえさは花のみつなどであり，すう口をもっているが，ミツバチはかむ口ももっている。

　　問5　1はノミ，2はトンボ，3はバッタ，4はセミ，5はハチ，6はカブトムシ，7はハエ，8はチョウと同じなかまに属する昆虫である。

2

問1　運ぱんとしん食は流れが速い上流でさかんに行われ，たい積は流れがおそい下流でさかんに行われる。

問2　流れが速いところでは川底が深くけずられ，川底には大きな石が見られる。川の曲がったところではカーブの外側の流れが速く，まっすぐなところでは川の真ん中の流れが速い。

問3　表の情報を図2にあてはめると，右図のようになる。火山灰層の海面からの高さは，Aで 220−60＝160（m），Bで 160−27＝133（m），Cで 240−80＝160（m）である。AとCで，火山灰層の海面からの高さが同じなので，地層は南北方向にかたむいていないと考えられる。したがって，Dでの火山灰層の海面からの高さはBと同じ 133mである。

A (220, 60)　　　　　B (160, 27)

C (240, 80)　　　　　D (200, ？)

断層

E (270, ？)　　　　　F (230, ？)

※（海面からの高さ，火山灰層までの深さ）
単位：m

問4　問3より，Aの東にあるBの方が，火山灰層の海面からの高さが 160−133＝27（m）低くなっている。

問5　EとFの火山灰層の海面からの高さは，断層の北側より 30m高いので，Eでは 160＋30＝190（m），Fでは 133＋30＝163（m）である。したがって，火山灰層までの深さは，Eでは 270−190＝80（m），Fでは 230−163＝67（m）である。

問6　火山灰層は，EからFまで一定のかたむきで下がっている。E〜Hの断面のようすを火山灰層の高さに着目して表すと，右図のようになる。EとFの火山灰層の海面からの高さの差は 190−163＝27（m）で，これがGとHによって3等分されるので，GはEより 27÷3＝9（m）低い 181m，HはGよりさらに9m低い 172mとなる。

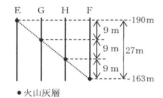

E　G　H　F　−190m
9 m
9 m　27m
9 m
−163m

●火山灰層

問1　グラフより，100gで 20cmのびるので，1cmのばすには 100÷20＝5（g）の力が必要である。

問2　B点を持ち上げたときの力とA点を持ち上げたときの力の和が，棒の重さと同じになればよい。つまり，ばねののびの和が 100gの力を加えたときの長さ（20cm）になればよいので，20−8＝12（cm）が正答となる。

問3　C点にかかる重さ 100gは，A点とD点に，C点からの距離（きょり）の逆の比に分かれてかかる。A点からC点までは 24cm，C点からD点までは 30−24＝6（cm）なので，その比は 24：6＝4：1であり，100gの重さはA点とD点に 1：4に分かれてかかる。したがって，A点には $100×\dfrac{1}{1+4}＝20$（g）の力が加わり，ばねののびは 20÷5＝4（cm）になる。また，D点には 100−20＝80（g）の力が加わる。

問4　15gのおもりをA点につるすと，おもりの重さはすべてばねにかかるので，ばねののびはさらに 15÷5＝3（cm）大きくなって，合計で7cmになる。おもりがD点（A点から 30cm）にあるとき，おもりの重さはすべて糸にかかるので，ばねののびはおもりをつけていないときと同じ4cmになる。おもりがB点（A点から 60cm）にあるとき，D点を支点として，B点に下向きに加わる 15gの力は，A点に上向きに加わる 15gの力と同じはたらきをする。つまり，A点に加わる力が 15g小さくなって 20−15＝5（g）になるので，ばねののびは 5÷5＝1（cm）になる。これらの3点を通る直線のグラフをかけばよい。

問5　問4解説にもあるように，糸の真下につるしたおもりの重さはすべて糸にかかり，A点にはかからない。したがって，50gのおもりはC点（A点から 24cm）につるせばよい。このとき，糸に加わる力は，棒の重さ 100gとおもりの重さ 50gの和の 150gである。

問6　問3解説のとおり，2点の間につるしたおもりの重さは，距離の逆の比に分かれてかかる。A点から 12cmの位置は，A点とC点のちょうど真ん中なので，おもりの重さはA点とC点に 25gずつかかる。したがって，A点に加わる力は 25g，C点に加わる力は 100＋25＝125（g）である。

問7　C点には棒の重さである 100gの力がすでにかかっているので，あと 350−100＝250（g）以上の力が加わると，糸は切れる。A点を支点と考えると，（AC間の長さ）×（C点に加わる力の大きさ）＝（AB間の長さ）×（B点に加え

る力の大きさ)が成り立つので，C点に加わる力が250 gになるときのB点に加える力を□gとすると，24×250＝60×□より，□＝100(g)となる。したがって，ばねののびは20 cmである。

4 問1　「──」部分と「○」部分では，水に対する性質が異なるとある。「──」部分と「○」部分のそれぞれがまわりの水に対して異なる性質を示しているといえるのは，オである。オの図からは，「──」部分は水と結びつきにくく，「○」部分は水と結びつきやすいことがわかる。

問2　問1解説より，「○」部分が水と結びついて，「──」部分が水とはなれているイが正答となる。

問3　問2のイのように脂肪酸の粒(分子)がならんでいると，(b×b)が1個の脂肪酸の粒(分子)がしめる面積となるので，「非常に薄い膜」の面積Sを(b×b)でわれば，脂肪酸の粒(分子)の数を求めることができる。

問4，5　問2のイと同じように，水に「○」部分が結びつき，「──」部分が水からはなれるように脂肪酸の粒(分子)をならべてかけばよい。

問6　Yの洗剤液にはショ糖を溶かしたので，Xの洗剤液と比べて同じ体積あたりの重さが大きくなっている。このため，Yの洗剤液をXの洗剤液に落下させると，Yの洗剤液でできた重い逆シャボン玉はXの洗剤液中に沈んだままになる。落下させる洗剤液を入れた試験管を，氷水の入ったビーカーに入れて冷やしておくことで，コップの中の洗剤液と比べて同じ体積あたりの重さが大きくなり，浮かび上がりにくい逆シャボン玉をつくることができる。

《解答例》

1 問1．X．浮く　Y．沈む　Z．浮く　　問2．63　　問3．物体AとB…ア　物体BとC…ウ　物体CとA…イ
問4．9　　問5．8　　問6．5500

2 問1．ア，イ，ウ　　問2．ア，イ　　問3．イ　　問4．ア，ウ　　問5．ウ　　問6．○　　問7．イ，ウ
問8．ア

3 問1．目…物までの距離　耳…音を出す物の方向　　問2．1．イ　2．エ　3．ウ　4．ア　　問3．コンブ
問4．ミラクリン…ア，エ　ギムネマ酸…エ　　問5．ミラクリン…ウ，ク　ギムネマ酸…ク
問6．5．カ　6．イ　7．オ　8．ウ

4 問1．1．銀　2．金　3．オ　4．二酸化炭素　　問2．1．銅　2．水素
問3．1．酸性雨　2．メタンハイドレート　　問4．50　　問5．あ．73.0　い．72.4　う．72.7

《解　説》

1 問1　体積1㎤あたりの重さを密度といい，〔密度（g/㎤）＝ $\dfrac{重さ（g）}{体積（㎤）}$ 〕で求めることができる。密度が水よりも小さければ浮き，大きければ沈む。水1㎤あたりの重さは1gなので，密度は1g/㎤であり，密度は $\dfrac{重さ}{体積}$ で求められることから，重さの値の方が体積の値より小さければ浮き，大きければ沈むと考えられる。したがって，重さの値の方が小さいBとDは浮き，大きいCは沈む。

問2　物体が水に浮くとき，物体にはたらく浮力の大きさは物体の重さと等しいので，物体Aが水に浮いているときにはたらく浮力の大きさは20gであり，20gの水，つまり20㎤の水をおしのけたことになる。したがって，物体Aの水中部分の体積が20㎤だとわかり，水面より上に出ている部分の体積は83－20＝63（㎤）である。

問3　アはどちらも浮くとき，エはどちらも沈むときの結果を表している。イとウは一方が浮き，他方が沈むときで，イは2つの物体の全体の密度（重さと体積をそれぞれたして，重さを体積でわった値）が水（1g/㎤）より小さいとき，ウは2つの物体の全体の密度が水より大きいときの結果を表している。物体AとBでは，どちらも浮くので，アのようになる。物体BとCでは，Bが浮き，Cが沈む。このとき2つの物体の全体の密度が $\dfrac{30+40}{32+33}＝\dfrac{70}{65}$（g/㎤）で，水より大きいので，ウのようになる。物体CとAでは，Cが沈み，Aが浮く。このとき2つの物体の全体の密度が $\dfrac{40+20}{33+83}＝\dfrac{60}{116}$（g/㎤）で，水より小さいので，イのようになる。

問4，5　水5000㎤の重さは5000gである。したがって，図1中の物体の重さの合計は400＋5000＋20＋80＝5500（g）である。図2のとき，台はかりの目盛りが5492gであったので，ばねはかりの目盛りは5500－5492＝8（g）である。つまり，物体AとFにはたらく浮力の大きさは(20＋80)－8＝92（g）であり，2つの物体で92g→92㎤の水をおしのけたことになる。したがって，物体Fの体積は92－83＝9（㎤）である。

問6　図1の状態で，バケツを台はかりの上にのせると，図1中の物体のすべての重さが台はかりにかかるので，目盛りは5500gになる。

2 問1　ア．川の石は，川を流れていく間に川底や他の石とぶつかることでけずられて角がとれるので，下流に行くほど小さく，丸くなる。イ．水が気体になったもの（水蒸気）は目に見えない。目で見ることができる湯気は，一度水蒸気になったあと再び冷やされて液体に変化したものである。ウ．日本で北の空の星の動きを観察すると，北極星を中心に反時計回りに星が回転しているように見える。

問2　ア．月が南中したときに月のおおむね東側半分(左側半分)が光って見える月を下弦の月という。イ．月は公転周期も自転周期も約27日であり，公転周期と自転周期が同じため，地球から月の裏側を見ることができない。

問3　イ．風向は風が吹いてくる方角を表すので，真南から風が吹いているときの風向は「南」である。

問4　ア．こと座にある一等星はベガである。なお，アルタイルはわし座にある一等星である。ウ．こいぬ座にある一等星はプロキオンである。なお，シリウスはおおいぬ座にある一等星である。

問5　ウ．太陽の光を受けて地面の温度が上がり，地面からの熱で空気があたためられるので，地面の温度が最高になってから少しして，気温が最高になる。

問7　イ．1km→1000m，1m→100cmなので，(13000÷500000000)×1000×100=2.6(cm)となる。ウ．この空気1m³→1000Lには12.8×0.45=5.76(g)の水蒸気がふくまれている。

問8　ア．酸性雨の原因物質は，硫黄や窒素の酸化物である二酸化硫黄や一酸化窒素などで，これらの物質が雨水にとけていない状態でも空気中の二酸化炭素がとけこむので，酸性を示す。

3　問4　実験1よりミラクリン自体には酸味や甘味がないこと，実験2より物質Aには酸味があること，実験3より物質Bには甘味があることがわかる。実験4よりミラクリンには酸味がする物質によって甘味を感じるようになる作用があること(ア)，実験5よりミラクリンには甘味がする物質によって甘味を感じないようになる作用があること(エ)がわかる。また，実験6よりギムネマ酸は酸味がする物質には作用しないこと，実験7よりギムネマ酸には甘味がする物質によって甘味を感じないようになる作用があること(エ)がわかる。

問5　ミラクリンには問4のアの作用があることからウ，問4のエの作用があることからクのようなしくみだと考えられる。同様に，ギムネマ酸には問4のエの作用があることからクのようなしくみだと考えられる。

問6　実験8では，先に与えたギムネマ酸が甘味受容体に結合し，後から与えたミラクリンが甘味受容体に結合できず，物質Aによる甘味を感じなくなった。

4　問1(3)(4)　真珠の主な成分は炭酸カルシウムで，石灰石や貝がらなどと同じである。したがって，真珠をこまかく砕いてうすい塩酸を加えると，二酸化炭素が発生する。

問2(2)　「くろがね」とは鉄のことである。鉄をうすい塩酸に入れると，水素が発生する。

問3(1)　表1の☆の元素のうち，金属でないものは炭素と硫黄の2つであり，どちらも石油や石炭にふくまれていて，燃焼するときに酸素と結びつくことでそれぞれ二酸化炭素と二酸化硫黄になる。二酸化炭素と二酸化硫黄のうち，水に溶けやすいのは二酸化硫黄なので，Aは硫黄，気体Cは二酸化硫黄，気体Cが原因のひとつとなる環境問題は酸性雨である。　　　(2)　Bは炭素で，炭素が水素と結びついた炭化水素のうち，気体Dはメタンである。メタンハイドレートは，氷の中にメタンが閉じこめられたような物質で，火をつけると燃えるため，燃える氷と呼ばれている。

問4　表2の中の元素のうち，最もおそく発見されたのは臭素で1825年である。臭素が発見されてからすぐに「三組元素」に気づいたとすると，その時代までに知られていた元素は，表1より，54種類→約50種類である。

問5(あ)　(28+118)÷2=73→73.0　　(い)　(69.7+75)÷2=72.35→72.4　　(う)　(73.0+72.4)÷2=72.7

=== 《解答例》 ===

1 問1．ア，エ　　問2．イ，ウ，オ　　問3．ア，イ，エ　　問4．ア，イ，オ　　問5．イ，ウ，オ

2 問1．ⅰ．ア，ウ，オ，カ　ⅱ．ア，ウ，エ，オ，カ　ⅲ．エ，オ，カ　ⅳ．ア，ウ　　問2．エ

問3．3　　問4．(あ)ドライアイス　(い)酸素　　問5．イ　　問6．光

問7．1．エ　2．オ　3．ア　4．イ　　問8．ウ

3 問1．0　　問2．400　　問3．20　　問4．0.4　　問5．40　　問6．1.15　　問7．115　　問8．60

問9．60

4 問1．1．A　2．C　3．B　4．B　5．A　　問2．1．C　2．B　3．D　4．A　5．A，B

問3．(ア)5　(イ)200.6　(ウ)212.4　(エ)202　(オ)212　　問4．(a)4，26　(b)大阪／福岡／鹿児島　(c)0.7

=== 《解　説》 ===

1 問1．ア．温度計で地面をほってはいけない。　エ．必ず温度計の真横から目もりを読む。

問2．イ．同じ時間でも観察する場所によって月の見える方位は変わる。　ウ．月の観察に星座早見は使わない。
オ．明るい場所では星が見えにくい。

問3．ア．食塩水を混ぜても水の速さはわかりやすくならない。　イ．台風が通過しているときは危険をさける
ため，できるだけ外に出ないようにする。　エ．日本の川は，山から海までのきょりが短く，かたむきが急で
流れが速いことが多いので，短時間に多量の雨がふると，川の水があふれて洪水になることが多い。

問4．ア．自然界では，砂と泥が分かれて流されているわけではなく，つぶの大きさによってたい積する場所や
たい積するまでの時間がことなるため，地層ができる。　イ．がけをほりすぎるとがけくずれなどの危険があ
る。　オ．火山活動が活発になっているところには行ってはいけない。

問5．イ．風が強いときには雲海は発生しない。　ウ．夏の暑い日の夕方に地面と上空との温度差が大きくなる
と，その場所に雲が発生して短い時間に強い雨が降ることがある。　オ．霜は冬の晴れた日の早朝に発生しや
すい。これは，雲がないときの方が夜間に地上の熱が宇宙空間に逃げやすく，気温が下がることで，空気中に
ふくみきれなくなった水蒸気が氷となってあらわれるためである。

2 問1．右表参照。蒸発皿に入れて加熱す
ると，固体が溶けているものはその固体
が残るが，気体が溶けているものは何も
残らない。アルカリ性の水溶液は赤色の
リトマス紙を青色に，酸性の水溶液は青

	におい	色	溶けているもの	性質	鉄くぎ
砂糖水	なし	なし	砂糖(固体)	中性	溶けない
塩酸	あり	なし	塩化水素(気体)	酸性	溶ける
アンモニア水	あり	なし	アンモニア(気体)	アルカリ性	溶けない
水酸化ナトリウム水溶液	なし	なし	水酸化ナトリウム(固体)	アルカリ性	溶けない
食塩水	なし	なし	食塩(固体)	中性	溶けない

色のリトマス紙を赤色に変える。塩酸に鉄くぎを入れると，鉄くぎが溶けて水素が発生する。

問3．海水 500 cm³ の重さは 1.02×500＝510(g)であり，濃度が 3.5%なので，溶けている食塩は 510×0.035＝

17.85（g）である。小さじ1杯で6gの食塩が計りとれるので，17.85÷6＝2.975→3杯分が正答となる。

問4．あ．木炭は炭素のかたまりであり，炭素が空気中で燃えると酸素と結びついて二酸化炭素になる。

い．マグネシウムを空気中で加熱すると酸素と結びついて酸化マグネシウムになる。酸化マグネシウムはマグネシウムとは全く異なる物質であり，金属ではない。

問5．炭素とマグネシウムはどちらも酸素と結びつくが，マグネシウムは炭素よりも酸素と結びつきやすいため，燃えているマグネシウムを二酸化炭素の中に入れると，マグネシウムは二酸化炭素にふくまれる酸素をうばって燃え続け，二酸化炭素は酸素がうばわれて炭素になる。この結果，酸化マグネシウム（白い物質）と炭素（黒い物質）ができる。〇が炭素，◎がマグネシウム，●が酸素を表しているので，イが正答となる。

問8．この実験では，銀がふくまれている物質から銀だけを取り出している。これは，炭素がふくまれている物質（二酸化炭素）から炭素だけを取り出したことと同じ変化といえる。

③ 問1．投げ出した瞬間のタテの速さは0cm/秒である。

問2．タテの速さは0.1秒間に100cm/秒ずつ大きくなる。図1より，床に衝突するのはボールを投げ出してから0.4秒後だとわかるので，床に衝突する直前のタテの速さは400cm/秒である。

問3，4．A点に衝突した直後のタテの速さは問2の2分の1の200cm/秒であり，B点に衝突する直前のタテの速さも200cm/秒である。したがって，H点からB点までの時間は0.2秒間であり，図1より，0.2秒間での鉛直距離が80－60＝20（cm）になることがわかる。また，A点からH点までの時間は，H点からB点までの時間と等しいので，A点からB点までの時間は0.2＋0.2＝0.4（秒）である。

問5．水平方向の速さが100cm/秒，A点からB点までの時間は0.4秒だから，A点とB点の水平距離は100×0.4＝40（cm）である。

問6，7．ボールが床と4回目に衝突した点をD点，5回目に衝突した点（ボールが転がりはじめた点）をE点とする。衝突直後のタテの速さは衝突するごとに2分の1になるので，図1より，衝突した点と点の間の時間と距離も2分の1になっていくことがわかる。したがって，AB間が0.4秒であることから，BC間は0.2秒，CD間は0.1秒，DE間は0.05秒となり，OA間は0.4秒なので，ボールが転がりはじめるのは0.4＋0.4＋0.2＋0.1＋0.05＝1.15（秒後）である。また，水平距離はAB間が40cmであることから，BC間は20cm，CD間は10cm，DE間は5cmとなり，OA間は40cmなので，OE間は40＋40＋20＋10＋5＝115（cm）である。

問8，9．段の高さは最高点から次に衝突する点までの鉛直距離が80cmになるように，段の幅は衝突する点と点の間の水平距離と同じになるようにすればよい。はじめて衝突してからのボールの動きは，図2のAH間とOA間をつなげた形と同じになるので，段の高さを80－AHの鉛直距離＝80－20＝60（cm），段の幅をAHの水平距離＋OAの水平距離＝20＋40＝60（cm）にすればよい。

④ 問2．アブラゼミの越冬は1年目が卵，2年目以降が幼虫である。

問3．ア．20.0℃で飼育したときの発育に有効な温量は20.0－10.0＝10.0（℃）であり，温量の和は4日目で40.0℃，5日目で50.0℃となるので，5日目で有効積算温度の44℃を超える。　イ．（20.0－8.2）×17＝200.6　ウ．200.6＋（20.0－8.2）＝212.4　エ，オ．25.0℃で飼育すると，12日目までの発育に有効な温量の和は（25.0－8.2）×12＝201.6，13日目まででは（25.0－8.2）×13＝218.4となる。これらの値とイ，ウの値を右図のように目もり上に表すと，有効積算温度xの範囲がわかる。

問4．(a)福岡でさなぎの発育零点を超えるのは3月21日以降である。（11.6－11.2）×11＋（13.6－11.2）×10＋（15.1－11.2）×10＋（16.8－11.2）×6＝101となるので，4月26日が正答となる。　(b)福岡よ

り平均気温が高い鹿児島では4月28日にはすでにう化している。その他の地域において，(a)と同様に4月28日までについて計算をすると，大阪では105.6(う化する)，東京では73(う化しない)となる。東京よりも平均気温が低い仙台ではう化しない。　(c)4月8日までの有効な温量の和は 79.6 である。有効積算温度まであと99−79.6＝19.4なので，3月11日から4月8日までの29日間の平均気温が19.4÷29＝0.66…→0.7℃高ければよい。

平成 ㉗ 年度　解答例・解説

《解答例》

1　問1．i．(1)う　(2)か　(3)く　(4)あ　ii．(5)節足　(6)外骨格　(7)脱皮　　問2．う，き，こ
　　問3．i．斜対歩…い　側対歩…あ　ii．う　iii．か　iv．あ，い
2　問1．0.5　　問2．1.0　　問3．2.0　　問4．1.0　　問5．1.0　　問6．6.0　　問7．0.2
　　問8．3.0　　問9．6.0　　問10．0.6
3　問1．(1)塩化コバルトが水と反応したから。
　　(2)シリカゲルが水分を吸収したかどうかを知るため。
　　問2．水蒸気を通す性質。　　問3．イ　　問4．A型
　　問5．5.4　　問6．右グラフ　　問7．100
4　問1．12.5　　問2．3.75／上　　問3．11　　問4．3
　　問5．地点1…1660　地点2…2290

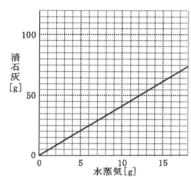

《解　説》

1　問1．i）エビやカニのなかまを甲殻類という。サソリは見た目はエビに似ているが甲殻類ではなくクモ類である。うのザリガニとミジンコが甲殻類である。ノミやシラミは羽はないが体のつくりが頭，胸，腹に分かれていてあしが6本あり昆虫類である。ムカデのなかまの多足類はヤスデやゲジである。ダニもクモ類である。よって，1はう，2はか，3はく，4はあが正答である。　問2．カイコガ，ヒラタカゲロウ，ゲンジボタルなどの成虫の口は退化しているため，成虫になったあとは養分はとらず，数時間から数日の命しかない。
問3．i）右側のあし2本，左側のあし2本というように片側ずつあしを動かすのを側対歩，右前あしと左うしろあしと斜めに交差しているあしを同時に動かすのを斜対歩という。よって，斜対歩はい，側対歩はあである。ii）馬のような斜対歩は上下にゆれ，ラクダのような側対歩は上下の揺れは少ない。よって，うが正答である。iii）3本のあしで三角形を作りながら歩くと，たおれることが少ない安定した歩き方になる。よって，①③⑤の組み合わせがよい。iv）ワニやトカゲのようなは虫類は，右図のように横に突き出たあしではうように歩くが，恐竜は体の下にまっすぐ伸びたあしで体を支えて歩いている。これは鳥類やほ乳類と同じである。

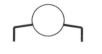

ワニ　　恐竜

2 問1．波の速さは毎秒1mで波紋は0.5秒ごとにできるからa＝1×0.5 ＝0.5(m)である。　問2．直角三角形の辺の長さの比より，b＝a×2＝0.5×2 ＝1.0(m)である(右図)。　問3．波紋がラインAに沿って進む速さは波の速さ×2 だから，毎秒1.0×2＝2.0(m)である。　問4．K君がラインAに沿って1.0m進 む間に波は2.0m進むから，1つの波紋が届いてから次の波紋が届くまでの時間を □秒とすると，波紋と波紋の間隔は1.0mだから2.0(m)×□＝1.0(m)＋1.0(m) ×□　□＝1.0(秒)である。　問5．波紋ができた後水流ができたので，波紋はそ のまま水流に乗っていき，波紋と波紋の間隔は変わらない。よって，1.0mが正答である。　問6．元々の波の 速さに水流の速さが加わるから，毎秒2.0＋4.0＝6.0(m)である。　問7．K君に波紋が届いてから次の波紋 が届くまでにかかる時間を□秒とする。波紋と波紋の間隔は1.0mだから，6.0(m)×□＝1.0(m)＋1.0(m)×□ 5.0(m)×□＝1.0(m)　□＝0.2(秒)である。　問8．波紋は0.5秒ごとに生まれ，水流に乗った波の速さは毎秒 6.0mだから，6.0(m)×0.5(秒)＝3.0(m)が波紋と波紋の間隔になる。　問9．波紋がラインAに沿って進む 速さは，直角三角形の辺の長さの比より，毎秒3.0×2＝6.0(m)である。　問10．K君に波紋が届いてから次 の波紋が届くまでにかかる時間を□秒とする。6.0(m)×□＝3.0(m)＋1.0(m)×□　5.0(m)×□＝3.0(m) □＝0.6(秒)である。

3 問1．塩化コバルトは水を吸収するとピンク色になる。シリカゲルは無色透明で変化がわかりにくいので指 示薬として塩化コバルトがまぜてある。　問3．比較的水分を含むものを保存する場合は，B型のように相対 湿度が高いと吸湿し低いと放出する吸湿と放出の両方を行うほうが乾燥しすぎなくてよい。　問4．A型の方 が水分と強く結びついているので，天日に干すくらいでは結びつきがとれず加熱する必要があると考えられる。 問5．シリカゲルの表面積 1.0 ㎠あたり$\frac{1}{100000}$gの水分を吸着するので，0.54gの水分を吸収するときの表面 積は 1.0×0.54÷$\frac{1}{100000}$＝0.54×100000＝54000(㎠)→5.4 ㎡が正答である。　問6．吸収する水蒸気の量と生 じる消石灰の量は比例している。56gの生石灰が18gの水蒸気を吸収して74gの消石灰を生じるから，水蒸気 18g，消石灰74gのところに点を取り原点と結ぶ。　問7．下線部①の式より，水蒸気9gを吸収するのに使 われる生石灰は 56×$\frac{9}{18}$＝28(g)，できる消石灰は 74×$\frac{9}{18}$＝37(g)である。下線部②の式より，残りの生石灰 56－28＝28(g)からできる炭酸カルシウムは 100×$\frac{28}{56}$＝50(g)である。下線部③より，生じた消石灰 37gから できる炭酸カルシウムは100×$\frac{37}{74}$＝50(g)である。よって，二酸化炭素を完全に吸収させると50＋50＝100(g) の炭酸カルシウムが得られる。

4 問1．1900年から1920年の間に地面が25cm下がっているから，1年間に25÷20＝1.25(cm)→12.5㎜下がる。 問2．80年で，地面は平常時 25×(80÷20)＝100(cm)下がり，地震で130cm上がるから，地面は130－100＝ 30(cm)上がったことになる。よって，1年で平均して地面は30÷80＝0.375(cm)→3.75㎜上がる。 問3．90000年の間に地震は 90000÷100＝900(回)あったから，地面が下がらなければ，海面から 1.25(m)× 900＝1125(m)の高さになっていたはずである。しかし実際の高さは135mだから，90000年の間に1125－135＝ 990(m)→990000㎜下がっている。よって1年で990000÷90000＝11(㎜)下がることになる。　問4．アルキメ デスの原理より，(氷のかたまりの重さ)＝(氷がおしのけた水の重さ)だから，氷のかたまりは等しい重さの水の 体積分水中に沈むことになる。氷の体積は 900×30＝27000(㎥)である。この氷の重さ 27000×900＝ 24300000(kg)と等しい水の体積は24300000÷1000＝24300(㎥)である。氷のかたまりが水中に沈む体積は24300 ㎥となり，氷のかたまりは27000－24300＝2700(㎥)水面の上に出る。よって水面の上に出てくる氷のかたまり の高さは 2700÷900＝3(m)である。　問5．地点1で地盤に沈んでいる氷のかたまりの体積は(20000×498)

㎡である。この体積の地盤の重さと氷のかたまり全体の重さが等しいから，地点1の氷の厚さを□mとすると，20000×□×900＝20000×498×3000　9×□＝498×30　□＝1660（m）となる。同様にして，地点2の氷の厚さを△mとすると，30000×△×900＝30000×687×3000　△＝2290（m）となる。よって，地点1の氷の厚さは1660m，地点2の氷の厚さは2290mである。

平成 ㉖ 年度 解答例・解説

―《解答例》―

1　問1．イ　　問2．水蒸気　　問3．三きゃく／金あみ　　問4．②ふっとう　あ．液体　い．気体
　　問5．イ　　問6．う．液体　え．出ない　　問7．二酸化炭素　　問8．B　　問9．水素　　問10．希塩酸に
　　溶ける　　問11．か．水蒸気〔別解〕気体　き．おそい　く．水〔別解〕液体

2　問1．○　　問2．③　　問3．①　　問4．②　　問5．②，③

3　問1．①0.025　②0.2　③0.1　④1　⑤C　⑥2　⑦2　⑧0.2　⑨0.1　　問2．(1)電球D…4
　　電球E…2　　(2)0.8　　問3．5

4　問1．[A]①，②，③　[B]○　　問2．A．ア　B．ア　　問3．あ　　問4．い　　問5．う
　　問6．a．9　b．8　c．9

―《解　説》―

1　問4．液体中で気体になる変化をふっとう，液面から気体になる変化を蒸発という。　　問5．下線Bの気泡は水の温度が上がったことにより溶けきれなくなって出てきた空気であり，下線Cの気泡は液体の水が気体の水蒸気に変化して出てきたものである。　　問7．下線Dの気体は主に，炭酸飲料に溶けていた二酸化炭素である。キャップを開けてビーカーに入れることで，炭酸飲料のまわりの気圧が下がり，溶けきれなくなった二酸化炭素が出てくる。
問8．問5解説より，溶けきれなくなって出てきた下線Bの気泡とでき方が似ていることがわかる。　　問9，10．鉄やアルミニウムのなどの金属が希塩酸に溶けると水素が発生する。

2　問1．①水の流れる速さが1秒間に50cmのときには直径1㎜，150cmのときには10㎜のつぶが流れることがわかる。②上流の方が流れる速さが速いので，運搬作用が起こりやすい。③川の下流の方が流れる速さがおそいので，堆積作用が起こりやすい。　　問2．①日本上空では偏西風がふいており，このため，天気は西から東へ変わっていくことが多い。②夏の太平洋上にはあたたかくしめった太平洋高気圧が発達する。③太平洋高気圧とオホーツク海上で発達する冷たくしめったオホーツク海高気圧の勢力が同じくらいになることで，梅雨前線が発達し，長雨をもたらす梅雨という時期が存在する。　　問3．①100gのウランは28億年後には　100g $\div 2$ $\div 2$ $\div 2$ $\div 2$ ＝6.25g

〔上：7億年後　14億年後　21億年後　28億年後〕

になる。②400gのウランが50gになると350gの鉛ができるので，400g $\div 2$ $\div 2$ $\div 2$ ＝50g より，21億年必要だとわかる。〔上：7億年後　14億年後　21億年後〕③ウランはもともと　2g＋62g＝64g あったことがわかる。これが2gになるには　64g $\div 2$
$\div 2$ $\div 2$ $\div 2$ $\div 2$ ＝2g より，35億年前にできた地層だとわかる。〔上：7億年後　14億年後　21億年後　28億年後　35億年後〕　　問4．①24時間は1440分であるので，地球が1回自転するために必要な時間は　1440分÷360＝4分 である。②東にある地点の方が早い時刻に太陽が南中する。したがって，久留米で太陽が南中するのは明石の　4分×5＝20分 後の12時20分である。③153度－123度＝30度，4分×30度＝120分→2時間 より，南中時刻に2時間の差があることがわかる。　　問5．①オリオン座のベテルギウスは，こいぬ座のプロキオンとおおいぬ座のシリウスとともに冬の大三角をつくる。②リゲルは青白い色，ベテルギウスは赤い色の一等星である。③青白い色の星の方が表面温度が高い。

3 問１．①図３と比べて電球の数が２倍（抵抗が２倍）なので，流れる電流は図３の$\frac{1}{2}$倍の0.025アンペアである。②回路全体の抵抗が図１の$\frac{1}{2}$倍になるので，電池から流れ出る電流は２倍の0.2アンペアである。③交点ａに流れる電流が等しく分かれて流れるので，0.2アンペアの$\frac{1}{2}$倍の0.1アンペアである。④それぞれの電球に流れる電流が図１と同じなので，それぞれの電球にかかる電圧も図１と同じ１ボルトである。⑤⑥電球Ａを流れてきた電流が電球ＢとＣに等しく分かれて流れる。したがって，電球Ａには電球ＢとＣに流れる電流の和（電球Ｂの２倍）と同じ大きさの電流が流れる。⑦電球Ａには電球Ｂの２倍の電流が流れるので，電球Ａにかかる電圧も電球Ｂの２倍である。⑧⑨（電球Ａの電圧）＋（電球Ｂの電圧）＝３Ｖ であり，電球Ａの電圧：電球Ｂの電圧＝２：１ であるので，電球Ａの電圧は２Ｖ，電球Ｂの電圧は１Ｖだとわかる。したがって，電球Ａには0.2Ａ，電球Ｂには0.1Ａの電流が流れる。

問２．(1)電球Ｄを流れた電流が等しく分かれて流れるので，電球Ｄに流れる電流は電球Ｅに流れる電流の２倍であり，同様に考えて，電球Ｅを流れた電流が等しく分かれて流れるので，電球Ｅに流れる電流は電球Ｆに流れる電流の２倍である。したがって，電球Ｄに流れる電流は電球Ｆに流れる電流の ２倍×２倍＝４倍 であり，電球にかかる電圧は流れる電流の大きさに比例するので，Ｄは４倍，Ｅは２倍が正答となる。

(2)右図は，図７の回路の一部を表しており，新たに電球に記号Ｇ，Ｈをおいたものである。Ｆにかかる電圧を①ボルトとすると，(1)より，ＥとＧには２倍の②ボルト，ＤとＨには４倍の④ボルトの電圧がかかる

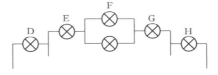

ことになり，これらの合計は電池の電圧の合計(13ボルト)と等しいから，①ボルト＋②ボルト×２＋④ボルト×２＝13ボルト より，①ボルト＝１ボルト となるので，４ボルトの電圧がかかる電球Ｄには0.4アンペアの電流が流れる。電池から流れ出る電流が等しく分かれてＤに0.4アンペア流れることから，0.4アンペア×２＝0.8アンペアが正答となる。　問３．右図のように考える。電池から流れ出る電流が0.6アンペアのとき，交点ｂで電流が等しく分かれ，３つの辺に0.2アンペアずつ流れる。その後，交点ｃでさらに等しく分かれ，２つの辺に0.1アンペアずつ流れ，交点ｄ(ｅ)で電流が合流し0.2アンペアになり，交点ｆで再び合流した電流の合計が0.6アンペアになる。問２と同様に考えて，ｂｃ間，ｃｄ間，ｄｆ間にある電球にかかる電圧の合計が電池の電圧の合計と等しく

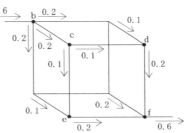

なるので，ｂｃ間の電球には２ボルト，ｃｄ間の電球には１ボルト，ｄｆ間の電球には２ボルトの電圧がかかることから，電池の電圧の合計は５ボルトであり，５個の電池をつなげばよいとわかる。

4 問１．[A]①約46億年前に地球が誕生し，生物は約38億年前に誕生したといわれている。②同じつくりから進化したと考えられる器官を相同器官という。相似器官とは，チョウのはねと鳥類のつばさなどのように，同じ機能をもつが，起源が異なる器官のことである。③カンガルーはは虫類の特徴をもたない。　問３．あ.両生類のあしは腹から横につきだしており，腹を地面につけてあるく。は虫類のあしは腹から横につきだしているが，腹が地面につかないように，あしが曲がっている。ほ乳類のあしは下につきだしている（右図参照）。

問４．い.ヒトの骨盤は横に広く，丸みをおびて上向きに開いているのに対し，ゴリラの骨盤は縦長で前向きに開いている。　問６．a.ヒトとウマで変化したアミノ酸の数は等しいので，18個÷２＝９個 ずつ変化した。b，c.８千万年÷９個＝0.888…→0.89千万 より，８百９十万年となる。

両生類・は虫類　ほ乳類

――――――《解答例》――――――

1　問1．②，③，④　　問2．①，③，⑤　　問3．②，③　　問4．⑤　　問5．①，②，⑤

2　問1．①6　②左　③0.5　④0.5　　問2．像1…右図　像2…右図

　　問3．下表　　問4．b，c　　問5．2　　問6．1.7　　問7．b

ヲ 24

2 問2．像1の図　　2 問2．像2の図

像	像1	像2	像3	像4	像5	…	像15
距離(m)	4	6	10	12	16	…	46

3　問1．さなぎ　　問2．完全変態　　問3．はね…②　あし…②　しょっ角…①

　　問4．ア．⑧，⑪，⑭　イ．⑤，⑥，⑨　ウ．②，⑩，⑫　　問5．ア．①　イ．⑥　ウ．③　エ②

　　問6．形の情報を手がかりとしているか　　問7．ミツバチによる受粉が行えなくなるから。

4　問1．a．濃い塩水〔別解〕かん水　　b．煮つめる　　問2．3.5　　問3．うわずみ液…にがり／エ

　　問4．飽和食塩水　　問5．26.5　　問6．145.9　　問7．6.9　　問8．1.9

――――――《解　説》――――――

1　問1．①②北斗七星はおおぐま座，北極星はこぐま座の一部である。③カとキの星の間の長さを約5倍にのばす。④反時計回りである。　　問2．①地球は1日(24時間)で1周(360度)回転をしているので，5度ずれると20分の差が出るが，東経130度よりも東経135度の方が東にあるので，日の出の時刻は早くなる。③問題文よりこの日は秋分の日であるとわかる。秋分の日には棒のかげの先たんは西から東へ直線を描くように移動する。⑤秋分から冬至に近づくにつれて南中高度は低くなっていく。　　問3．②夕方に南中するオの月は上弦の月である。③月は地球の1日の回転の向きと同じ向きに回転しているため，同じ時刻に見ると1日で約12度東の空に見えるので，月の出，南中，月の入りの時刻は1日で約48分おそくなる。　　問4．⑤川の曲がっているところでは，外側の方が流れが速く，しん食作用が大きいため，外側ほど深くなる。　　問5．①アはねん土の層で，つぶが非常に小さく，水が通るすき間がほとんどないため，地下水はねん土の層の上からしみ出すことが多い。②アサリの化石は浅い海であった層から見つかる。⑤図5に見られる断層は，両側からおされて上にある層(右側)が下にある層(左側)に乗り上げるように動いた断層で，逆断層という。

2　問1．①S君の像は，鏡で折り返した位置にあるように見えるので，S君からは 3(m)＋3(m)＝6(m) 離れて見える。②鏡にうつる像は左右が逆に見える。③④S君が鏡から遠ざかると，同じ速さでS君の像も遠ざかるので，(毎秒)1(m)÷2＝(毎秒)0.5(m) の速さで遠ざかればよい。　　問2．鏡に1回反射して見えるものは左右が逆に，2回反射して見えるものは左右が元にもどる。像1の胸の「F」は鏡Aで1回反射する。像2の背中の「24」は鏡Bで1回，鏡Aで1回反射するので，合計2回反射することになる。　　問3．像1は 2(m)＋2(m)＝4(m)，像2は鏡BにうつったS君の後ろ姿が4m離れた鏡Aに反射して見えるため 2(m)＋4(m)＝6(m) となり，像3は像1が鏡Bにうつった像(鏡Bから5m左にある)がさらに鏡Aに反射して見えるため 2(m)＋(5＋3)(m)＝10(m)，

像4は像2が鏡Bにうつった像(鏡Bから7m左にある)がさらに鏡Aに反射して見えるため 2(m)+(7+3)(m)=12(m) となる。以上から，奇数の像はS君の正面，偶数の像はS君の後ろ姿であり，奇数の像と奇数の像，偶数の像と偶数の像の間が6mになることがわかる。　問4．S君とa，b，cを直線で結んだときに，その直線が鏡と交わらない像はS君から見えない。　問5．S君とbを直線で結ぶと，その直線が鏡Aの下から2マス目(2m)を通ることがわかる。　問6．右図のように考えると，三角形Sdcと三角形Sfeは大きさの異なる同じ形の三角形なので，feの長さは 1(m)×$\frac{4(m)}{6(m)}$=0.66…≒0.7(m) となる。したがって，cの位置に像が見えないのは鏡Bの幅が 1(m)+0.7(m)=1.7(m) より小さいときである。　問7．問5，6より，bの像のみ見える。

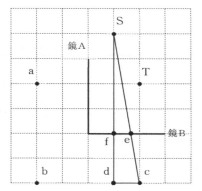

3　問2．さなぎの時期がない育ち方を不完全変態という。　問4．①③④⑦⑬⑮は完全変態し，⑬以外ははねが4枚，⑬ははねがない。　問5，6．実験1と2の結果から，形は三角形でも円形でも，色は青色でも黄色でもミツバチが集まってくるが，ペパーミントのにおいには集まってきて，オレンジのにおいには集まってこないことがわかる。実験3と4の結果からは，三角形でも円形でも色が青色ならミツバチが集まってくることがわかる。これより，においはペパーミントのにおいに，色は青色により集まることから，においや色の情報を手がかりにしていることがわかる。しかし，実験1〜4の結果だけでは，三角形にも円形にも集まっており，形の情報を手がかりとしているかどうかがわからないが，実験5を行うことで，三角形の方に集まることから，形の情報も手がかりとしていることがわかる。

4　問1．この短歌は藻塩焼きという当時行われていた塩づくりの風景をよんだものである。海藻を刈り集め，焼いた後の灰を海水にまぜ，そのうわずみを煮つめて塩を得ていた。海水から塩をつくるには，海水を直接煮つめるよりも，濃い塩水(かん水という)をつくってからそれを煮つめたほうが効率よく塩を得ることができる。　問2．〔水よう液の濃度(%)=とけている物質の重さ(g)÷水よう液全体の重さ(g)×100〕で求めることができるので，35(g)÷1000(g)×100=3.5(%) が正答となる。　問3．にがりは豆乳を固めて豆腐にする凝固剤として使われる。問5．飽和食塩水1000㎤の重さは 1000(㎤)×1.20(g/㎤)=1200(g) なので，318(g)÷1200(g)×100=26.5(%) が正答となる。　問6．食塩の密度は2.18g/㎤なので，318(g)÷2.18(g/㎤)=145.87…≒145.9(㎤)が正答となる。問7．1000(㎤)÷145.9(㎤)=6.85…≒6.9(倍)　問8．食塩水の体積が食塩の体積の6.9倍なので，立方体の体積が6.9倍になったと考えられる。したがって，グラフより立方体の体積が6.9倍(≒7倍)になると立方体の1辺の長さが1.9倍になっていることがわかる。

社 会

《解答例》

1　(1)ア，エ　　(2)①ア．農道　イ．排水　②カントリーエレベーター　③ウ

(3)①中国／通行止め〔別解〕土砂災害　②イ，オ　③長野

2　(1)①ウ，エ　②国後　(2)B　(3)ア　(4)高潮

3　(1)ウ　(2)カ　(3)カ　(4)イ　(5)イ　(6)ウ　(7)ウ

4　(1)西洋〔別解〕欧米　(2)ウ　(3)エ　(4)イ　(5)①ウ　②イ

5　(1)A．明　B．清　(2)(朝鮮)通信使　(3)勤労の　(4)ア　(5)①日米安全保障　②中華人民共和国

6　(1)ウ　(2)イ

《解 説》

1　(1)　アとエが誤り。アについて，沖縄の土壌は，花こう岩質ではなく石灰岩質である。エについて，屋根に急な角度をつけるのは，雪を屋根に積もらせない工夫であり，雪を解かす温水パイプを備えた屋根は，急な角度をつけずに，いったん雪を積もらせてから溶かす。

(2)①ア　直後に「大型機械が使用しやすくなる」とあることから，田以外の場所で大型機械が使用しやすい状況を考えると「農道の広さ」が導き出される。　イ　「水が豊富に使える」から排水路を導く。　③　ウが正しい。乾田直播きは，畑のような状態の田に，直接種子を播き，発芽・苗立ち後に水を入れる農法で，育苗と田植えの作業を省くことができる。品種改良は気候条件などに対応する工夫。水田の大規模化は，大型機械の導入による人手不足を解消するための工夫。保温折衷苗代は，資材・設備費を減らすための工夫。アイガモ農法は，除草作業を軽減させるための工夫である。

(3)①　解答欄をヒントに，野菜が九州地方以外のどこから入ってくるかを考えると，中国地方の交通マヒが導かれる。冷蔵車や高速道路の発達により進んだ輸送園芸農業によって，高知県や瀬戸内地方で生産された野菜が，高速道路を経由して九州地方に入ってくることが考えられる。　②　イとオが正しい。育てる漁業は，ふ化した魚介類をある程度の大きさまで育ててから放流する漁業である。回遊魚より根付く魚介類の方が，育てる漁業には適しているのでクルマエビとヒラメと判断する。ウナギは生態が解明されていない魚種であり，マグロは養殖に成功してから日が浅い魚種である。　③　夏場は，冷涼な気候を利用して長野県や群馬県でレタスが栽培されていることは知っておきたい。冬から春にかけて生産が多いB県は茨城県である。

2　(1)①　ウとエが適切でない。マレーシアはほぼ赤道直下から北緯7度の範囲にある。イギリスは，北緯49度から北緯60度の範囲にある。　②　北方領土の位置については右図を参照。

(2)　Bが自然災害に見舞われる恐れが高い。A，Cは尾根の先端部分であるのに対し，Bは谷の部分である。谷の部分は両側の斜面の雨が流れ込む分，尾根の部分より土砂崩れや洪水が起きる危険性が高い。

(3) アが誤り。台風では，行政から避難準備情報・避難勧告などが出されてからの避難が望ましく，できるだけ屋外に出ない方がよい。

(4) 高潮は，低気圧の中心部分への吸い上げ効果と，風による吹き寄せ効果によって引き起こされる。

③ (1) aとdが誤りだからウである。吉野ケ里遺跡は，縄文時代ではなく弥生時代の環濠集落跡である。島原・天草一揆の後に，幕府が来航を禁止したのは，スペイン船ではなくポルトガル船である。

(2) cとdが誤りだからカである。大友氏は四国ではなく九州の戦国大名である。また，朝倉氏は但馬(現在の兵庫県北部)や越前(現在の福井県)に勢力をもった戦国大名である。松下村塾の門下生に坂本竜馬はいない。松下村塾で学んだ門下生には，高杉晋作のほか，伊藤博文や山縣有朋らがいた。

(3) cとdが誤りだからカである。書院造で有名な寺院は，鹿苑寺ではなく慈照寺の敷地内にある東求堂である。鹿苑寺(金閣)は，足利義満が建てた北山文化を代表する寺院である。大塩平八郎が開いていた私塾は，適塾ではなく洗心洞である。適塾を開いていたのは緒方洪庵である。

(4) aとcが誤りだからイである。長篠の戦いは，織田信長・徳川家康連合軍が，甲斐の武田勝頼を破った戦いである。九谷焼は愛知県ではなく石川県(旧加賀藩)の特産品である。

(5) aとcが誤りだからイである。aは東山道の部分が誤り。東山道ではなく中山道であれば正しい。大日本帝国憲法は1889年にすでに制定されていた。

(6) aとdが誤りだからウである。宮城県や岩手県は銅の産地ではなく金の産地であり，その金が東大寺大仏造立にも使われた。山本八重が結婚した相手は大隈重信ではなく新島襄である。

(7) aとdが誤りだからウである。渡島半島に領地を持っていたのは南部藩ではなく松前藩である。南部藩は現在の岩手県にあった藩である。ポーツマス条約で得た領土は，千島列島ではなく南樺太である。千島列島は，1875年の樺太・千島交換条約によって日本の領土となった。これらはその後サンフランシスコ平和条約で放棄している。

④ (1) 絵は，鹿鳴館での舞踏会のようすを描いたものである。外務大臣である井上馨が進めた欧化政策として，生活や文化までを「西洋化」「欧米化」しようとした。

(2) ウが正しい。「古い価値観」を女性の地位・立場と判断すれば，平塚らいてうがあてはまる。

(3) エが正しい。日露戦争に出征した弟の身を案じた与謝野晶子が発表した「君死にたまふことなかれ」である。

(4) イが誤り。中国が支援を受けていたのは，アメリカ・イギリスである。

(5)① あおいが誤っているのでウである。Eは自動車ではなく電子レンジである。Aは白黒テレビ，Bは電気洗濯機，Cは電気冷蔵庫，Dは自動車である。 ② イが正しい。クーラーの登場は1960年代前半である。自動車・カラーテレビと合わせて3Cと呼ばれた。普及率が60%で横ばいになることはないのでイと判断できる。

⑤ (1) 15世紀の中国の王朝は明，17世紀中ごろから清に変わった。

(2) 豊臣秀吉による朝鮮出兵で途絶えていた朝鮮との国交は，対馬藩の宗氏の努力によって回復した。朝鮮通信使は，将軍の代替わりごとに，計12回，江戸を訪れている。

(3) 通告内容から，琉球藩の職員の働く権利を奪ったと判断する。働く権利(勤労の権利)は社会権に属する。

(4) アが正しい。その地域に住む人々の民意を無視した提案や決定であることから，主権が脅かされたと判断する。

(5)② サンフランシスコ講和会議に招かれた55か国のうち，インド・ビルマ(ミャンマー)などは出席を拒否し，ソ連などは出席したものの調印を拒否した。また，大陸の中華人民共和国をイギリスとソ連が，台湾の中華民国をアメリカが承認していたため，紛争の原因となることをおそれたアメリカは，中国を講和会議に招かなかった。結局，日本はサンフランシスコ平和条約で，アメリカをはじめとする資本主義陣営48か国と講和を結び，これらの国との戦争状態を終結させた。国際連合における常任理事国は，アメリカ・イギリス・フランス・中国・ロシア(旧

ソ連)の5か国である。

6 (1)　ウが誤り。日本は，対人地雷全面禁止条約(オタワ条約)に 1997 年署名，1998 年批准している。

　　(2)　イが NGO ではない。青年海外協力隊は，日本の政府開発援助(ODA)の一貫として国際協力機構(JICA)が行うものである。ペシャワール会は，パキスタン・アフガニスタンでの医療活動を支援する団体，ロシナンテスは，アフリカでの医療活動を支援する団体である。

平成 30 年度 解答例・解説

《解答例》

1 (1)新潟　(2)ウ　(3)越後　(4)オ

(5)アとイの県は促成栽培や近郊農業による野菜の生産や畜産がさかんで，これらの農産物は市場で高値で取引されるため。　(6)ア　(7)オ　(8)イ　(9)①エ　②ア

2 (1)①機械類　②加工貿易　(2)エ　(3)イ

3 (1)エ　(2)イ　(3)ア　(4)平清盛…宋　足利義満…明　(5)ウ　(6)ウ

4 (1)エ　(2)ア　(3)カ　(4)イ　(5)ア　(6)ウ　(7)ウ

5 ウ，オ

6 (1)検察官　(2)イ　(3)A．良心　B．内閣　(4)ウ　(5)国会　(6)国民審査

《解　説》

1 (2)　ウ．誤り。阿賀野川へ鉱山から流れ出たのは，カドミウムでなくメチル水銀である。阿賀野川周辺では，汚染された魚介類を食べた多くの人々が手足のしびれなどを訴えた。

(3)　冬の北西季節風は，暖流の対馬海流の上空で大量の水蒸気をふくんだ後，越後山脈にぶつかって，日本海側に大量の雪を降らせる(右図参照)。

図　日本海側の地域で雪が降るしくみ

(4)　新潟県は米の収穫量が全国１位だからオである。アは畜産の割合が高いので宮崎県，イは野菜の割合が高いので千葉県，エは農業産出額が圧倒的に高いので北海道，残ったウは水田率から富山県である。

(5)　表の農業産出額の割合のうち，畜産の割合が高いアと野菜の割合が高いイを，米の割合が高いオと比較すると，農業産出額はアとイの方がオよりも高い数値を示していることがわかる。このことから，野菜や畜産による農産物が米など他の農産物よりも高値で取引されることを導き出そう。促成栽培は，高い値段で商品を売るために，農産物の生長を早めて出荷時期をずらす栽培方法，近郊農業は，都市などの大消費地周辺で行われる農業である。

(6)　ア．誤り。やませは，夏に東北地方の<u>太平洋側</u>に北東から吹く冷たく湿った風であり，新潟県には吹かない。

(8)　イ．誤り。上越新幹線や関越自動車道が開通したことでの人口流入はほとんどみられず，逆に人口減少が始まっている。

(9)　アは京都府，イは秋田県，ウは石川県，エは宮崎県，オは山口県である。

2 (1)　資源に乏しい日本では，かつて加工貿易が行われていたが，近年は労働力が豊富で賃金の安い中国や東南アジアに工場を移し，そこで生産された機械類を日本に輸入することが増えてきている。輸出入ともと問われているので，自動車と答えず，機械類と答えたい。

(2)　エ．トレーサビリティでは，食品の仕入れ先や，生産・製造方法などの情報を調べられる。

(3)　イ．誤り。ドーハでおこなわれた世界貿易機関の会議(ドーハラウンド)では，貿易ルールについて最終的な合意に至らなかった。

3 (1) エ．誤り。能や狂言が成立したのは室町時代である。

(2) イ．誤り。米作りがはじまったのは弥生時代であり，初めて戸籍(庚午年籍)がつくられた飛鳥時代と関連性はない。

(3) 誤り。アの土偶は縄文時代の出土品である。

(4) 足利義満が明とはじめた貿易は，正式な貿易船と海賊行為を行う倭寇を区別するために勘合という合札を用いたため，勘合貿易とも呼ばれる。

(5) ウの銅鐸は，弥生時代につくられた青銅器なので誤り。

(6) ウ．誤り。日本に鉄砲を伝えたのはスペイン人ではなくポルトガル人である。

4 (1) b．大名のうち，最も江戸から遠ざけられたのは外様大名である。親藩は交通の要衝となる場所に置かれた。
   c．琉球王国は将軍が代わるたびに慶賀使を，琉球国王が代わるたびに謝恩使を江戸まで送った。

(2) a．日米和親条約が結ばれて開港したのは下田と函館(箱館)である。　b．長州藩はイギリス・アメリカなどの4か国との戦いに敗れた。この敗戦を受けて，長州藩は軍備の西洋化を進め，倒幕の道に進んだ。

(3) c．大日本帝国憲法で，軍隊を統率する権限をにぎったのは天皇である。　d．八幡製鉄所が設立されたのは日清戦争後の1897年なので，問題文の1880年代に該当しない。

(4) a．日本は，イギリスと結んだ日英同盟を口実に第1次世界大戦に参戦したので，イギリスとは戦っていない。
   c．1925年成立の普通選挙法では，25歳以上の男子にのみ選挙権が認められた。

(5) a．国際連盟は満州国を認めなかった。その結果，日本は1935年に国際連盟から脱退した。　b．日本がドイツ，イタリアと軍事同盟(日独伊三国同盟)を結んだのは1940年なので，問題文の1930年代に該当しない。

(6) a．1941年12月，日本がハワイの真珠湾にある海軍基地を攻撃したことをきっかけに，アメリカやイギリスとの戦争が始まった(太平洋戦争)。ソ連が日本に対し宣戦布告(日ソ中立条約の破棄)をして侵攻してきたのは1945年なので，アメリカやイギリスと同時期ではない。　d．沖縄がアメリカ軍に占領された(1945年3月～6月)→アメリカ・イギリス・中国によってポツダム宣言が発表された(1945年7月)→広島(1945年8月6日)と長崎(8月9日)に原子爆弾が投下された→日本がポツダム宣言を受け入れた(1945年8月14日)

(7) a．1951年にアメリカ西海岸で講和会議が開かれ，日本はアメリカ・イギリスなど48か国と平和条約(サンフランシスコ平和条約)を結んだ。この時同時に，日本国内にアメリカ軍が駐留することを認めた日米安全保障条約も結ばれた。　d．条約が結ばれた年はそれぞれ，日中平和友好条約が1978年，日韓基本条約が1965年なので，問題文の1940年代後半～1950年代に該当しない。

5 ア．誤り。立候補できる年齢は市長・市議会議員ともに25歳以上である。　イ．誤り。市議会でおこなうのは，法律ではなく条例の制定・改正である。　エ．誤り。健康診断や保育サービスなどの支援事業の内容は，専門の事業所ではなく，市町村や都道府県などの地方公共団体で決定する。

6 (1) 公益とは社会一般の利益のことである。検察官は，社会の治安維持を目的とし，常に公平であることを基本としている。

(2) それぞれの事例から，争う内容についててがかりになる文言を見つけよう。①は「お金」について争うので民事裁判，②は「税金」について争うので行政裁判，③は「衝突(事故)」について傷害罪に問われる可能性があるので刑事裁判だとわかるため，イを選ぶ。なお，③は民事裁判の対象にもなる。

(3) A の前後の「裁判官」「独立してその職権を行ひ」から良心を導き出そう。裁判所は，公正・中立に裁判を行うため，国会や内閣などほかの機関から影響を受けないように独立している(司法権の独立)。 B の前後の「最高裁判所の長たる裁判官」「指名」から内閣を導き出そう。

(4)　ア．誤り。明治時代に裁判員制度は導入されていない。　　イ．誤り。裁判員制度では，国民の中からくじで選ばれた6名の裁判員と3名の裁判官の話し合いで有罪か無罪かを決定する。

(6)　国民審査は，衆議院議員総選挙と同時に行われ，有効投票の過半数が罷免(やめさせること)を可とした場合，その裁判官は罷免される。

《解答例》

1	(1)イ　　(2)淡水　　(3)イ　　(4)連作　　(5)①季節風　②高気圧　③ア，エ
2	(1)イ　　(2)ウ　　(3)①砂防　②減災　　(4)①光化学スモッグ　②電子カルテ
3	(1)ウ　　(2)イ　　(3)エ　　(4)エ　　(5)ア，エ　　(6)イ，エ
4	(1)A．北条政子　B．徳川家光　　(2)一所懸命
5	(1)①ウ　②(ア)，(イ)　　(2)ウ　　(3)ウ

5 (4)アメリカから日本に沖縄が返還されるので，ドルを円に交換している。

6	(1)エ　　(2)ウ　　(3)X．信義　Y．専制

6 (4)[番号／正しい語句]　A．[①／衆議院]　B．[④／刑事]　C．[③／条例]　D．[①／国事行為]

《解　説》

1 (1)　日本の最北端である択捉島から最南端である沖ノ鳥島までの距離がおよそ3000kmであることから，佐多岬から宗谷岬までの距離がイだと判断する。

(2)　淡水とは真水(飲み水として利用できる水)のこと。海水淡水化プラントは，海水を飲み水として利用するための工場設備である。

(3)　沖縄県や愛知県では，菊の開花時期を遅らせ，出荷時期をずらす抑制栽培が行われている。

(4)　同じ耕地に同じ種類の作物を続けて植える連作によって生じる悪い影響(土地の養分のバランスがくずれて作物が病気になりやすくなったり，害虫が多く発生したりして，収穫量が少なくなること)を防ぐため，同じ耕地に異なる種類の作物を一定の期間をおいて周期的に栽培する輪作が行われている。

(5)①　季節風(モンスーン)は，夏は海洋から大陸に向かって吹き，冬は大陸から海洋に向かって吹く。これらは大陸と海洋の温まりやすさ，冷めやすさのちがいによって起こる。

③　促成栽培は，農作物や花きの生長を早め，出荷時期をずらす栽培方法である。代表的な例として宮崎平野や高知平野があげられ，ピーマン・なすなどが栽培されている。渥美半島では，電照菊の抑制栽培のほか，その温暖な気候をいかして，トマト・スイカ・メロンなどの促成栽培が行われている。

2 (1)　アの弓ヶ浜(鳥取県)は，砂州(砂が細長く積もってできた地形)でできた地形であり，ウの九十九里浜(千葉県)は砂浜海岸の代表例である。エの函館市街地(北海道)は，陸繋島(元は島だったものが，砂州の発達で陸地とつながった島)である函館山の砂州の部分にあたる。イの志賀島(福岡県)も陸繋島の代表例だが，島そのものは砂の堆積でできたわけではないので，これが正答となる。

(2)　近年，家庭用電源から充電できるプラグインハイブリッドカーも開発されているが，一般的なハイブリッドカーに比べて普及しているとは言えないから，ウは誤り。

(4)①　光化学スモッグは，工場のばい煙や自動車の排気ガスなどに含まれる窒素酸化物や炭化水素に太陽の紫外線が当たることで発生し，目やのどなどに健康被害を引き起こすこともある。

②　カルテはドイツ語で「診療記録」という意味。「患者の情報を入力」から判断したい。

3 (1)　ひらがなが発明されたのは平安時代のことなので，ウは誤り。

(2)　火薬を利用し，集団戦法で戦ったのは，元・高麗連合軍なので，イは誤り。

(3)　関ヶ原の戦い(1600年)は，徳川家康を中心とする東軍と石田三成を中心とする西軍の戦いであり，豊臣氏を滅ぼしたのは大坂の陣(1614年冬の陣・1615年夏の陣)である。よって，エは誤り。

(4)　エについて，安土城を築いたのが1576年，室町幕府を滅ぼしたのが1573年である。

(5)　アについて，深く耕すための農具は備中ぐわであり，千歯こきは脱穀用の農具である。また，唐箕は籾とそれ以外のものを選別する農具である。エについて，「京都」ではなく「大阪」の記述である。

(6)　イの明倫館は会津藩ではなく長州藩にあった。エについて，「君臣などの上下秩序を大切にした」のは儒学(朱子学)である。国学は仏教や儒学が伝わる以前の日本人の考え方を探る学問であり，幕末に尊王攘夷論と結びついた。

4 (1)A　1221年，源氏の将軍が3代で途絶えたのを契機に，後鳥羽上皇は鎌倉幕府打倒をかかげて挙兵した。鎌倉幕府方は，北条政子の呼びかけのもと，これを打ち破った(承久の乱)。この後，幕府は西国の武士の統率と朝廷の監視を目的に，京都に六波羅探題を置き，幕府の支配は九州〜関東に及んだ。

(2)　一か所の領地を命を懸けて守るという意味から一所懸命という言葉が生まれ，そこから転じて一生懸命という言葉が使われるようになった。

5 (1)①　関税自主権とは，国家が輸入品に対して自由に関税をかけることができる権利のことをいう。幕末に結んだ修好通商条約で日本には関税自主権がなかったため，貿易が始まると外国産の安い織物におされ，国内の織物産業は打撃を受けた。

②　ウの鹿鳴館は，欧化政策の象徴ともいうべき施設で，日本の近代化を示すためにつくられたが，このときの条約改正は不調に終わった。エのノルマントン号事件は，日本が領事裁判権(治外法権)を認めていたためにイギリス人船長を日本の法律で裁けなかった事件で，これをきっかけに領事裁判権の撤廃を求める世論の声が高まり，不平等条約改正の動きを後押しした。オの大日本帝国憲法は，日本の近代化を内外に示すことを目的の一つとして発布された。カの日露戦争に勝利したことによって，日本はロシアなどの列強と並ぶ大国であるという存在感を示すことができ，のちの不平等条約の改正(関税自主権の完全回復)につながっていった。

(2)　戊辰戦争のさなかの1868年，勝海舟は旧幕府側の人間として，新政府側の西郷隆盛と江戸城で話し合い，江戸城の無血開城を決定した。

(3)　1875年の樺太・千島交換条約により，樺太がロシア領・千島列島が日本領となった。また，1905年のポーツマス条約により，樺太の南半分が日本領となった。したがって，ウが正答となる。

(4)　「1971年から72年」という年号に着目して考える。沖縄返還は1972年のできごとである。

6 (1)　エについて，青年海外協力隊はＪＩＣＡ(国際協力機構)が派遣していて，ユニセフ(国連児童基金)とは直接関係しない。

(2)　Aについて，ブラジルの首都はブラジリアである。Bについて，ヨーロッパ共同体(ＥＣ)の発足は1967年である。Cは正しい。

(4)A　日本は衆議院と参議院の二院制であり，解散があるのは衆議院のみである。

Ｂ　裁判員制度は，重大な刑事事件の一審について，くじで選ばれた国民が裁判官とともに裁判に参加し，有罪か無罪か，有罪であればどのような量刑が適当かを決定する制度である。

Ｃ　日本で法律は国会のみが唯一制定できる。条例は法律の範囲内で制定することができ，必要に応じて刑罰を定めることもできる。

Ｄ　日本国憲法下の天皇は，日本国と日本国民統合の象徴と定められていて，統治権を含む政治的な権力は一切持たない。

━━━━━━━━━━━━━━━《解答例》━━━━━━━━━━━━━━━

1 (1)[名称／記号] ア．[中京／Ｅ] イ．[北陸／Ａ] ウ．[鹿島臨海／Ｃ] (2)イ (3)エ (4)イ (5)ウ
(6)ア (7)エ

2 Ａ群…ア Ｂ群…オ Ｃ群…ウ Ｄ群…イ

3 (1)石見銀山 (2)エ (3)オ (4)ウ (5)ウ (6)刀狩令 (7)島津義久 (8)ウ

4 (1)ノルマントン号事件 (2)イ (3)①ア ②ウ (4)エ (5)ア

5 (1)Ａ．経済特区 Ｂ．メッカ (2)[語句／記号] ①[国会／○] ②[国事行為／○] ③[権利／○]
④[議員総選挙／×] ⑤[18／×] ⑥[先住民族／×]

━━━━━━━━━━━━━━━《解 説》━━━━━━━━━━━━━━━

1 (1)ア．「日本で最大の自動車会社の本社」とはＴＯＹＯＴＡのこと。中京工業地帯は愛知県・三重県に広がり，
愛知県豊田市を中心都市としている。 イ．「製薬業（＝富山県）」「水力発電」などから考える。 ウ．鹿島臨海
工業地域は，掘り込み式港湾の鹿島港を中心に発達している工業地域である。

(2)Ｂ．関東内陸工業地域 Ｆ．阪神工業地域 Ｇ．瀬戸内工業地域 ア～エのうち，輸送機械の割合が最も高い
ウは中京工業地帯であり，化学の割合が最も高いアは水島（岡山県）や新居浜（愛媛県）に石油化学コンビナートが
立地する瀬戸内工業地域である。イとエで，阪神工業地帯は鉄鋼業がさかんであり，関東内陸工業地域は交通の
便を生かして輸送機械の生産がさかんである。よって，イが阪神工業地帯，エが関東内陸工業地帯となる。

(3)瀬戸内地方は，夏の南東から吹く季節風が四国山地の南側に雨を降らせ，冬の北西から吹く季節風が中国山地
の北側に雪を降らせるため，１年を通して乾いた風が吹き，降水量が少ない。また，比較的冬でも温暖な気候で
ある。したがって，年間を通して降水量が少ないイとエのうち，冬の平均気温が高いエが正答となる。

(4)イ．日本が貿易赤字国に転落したのは，東日本大震災以降，全国の原子力発電所が停止され，不足する電力を
火力発電で補う必要が出てきたため，燃料となる石炭・石油・天然ガスの輸入量が一気に増大したからである。

(5)ウ．世界同時不況は，2007年のサブプライムローン（低所得者向けの貸付ローン）や2008年のリーマンショッ
ク（アメリカの証券会社リーマン・ブラザーズが破綻したことをきっかけに始まった世界的な金融危機のこと）を
契機として起こった。

(6)①山口県に集中しているからセメント工場である。 ②主に太平洋ベルト地帯に集中しているから自動車であ
る。 ③東北地方や九州地方に工場が見られるから半導体工場である。半導体産業がさかんな，アメリカの太平
洋岸の都市サンノゼ付近をシリコンバレーと呼ぶことにならって，集積回路など電子部品の生産がさかんになっ
た東北地方を「シリコンロード」，九州地方を「シリコンアイランド」と呼んでいる。 以上より，アが正答。

(7)エ．北海道の室蘭に大規模な製鉄所（北海製鉄）が建設されている。

2 わかりやすいものから順に考える。Ｂ群は，「三原山（火山）」のある大島町と「桜島（火山島）」のある鹿児島

市があるので，オである。C群は，「瀬戸焼」で知られる愛知県瀬戸市と「有田焼」で知られる有田町があるので，ウである。D群は，「小樽港」のある北海道小樽市と「下関港」のある山口県下関市があるので，イである。小樽港は，石狩炭田で採れた石炭を積みだす拠点として利用された。最後のA群を考える前に，【理由】の残った選択肢を見る。エについて，小麦は北海道や福岡県，オリーブは香川県の小豆島で生産されているので，岐阜市や金沢市にふさわしくない。カについて，平地に位置する金沢市やフィレンツェで林業がさかんであるとは考えにくいので，これもふさわしくない。したがって，A群にはアが適する。フィレンツェは古くから繊維産業がさかんな都市である。また，金沢市は加賀友禅に代表される繊維業がさかんな都市である。

3 (1)産業遺産には，「科学技術の発展」・「産業活動の進展の成果」がわかるものがあてはまる。

(2)エ．小野妹子は，隋の皇帝煬帝にあてた国書をもって派遣された。「日出づる処の天子，書を日没する処の天子に致す。つつがなきや……」で始まる国書には，隋と対等な国交を目指した聖徳太子の意気ごみが表れている。

(3)オ．吉備真備は2度にわたって唐に留学し，対立していた藤原仲麻呂が亡くなった後は右大臣として活躍した。

(4)ア．中尊寺金色堂は，極楽浄土をこの世に再現することを目的とした建物であり，藤原道長は関連しない。イ．平泉は奥州藤原氏ゆかりの地であり，平清盛は関連しない。　エ．屋久島は1993年に姫路城・法隆寺・白神山地とともに世界遺産に登録され，中尊寺金色堂は2011年に世界遺産に登録された。

(5)火縄銃は，1543年に種子島に漂着した中国船に乗っていたポルトガル人によって日本に伝えられたものである。ウの屋島の戦いは，1185年に現在の香川県で起こった源氏と平氏の戦いなので，火縄銃が使われた戦いとして不適切である。アは1575年，イは1560年，エは1600年のできごとである。

(6)刀狩は，方広寺の大仏をつくるという名目によって行われた。これによって，武士と農民の身分差がはっきりと区別されるようになり，兵農分離が進んだ。

(7)島津義久のとき九州全土の統一が達成された。その後，1587年に豊臣秀吉が行った九州征伐で，義久は秀吉に降伏し，以後薩摩国(現在の鹿児島県)の大名として活躍した。

(8)ウ．藩で残った年貢米は，おもに大阪へいったん運ばれてお金にかえられた。年貢米や特産物は蔵屋敷に運ばれ，そこで保存・販売されていた。諸藩の蔵屋敷が集まっていた大阪は，経済の中心地として「天下の台所」と呼ばれていた。

4 (1)ノルマントン号事件は，和歌山県沖で船が沈没した際，イギリス人船長が日本人の乗客を見捨てたにもかかわらず，日本の法律で裁けなかったために軽い刑罰で済んだ事件。これにより，領事裁判権(治外法権)の撤廃を求める声が高まった。

(2)ア．モースではなくコンドルならば正しい。　ウ．モレルではなくモースならば正しい。　エ．コンドルではなくモレルならば正しい。

(3)①ア．新渡戸稲造の著作として『武士道』が知られている。

(4)エ．戦後初の衆議院議員選挙は1946年4月のときに行われた。日本国憲法の施行は1947年5月なので，正しくは「大日本帝国憲法のもとで戦後初めて行われた〜」となる。

(5)ア．1954年に水爆実験を行ったのはソ連ではなくアメリカである。

5 (1)A．経済特区は，シェンチェン・アモイ・チューハイ・スワトウ・ハイナン島の5つである。経済特区では税が減免されるなどの優遇措置がとられ，海外の企業の誘致がさかんに実施されている。

(2)①波線部…皇室典範の第1条に「皇位は，皇統に属する男系の男子が，これを継承する。」とある。
③波線部…日本国民は「保護する子どもに普通教育を受けさせる義務」を負っているが，「教育を受ける義務」は誰一人負っていない。　④波線部…内閣総理大臣は衆議院・参議院どちらから選ばれてもよい。　⑤オ…2015

年に公職選挙法が改正され，2016年夏の参議院議員通常選挙より，選挙権年齢は20歳から18歳に引き下げられた。　波線部…どのような基準で候補者を選んでも，それが自分の意思に反して行われたなど特別な事情のない限り，憲法に違反することはない。　⑥波線部…ユネスコではなく国連総会で採択された。

平成㉗年度　解答例・解説

《解答例》

1　(1)ウ，エ　　(2)A．ウ　B．ア　C．ウ　　(3)ウ　　(4)①イ　　②ア　　③阿蘇…エ　国東半島…イ
　　(5)ウ，エ　　(6)ア．品種　イ．麦　ウ．八代

2　(1)エ　　(2)ジャストインタイム　　(3)オ

3　(1)イ　　(2)エ　　(3)ア　　(4)ウ　　(5)ア　　(6)ウ　　(7)ウ　　(8)エ

4　(1)イ　　(2)ウ　　(3)イ　　(4)エ　　(5)ウ

5　(1)[番号／語]　a．[④／衆議院]　b．[④／禁止していない]　c．[④／ソ連]　d．[④／厚生労働省]
　　e．[②／国連環境開発会議〔別解〕地球サミット]　　(2)ウ　　(3)a．権利　b．公共の福祉

《解説》

1　(1)ウ．北海道では，てんさいは春に種をまき，秋に収穫を行う。　エ．知床半島で居住人口が制限されたことはない。

(2)A．ウ…養老山地は，岐阜県と三重県に位置する山地である。　B…ア．十和田湖は，青森県・秋田県に位置する湖である。　ウ．牡鹿半島(おしか)は，宮城県に位置する半島である。

(3)ウのルートをとった場合，通過するのは中禅寺湖(栃木県に位置する湖)ではなく霞ヶ浦である。

(4)①イ．佐渡島の国中平野が占める面積は島全体の2割弱なので，この平野が「島の大部分をしめる」ほどとはいえない。佐渡島の北部と南部にはそれぞれ山地が連なっている。

※②茶は，鹿児島県・宮崎県・福岡県など，九州地方の県の生産量が多い。　ウ．茶の輸入量が最も多い国はロシアである(2011年)。　エ．笠野原台地は，鹿児島県に広がるシラス台地である。

③阿蘇地域は熊本県に，国東半島(くにさき)地域は大分県に位置する。

(5)ウ．年齢別農業人口でみると，最も多い層は65才以上の高齢者層である。

エ．1993年の冷害時の緊急輸入以降，日本はアメリカやタイなどから米を輸入するようになった。

(6)イ．筑紫平野では，裏作として小麦・大麦などが栽培されている。

2　※(1)エ．日本の自動車の輸出先の第1位は，中国ではなくアメリカである(2011年)。

(2)ジャストインタイム方式をとることのメリットには，余分な在庫を持たなくて済むことがあげられる。デメリットには，天災などのため部品工場が操業を停止すると，被害のない組み立て工場でも操業を停止せざるを得なくなることがあげられる。

(3)ア．正しい。㉓・㉔がロシアに位置する工場である。　イ～エ．いずれも正しい。

3　(1)ア．三内丸山遺跡で稲作の痕跡は見つかっていない。　ウ．まつりの道具として用いられたのは鉄器ではなく青銅器(銅鏡・銅鐸など)である。　エ．福岡県の板付遺跡ではなく佐賀県の吉野ケ里遺跡ならば正しい。

(2)ア．たとえば，江田船山古墳は熊本県に位置する古墳である。　イ．「オワケ」ではなく「ワカタケル」ならば正しい。　ウ．中大兄皇子らは，蘇我蝦夷・入鹿親子を倒した。

(3)東西二つの市は，平城京の外ではなく中に置かれた。

(4)ウ．藤原道長が生まれた10世紀の後半には，すでに菅原道真(845〜903年)は亡くなっていた。

(5)イ．南九州地方ではなく東北地方ならば正しい。　ウ．1232年に3代執権北条泰時が制定した御成敗式目は，御家人に対して裁判の基準を示すために作られたもので，それまでの朝廷の命令や律令を廃止するものではなかった。　エ．竹崎季長は，筑前国ではなく肥後国の御家人であった。

(6)ア．「障子やふすまで屋内を仕切る建築様式」は，8代将軍足利義政が建てた銀閣や東求堂には取り入れられているが，金閣には取り入れられていない。　イ．足利学校は京都ではなく栃木にある。　エ．祇園祭が初めて行われたのは平安時代のことである。

(7)ア．桶狭間の戦いで，徳川家康は松平元康として今川方で参戦していた。　イ．都へ上ったのは織田信長が最初ではない。　ウ．正しい。パン・カステラ・カルタ・タバコはいずれもポルトガル語系である。　エ．城下町には武士だけでなく町人や商人も住んでいた。

(8)ア．3代将軍徳川家光が武家諸法度に参勤交代の制度を加えた。　イ．1637年，島原・天草地方を中心にキリシタンらが一揆を起こした後，幕府はキリシタンへの弾圧を強め，1639年，ポルトガル船の来航を禁止した。ウ．色あざやかな浮世絵(＝錦絵)が大量につくられるようになったのは，18世紀後半のことである。また，歌舞伎役者は男性であるため，「美人画」の分類として適当でない。

4　(2)ウ．アテルイではなくシャクシャインならば正しい。

(3)イ．日露戦争は，<u>アメリカ</u>のなかだちによって，アメリカのポーツマスで講和条約が結ばれて終わった。

(4)ア．日本初の日刊新聞(横浜新聞)が発行されたのは1870年のことである。　イ．学校給食は明治時代に始まった。　ウ．朝鮮の人びとの姓名を日本名に改めるなどさせたのは，太平洋戦争中(1940年代前半)のことである。

(5)ウ．歌人である与謝野晶子や小説家である樋口一葉は，女性の権利獲得を目指す運動を進めた人物として適切でない。

5　(1)ａ．④貴族院は皇族・華族(かぞく)のほか，天皇が任命した議員で構成されたため，選挙では選ばれなかった。

ｂ．④原子力発電所は平和利用であるため，その輸出は禁止されていない。

ｃ．④ソ連が安全保障理事会で拒否権を発動していたため，日本は国際連合に加盟できなかったが，1956年に日ソ共同宣言を発表してソ連と国交を回復したことで，日本の国際連合加盟にソ連の反対がなくなり，日本は国際連合への加盟を果たすことができた。

(2)ウ．日本は湾岸戦争でアメリカに対して多額の資金を援助した。

(3)ａ．1度目の空らん直後「正しく行使する」や2度目の空らん直前「他人の」に入る言葉だから，「権利」が最も適当である。

ｂ．「健康で文化的な生活」の実現を達成するには，経済的に充実しているだけでなく，精神的・身体的にも充実していることが求められると，3〜4文目で説明されている。憲法で保障されている，これら(精神・身体・経済活動)の自由を否定することは，他人の権利を否定するのみならず，そのような権利を保障している社会全体のしくみを否定することにもつながる。たとえばヘイトスピーチなどで他人の権利を否定してしまえば，社会全体の利益を追求する公共の福祉という考え方そのものを否定することにもなりかねない。憲法では，公共の福祉により，個人の利益より社会全体の利益を優先することを認めている。個人の利益と個人の利益がぶつかったとき，その調整を果たす役割が公共の福祉なので，「他者の生きる意欲・生命を奪うこと」は，利害の調整を果たすはずの公共の福祉すら飛び越えてしまう行為だといえる。

※出典…1(4)②・2(1)『地理統計要覧2014年版』

平成 26 年度 解答例・解説

―――――――――― 《解答例》 ――――――――――

1 (1)札幌…イ 東京…ア (2)季節風 (3)ウ (4)ア (5)イ (6)ジオパーク (7)ラムサール (8)イ

(9)オ (10)エ

2 [語群Ⅰ／語群Ⅱ] ①[ア／B] ②[ウ／D] ③[エ／A] ④[イ／C]

3 (1)エ (2)イ (3)エ (4)イ (5)ア (6)イ (7)ウ

4 (1)ウ, オ (2)イ (3)ア (4)イ (5)ウ, エ (6)イ, ウ

5 (1)A. 国際司法裁判所 B. 国連児童基金 (2)[記号／○×] ①[コ／×] ②[ア／○] ③[オ／○]

④[ク／×] ⑤[カ／○] ⑥[ウ／×]

―――――――――― 《解 説》 ――――――――――

1 (1)東京は夏の降水量が多い太平洋側の気候に属するから，ア。札幌は梅雨のない北海道の気候に属するから，イ。

ウは冬の降水量が多い日本海側の気候だから上越(高田)。エは１年を通して降水量が少なく，比較的冬の気温が低

い中央高地(内陸)の気候だから松本。

(2)日本の季節風は，夏は南東から，冬は北西から吹く。

(3)ウ. 雪の重みで屋根がつぶれないように，屋根の傾斜は急にしている。

(4)ア. 越後山脈は，新潟県・群馬県・福島県にまたがり，秋田県は含まない。

(5)イ. 盛岡市は，宮城県ではなく岩手県の都市である。

(6)たとえば，糸魚川にはフォッサマグナの西のふちである大断層(糸魚川・静岡構造線)という，めずらしい地形がみ

られる。

(7)ラムサール条約には，藤前干潟や釧路湿原なども登録されている。

(8)イ. 新潟県や秋田県に大規模な石油化学工業は発達していない。

(9)いずれも正しい。エの蓄養とは，稚魚を捕獲し，成魚まで育てること。

(10)エ. かつて，日本とアメリカの間で，日本製の安い自動車の輸出をめぐって貿易摩擦が起こったが，2013 年現在，

日本と中国の貿易は日本の輸入超過が続いており，主だった貿易摩擦は起こっていない。

2 ①国土の大半が冷帯に属するカナダでは，イグルー(①)が用いられている。

②遊牧民族の多いモンゴルでは，ゲル(②)が用いられている。

③乾燥帯に属するエジプトは１年を通して高温であるため，日干しレンガを使った住居が用いられている。

④石灰岩を使った白い壁は，太陽の強い日差しをさけるため，ギリシャやスペインなどの地中海沿岸の国で多くみられる。

3 (1)エ. 租ではなく調。租は，地方に稲の収穫量の３％を納める税。

(2)イ. 平家納経は，厳島神社に納められた。

(3)エ. 日本は朝鮮と対馬の宗氏を通じて貿易を行った。薩摩藩は，琉球王国との窓口となった。

(4)イ. 裳は，貴族の女性が身に着けた衣装である。

(5)ア. 鑑真ではなく行基。鑑真は，唐から招かれた僧である。

(6)イ. 祇園祭は，室町時代に応仁の乱で中断されたものの，後に京都の町衆らによって復活した。

(7)ウ 日本は，銅・硫黄・刀剣・蒔絵などを輸出し，銅銭・生糸・絹織物・陶磁器(焼き物)などを輸入した。

4 (1)ア．日本の関税自主権が認められなかったのは 1858 年に結ばれた日米修好通商条約からである。　イ．綿糸ではなく生糸。　エ．薩摩藩主の行列を横切ろうとしたイギリス人が藩士によって切られ（生麦事件），翌年，薩摩藩とイギリスの間で戦いが起こった（薩英戦争）。

(2)ア．王政復古の大号令の後，新政府軍と旧幕府軍の間に戦いが起こった（戊辰戦争）。　ウ．廃藩置県によって，中央から県令・府知事が派遣され，元の大名（藩主）は権力を失った。　エ．鹿鳴館の建設は 1883 年のこと。

(3)イ．30％ではなく３％。　ウ．大隈重信ではなく板垣退助。　エ．西南戦争の後，武力による反抗は終わった。

(4)ア．イギリス憲法ではなくドイツ（プロイセン）憲法。　ウ．貴族院は，皇族・華族のほか，天皇が任命した議員で構成されたため，選挙では選ばれなかった。　エ　大日本帝国憲法は，帝国議会が開かれる前に発布された。

(5)ア．陸奥宗光がイギリスとの間で結んだのは領事裁判権の撤廃を内容とする条約である。　イ．足尾銅山の銅の生産は 1973 年に終わり，田中正造の活動によって中止されることはなかった。

(6)ア．関東大震災（1923 年）の後，1929 年に起こった世界恐慌の影響で日本経済は後退した。　エ．国際連盟は，リットン調査団の報告をもとに満州国の成立を否定した。

5 (1)A．国際司法裁判所（ＩＣＪ）は，国同士の紛争を解決するための機関であり，オランダのハーグに本部が置かれている。個人の戦争犯罪などを裁く国際刑事裁判所（ＩＣＣ）は，国際連合の機関ではない。

(2)①憲法第 51 条「両議院の議員は，議院で行った演説，討論又は表決について，院外で責任を問はれない。」という免責の議員特権（コ）に関する文である。議員は，院内の発言について院外で責任を問われることはないのだから，憲法上，Ｂ氏に発言の責任を問うことはできない。

②憲法第 16 条「何人も，損害の救済，公務員の罷免，…（中略）…に関し，平穏に請願する権利を有し，…（後略）…」という請願権（ア）に関する文である。これは，「要望」を訴えるもので，その権利は国民すべてに保障されており，その回数に制限があるものでもないから，憲法上，校長先生の陳情（政府などに実情をうったえて改善を求めること）は認められる。

③憲法第 20 条「信教の自由は，何人に対してもこれを保障する。…（後略）…」という信教の自由（オ）に関する文である。信教の自由で，国民はどのような宗教を信じる自由も信じない自由も認められている。ただし，第 20 条 3 項「国及びその機関は，宗教教育その他いかなる宗教的活動もしてはならない。」と定められていることから，教師が頭を下げるように強制した場合は法律上認められない。設問では，「生徒たちが…自主的に手を合わせて頭を下げ（た）」とあるので，教師による宗教教育にはあたらず，憲法上，学校側の対応に問題はない。

④憲法第 21 条「集会，結社及び言論，出版その他一切の表現の自由は，これを保障する。」のうちの言論の自由（ク）に関する文である。ゲーム機の持ち込み禁止は学校側の判断であり問題ないが，だからといって候補者のＦ君の「ゲーム機の持ち込みを許可すべきだ」という内容の演説を途中で中止させることは，言論の自由の侵害につながり，認められない。

⑤未成年者の婚姻（カ）について，民法第 737 条「未成年者の子が婚姻をするには，父母の同意を得なければならない。」とあり，原則両方の父母の同意を得なければならない。しかし，同条第２項「父母の一方が同意しないときは，他の一方の同意だけで足りる。…（後略）…」より，両方の母親の賛成を得ている２人の結婚（婚姻）は，法律上認められる。

⑥学校教育法（ウ）について，学校教育法第 34 条「小学校においては，文部科学大臣の検定を経た教科用図書又は文部科学省が著作の名義を有する教科用図書を使用しなければならない。」とあり，小学校で先生手作りのプリントを教科書として用いることは，法律上認められない。

<hr>

《解答例》

<hr>

1 (1)X．集中〔別解〕ゲリラ　Y．町役場　(2)イ　(3)ライフライン　(4)ウ　(5)ハザード

2 (1)イ　(2)ア．ユーラシア　イ．オホーツク　ウ．東シナ　エ．資源

(3)①農産物…とうもろこし　畜産物…牛肉　②原油〔別解〕石油

3 〔組合せ／共通点〕(1)〔ククク／幕末〕　(2)〔コケケ／外交〕　(3)〔クオキ／武士〕　(4)〔ウウカ／宗教〕

(5)〔オケケ／女性〕

4 (1)ウ　(2)ウ　(3)オ　(4)イ　(5)エ　(6)エ　(7)カ　(8)エ

5 (1)阪神・淡路大震災　(2)記号…(イ)　語句…地方公共団体〔別解〕地方自治体　(3)イ　(4)ア　(5)イ

(6)ウ　(7)記号…(イ)　語句…参加する権利

<hr>

《解　説》

<hr>

1 (1)Y．会話の流れから，ここでは市役所より町役場の方が適当である。解答としては，町役場のほか，ホームページ・役所(公的機関)などがある。

(2)イ．テレビやラジオは情報源となることから考える。

(4)ウ．エルニーニョ現象とは，ペルー沿岸から太平洋の日付変更線付近にかけて，水温が異常に高くなる状態が1年ほど続くこと。これが発生した場合，都市部だけでなく日本全体が温暖になる。

2 (1)イ．大工場ではなく中小工場。

(2)(ウ)日本海は，朝鮮半島やロシアとの間にある海域であることに注意。

(3)①アメリカ合衆国からは，小麦・とうもろこしを特に多く輸入しており，その輸入量は，小麦：3610(千t)，とうもろこし：13766(千t)である(2011年)。

3 (1)1つ目：ペリーの浦賀来航/1853年。　2つ目：幕末に吉田松陰が人材の育成を行う。　3つ目：高杉晋作らによる奇兵隊結成/1863年。

(2)1つ目：第二次世界大戦中，杉原千畝がユダヤ人にビザを発行したこと。　2つ目：陸奥宗光による領事裁判権(治外法権)の撤廃/1894年。　3つ目：小村寿太郎による関税自主権の回復/1911年。

(3)1つ目：桜田門外の変/1860年。　2つ目：竹崎季長が文永の役による手がらを幕府に報告に行ったこと。　3つ目：織田信長を表した川柳。

(4)1つ目：鑑真の来日のこと。　2つ目：大仏造りに貢献した行基のこと。　3つ目：フランシスコ・ザビエルの来日/1549年。

(5)1つ目：北条政子の演説。　2つ目：与謝野晶子の詩。　3つ目：津田梅子。

4 (1)ウ．a．弥生時代は，土地や用水をめぐって争いがあった。d．千歯こきやとうみが用いられるようになったのは江戸時代以降のこと。

(2)ウ．a．古墳時代→弥生時代。d．第一次世界大戦後→第二次世界大戦後。

(3)オ．b．織田信長は，博多を支配していない。d．神戸→横浜。また，鉄道は日本独自の技術ではなく，お雇い外国人の指導による。

(4)イ．a．飛鳥寺→法隆寺。c．金閣のある鹿苑寺→銀閣のある慈照寺。

(5)エ．b．織田信長→豊臣秀吉。c．米などの農産物→現金。

⑹エ．b．宋と貿易を行ったのは平清盛。 c．朝鮮通信使が将軍の代替わりごとに日本を訪れた。

⑺カ．c．年貢の負担は重く，農民はほとんど白米を食べることはできなかった。 d．米や魚は，日本人の主食であり続けた。

⑻エ．b．日露戦争後→日清戦争後。 c．第一次世界大戦では日本は被害をほとんど受けず，大戦景気により工業生産額は増加した。

5 ⑴1995年に発生した阪神・淡路大震災により，以前の住宅に住めなくなった人が数多くいたことから制定された。

⑶イ．30歳以上→25歳以上。

⑷ア．憲法改正の手続きは次の通り。一定数以上の国会議員による発案→両議院で総議員の3分の2以上の賛成→国会による憲法改正の発議→国民投票で有効投票の過半数の賛成→国民の承認→天皇が国民の名において公布する。

⑸イ．発展途上国に温室効果ガスの排出削減義務は課せられなかった。

⑹ウ．アフガニスタン紛争は，1979年，ソ連がアフガニスタンに侵攻したことから始まった。ソ連の軍隊は1989年に撤退したが，民族間の対立に発展。2001年にはアメリカの攻撃を受け，国土のほとんどを制圧していたタリバンの政権が崩壊した。この一連の流れの中で，国連(国際連合)も解決を試みようとしていた。

⑺(イ)参加する権利とは，自由に意見を表明したり，グループをつくって自由な活動をしたりできる権利のこと。

（注意）解答はすべて解答用紙に記入しなさい。解答用紙のみ提出しなさい。

(1) 円周率は 3.14 とします。

(2) 角すいの体積は（底面積×高さ）÷ 3 として計算します。（高さとは、頂点から底面に引いた垂線の長さのこと）

1 次の各問いに答えなさい。

(1) 次の計算をしなさい。答えは小数で表しなさい。

$$\left(0.125 - \frac{1}{9}\right) \times 1.7 \times 36 - \left(3\frac{1}{3} - 2\frac{1}{4}\right) \div \frac{13}{24} \times 0.17$$

(2) ある商品を 100 個仕入れて 2 割の利益を見込んで定価をつけました。売れ残りが出たため、定価の 3 割引きで残り
　　すべてを売ったところ、14.6 % の利益が出ました。定価で売れた個数は何個ですか。

(3) 右の図において、線に沿って右、斜め右上、上のいずれかへ進みます。次の行き方は
　　何通りありますか。
　　　①AからBまで　　②AからCまで

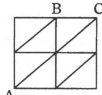

(4) 1 時間に 5 分遅れる時計 A があります。ある日の正午に時計 A を正しく合わせ、時計 A が午後 2 時 12 分のときに、
　　1 時間に 2 分進む時計 B を時計 A の時刻に合わせました。
　　①時計 B を時計 A の時刻に合わせたのは、午後何時何分ですか。
　　②その日の午後 8 時 24 分に、時計 A と時計 B は何分ずれていますか。

2 下図のような 1 段目に 1 個、2 段目に 2 個、3 段目に 3 個、・・・と球を入れることができるわくがあります。下の例
　のようにわくに球を入れていきます。

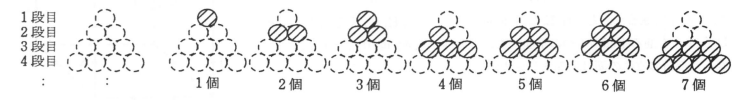

1 段目
2 段目
3 段目
4 段目
　：　　　：　　　　1 個　　　2 個　　　3 個　　　4 個　　　5 個　　　6 個　　　7 個

　球が 1 個のときは 1 段目で入るが、球が 2 個のときは 1 段目だけでは入らないので、2 段目の左から順に 2 個入れま
す。球が 3 個のときは 1 段目と 2 段目ですべて入るが、球が 4 個のときは 1 段目と 2 段目だけでは入らないので、3 段
目の左から順に 3 個入れ、残り 1 個を 1 つ上の段の左端に入れます。球が 6 個のときは 1 段目と 2 段目と 3 段目です
べて入るが、球が 7 個のときは 1 段目と 2 段目と 3 段目だけでは入らないので、4 段目の左から順に 4 個入れ、残り 3 個
を 1 つ上の段の左から順に入れます。以下、この球の入れ方をくり返します。

(1) 球が 11 個のとき、球が入るわくを例のようにかきなさい。

(2) 球が入っている一番下の段が 20 段目で、1 段目まですべて球が入ったとします。球は何個ありますか。

(3) 球が入っている一番下の段が 50 段目であるとき、考えられる球の個数のうち、最も多いのは何個ですか。また、
　　最も少ないのは何個ですか。

(4) 球が 2019 個のとき、球が入っている一番下の段は何段目ですか。また、球が入っている一番上の段は何段目で、
　　何個入っていますか。

③　1, 2, 9 の3種類の数字だけで整数をつくり、次のように小さい方から順に 9999 まで並べます。

　1, 2, 9, 11, 12, 19, 21, 22, 29, 91, 92, 99, 111, 112, ……, 999, 1111, 1112, ……, 9992, 9999

(1)　整数は全部で何個並んでいますか。

(2)　3の倍数は全部で何個並んでいますか。

(3)　上の並びのうち、111 から 999 までの和はいくらですか。

(4)　上の並びのうち、1111 から 9999 までの和はいくらですか。

④　図のように、半径 10 cm の円があり、黒い点は円周の8等分点です。

　点 A が円の中心と一致している半径 10 cm の扇（おうぎ）形 ABC があり、この扇形が ① の場所から太線のまわりをすべることなく矢印の向きに回転します。

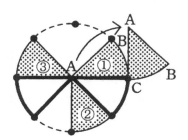

(1)　① から ② まで移動したとき、点 A が動いてできる図形を解答らんにかきなさい。また、その長さは何 cm ですか。

(2)　(1)のとき、扇形 ABC が通過する部分の面積は何 cm² ですか。

(3)　① から ② を経由して ③ まで移動したとき、扇形 ABC が通過する部分の面積は何 cm² ですか。

⑤　一辺の長さが 15 cm の立方体があり、すべての辺の3等分点をとります。

(1)　図1のように、3等分点の一部に、点 A から点 L まで名前をつけます。
　A, F, K, J を通る平面と、B, E, L, I を通る平面と、C, H, L, K を通る平面と、D, G, I, J を通る平面の4つの平面でこの立方体から4回切り落とすとき、残った部分の立体の面は何面ありますか。

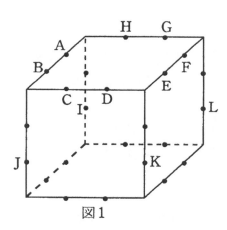
図1

(2)　図2のように、右側の面の3等分点どうしを結んだ線で囲まれた正方形 MNOP を考え、左側の面でも同じ作業をして同じ大きさの正方形を作ります。その2つの正方形を底面とする四角柱 X を考えます。

① 手前と奥の面でも同じ作業をして四角柱 Y を作ります。四角柱 X と Y が重なった部分の立体の面は何面ありますか。また、その立体の体積は何 cm³ ですか。

② 上下の面でも同じ作業をして四角柱 Z を作ります。四角柱 X と Y と Z が重なった部分の立体の面はすべて同じ大きさで同じ形になります。その立体の面の形は何ですか。また、その面は何面ありますか。さらに、その立体の体積は何 cm³ ですか。

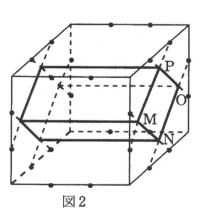
図2

（注意）　解答はすべて解答用紙に記入しなさい。解答用紙のみ提出しなさい。

1　次の文を読み，以下の各問いに答えよ。

　ある温度の空気 $1 m^3$ がふくむことのできる最大の水蒸気の量 [g] を飽和水蒸気量という。気温と飽和水蒸気量との関係は次の表１のようになっている。

表１　気温と飽和水蒸気量との関係

気温 [℃]	0	5	10	15	20	25	30	35	40
飽和水蒸気量 [g]	4.8	6.8	9.4	12.8	17.3	23.1	30.4	39.6	51.1

　また，ある気温において，飽和水蒸気量 [g] に対する空気 $1 m^3$ が実際にふくんでいる水蒸気の量 [g] の割合を百分率で表したものを湿度という。

　水蒸気をふくんだ空気がある温度まで冷やされると，やがて空気 $1 m^3$ がふくんでいる水蒸気の量とその気温の飽和水蒸気量が等しくなる。さらに冷やされると，空気 $1 m^3$ がふくんでいる水蒸気の量がその気温の飽和水蒸気量を上回ってしまう。このときには，空気中にふくみきれなくなった水蒸気が小さな水滴に変わる。水滴が空気中でできると，雲や霧といわれ，草やものの表面でできると，露と呼ばれる。

問１　15℃の空気 $1 m^3$ が 10 g の水蒸気をふくんでいるときの湿度は何％か。答は小数第２位を四捨五入し，小数第１位まで求めよ。

問２　30℃で湿度が 60 ％の空気が 500 L ある。この空気がふくんでいる水蒸気の量は何 g か。答は小数第２位を四捨五入し，小数第１位まで求めよ。

問３　25℃で湿度が 65 ％の空気 $10 m^3$ を 10 ℃ まで冷やしたときにできる水滴の量は何 g か。答は小数第２位を四捨五入し，小数第１位まで求めよ。

問４　40℃で湿度が 70 ％の空気は，少なくとも何℃まで冷やすと水滴ができるようになるか。次のア～クの中から最も適当なものを選び，記号で答えよ。

　　ア．35℃　　　　イ．30℃　　　　ウ．25℃　　　　エ．20℃　　　　オ．15℃　　　　カ．10℃　　　　キ．5℃　　　　ク．0℃

問５　教室の中と外で気温と湿度を測ると，教室の外は気温が 35 ℃で湿度が 70 ％，教室の中は気温が 25 ℃で湿度が 40 ％であった。このとき，教室の中と外をしきっているガラス（無色透明）の状態として，最も適当なものを次のア～エの中から選び，記号で答えよ。

　　ア．教室のガラスの内側の表面に水滴ができ，ガラスがくもった。

　　イ．教室のガラスの外側の表面に水滴ができ，ガラスがくもった。

　　ウ．教室のガラスの内側と外側の両面に水滴ができ，ガラスがくもった。

　　エ．教室のガラスの内側と外側の両面に水滴ができず，ガラスはくもらなかった。

問６　ある日の夕方に気温と湿度を測ったところ，気温が 30 ℃で湿度が 77 ％だった。夜の間に気温が下がったため，次の日の朝 6 時に起きると，辺り一面に霧が出ていた。そこで，もう一度気温を測ると，気温は 20 ℃だった。下の表２は，霧が出ていた日の時刻と気温の変化を表している。表をもとに考えると，この日は何時に霧が晴れたと考えられるか。最も適当なものを下のア～コの中から選び，記号で答えよ。ただし，水は，水蒸気と水滴（霧）の間でのみ変化する。また，水蒸気や水滴（霧）をふくむ空気の移動はないものとする。

表２　霧の出ていた日の時刻と気温

時刻	6 時	7 時	8 時	9 時	10 時	11 時	12 時	13 時	14 時	15 時
気温 [℃]	20	21	23	25	29	30	31	33	35	34

　　ア．6 時～7 時の間　　　イ．7 時～8 時の間　　　ウ．8 時～9 時の間　　　エ．9 時～10 時の間　　　オ．10 時～11 時の間

　　カ．11 時～12 時の間　　　キ．12 時～13 時の間　　　ク．13 時～14 時の間　　　ケ．14 時～15 時の間

　　コ．6 時～15 時の間には霧は晴れなかった

（注意）　解答はすべて解答用紙に記入しなさい。解答用紙のみ提出しなさい。

2　次の文を読み，以下の各問いに答えよ。

　　ある南方の島において，近年，(a)人間によってもちこまれたアシナガキアリがふえ始め，その影響が問題になっている。この島の大半は熱帯雨林におおわれ，林の中にはアシナガキアリが非常にたくさんいる場所と，あまりいない場所がある。

　　この島にはオカガニが生息しており，林の中で樹木の種子や芽生え，落ち葉を食べている。オカガニは地面に穴をほって生活するため，たくさんいる場所ほど穴の数も多くなる。オカガニは，多数のアシナガキアリに攻撃されて，死んでしまうことがある。

　　林の樹木にはカイガラムシとよばれる移動する能力が低い小さな昆虫がいて，(b)針のような口を植物に刺し，樹液を吸って食物としているが，(c)樹液に含まれる栄養素は，他の栄養素に比べて糖が過剰に含まれているため，その多くを排泄している。

　　(d)アシナガキアリは，カイガラムシが出した糖を多く含む排泄物を重要な食物資源として利用している一方で，カイガラムシが出した排泄物を除去することによりカイガラムシの窒息を防いだり，その天敵を追いはらったりしている。

　　また，カイガラムシの排泄物を栄養として，植物の葉や枝，幹などにススカビが大量に発生する。ススカビが葉につくと，光合成を十分に行うことができなくなり，枝がれなど樹木の成長に影響を与える。

　　そこで，この島の林の２か所で１０ｍ四方の区画（区画Ａと区画Ｂ）をつくり，オカガニの数，カイガラムシの数，ススカビの量，落ち葉の量，芽生えの数，樹木の成長をそれぞれ調査したところ，下の表のような結果となった。

調　査　項　目	区　画　Ａ	区　画　Ｂ
オ カ ガ ニ の 穴 の 数	少 な い	多 い
カ イ ガ ラ ム シ の 数	多 い	少 な い
ス ス カ ビ の 量	多 い	少 な い
落 ち 葉 の 量	多 い	少 な い
芽 生 え の 数	多 い	少 な い
樹 木 の 成 長	悪 い	良 い

問１　下線部(a)について，アシナガキアリのように，原産地などから人間によって意図的または偶然に運ばれてきた生物を外来生物といい，外来生物のうち，その場所で野生化し，自然繁殖して定着するようになった生物を帰化生物とよんでいる。次のあ～くのうち，日本ではまだ定着が確認されていない外来生物を１つ選び，記号で答えよ。
　　あ．ミシシッピアカミミガメ　　　　い．アメリカザリガニ　　　　う．セアカゴケグモ　　　　え．ヒアリ
　　お．ブルーギル　　　　　　　　　　か．ホンビノスガイ　　　　　き．アライグマ　　　　　　く．キョン

問２　帰化生物として知られている生物の多くは，明治時代以降に日本に定着した生物であるが，それよりも前の時代に日本に定着していた帰化生物も少なくない。次のあ～くの帰化生物の中から，明治時代よりも前の時代に日本に定着していた帰化生物をあ～えから１つ，お～くから１つそれぞれ選び，記号で答えよ。
　　あ．オオクチバス　　　　　　　　　い．ウシガエル　　　　　　　う．スズメ　　　　　　　　え．カダヤシ
　　お．セイタカアワダチソウ　　　　　か．シロツメクサ　　　　　　き．セイヨウタンポポ　　　く．ヨモギ

問３　アブラナ科の植物の葉に産卵する昆虫で，明治時代よりも前の時代にダイコンなどのアブラナ科の植物が日本に持ちこまれ栽培されるようになったことによって日本に定着した帰化生物を答えよ。

問４　下線部(b)について，カイガラムシのように，針のような口を植物に刺し，樹液を吸って食物としている昆虫を１つあげよ。

問５　下線部(c)について，糖やデンプンなどの炭水化物は三大栄養素の１つである。残りの栄養素２つを答えよ。

問６　下線部(d)のアシナガキアリとカイガラムシのように，２種の生物が互いに利益を受けつつ密接な関係をもって生活する現象を何と呼んでいるか。

問７　アシナガキアリの数が多いのは，区画Ａ，区画Ｂのどちらと考えられるか。

問８　次の文は調査結果をふまえた上で考えられることをまとめたものである。文中の（　ア　）～（　オ　）に当てはまるものを下記のあ～おより選び，記号で答えよ。また，①～④の{　　}の中から適切なものを選べ。
　　　アシナガキアリの数がふえると（　ア　）がふえる。（　ア　）がふえるとアシナガキアリの数は①{ふえる，へる}。また，（　ア　）がふえると（　イ　）が②{ふえる，へる}ため，樹木の成長が③{良く，悪く}なる。一方，アシナガキアリの数がふえると（　ウ　）がへる。（　ウ　）がへると（　エ　）や（　オ　）が④{ふえる，へる}。
　　あ．オカガニの数　　　い．カイガラムシの数　　　う．ススカビの量　　　え．落ち葉の量　　　お．芽生えの数

（注意）　解答はすべて解答用紙に記入しなさい。解答用紙のみ提出しなさい。

③　次の文を読み，以下の各問いに答えよ。

　水に物質がとけた液体を水溶液という。水溶液にとけている物質を溶質といい，水のように溶質をとかしている液体を溶媒という。溶質が溶媒にとける現象を溶解とよび，とけた液を溶液という。水溶液とは，溶媒が水の溶液をさす。水にとける物質も一定量の水に対して無限にとけるわけではなく，とけることのできる量に限界がある。食塩水では食塩のように水にとけていた溶質が再び固体になってあらわれることがある。物質の水へのとけやすさは，溶解度（100 g の水にとかすことのできる溶質の質量を g 単位で示した数値）で表わされる。物質が溶解度までとけている水溶液を飽和水溶液という。下の表は，それぞれの物質の 20 ℃ における溶解度をまとめたものである。[ ] は物質の状態を示す。

物質	食塩[固体]	炭酸水素ナトリウム[固体]	塩化アンモニウム[固体]	アンモニア[気体]	二酸化炭素[気体]
溶解度	36	10	39	48	0.15

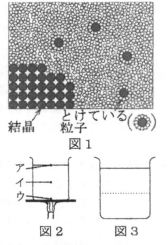

　図１は食塩のような結晶が水にとける変化をモデルで示したものである。結晶では図の左下のように粒子（●）が規則的にならんで互いに結びついている。結晶が溶解するときは，図のように結晶の表面に多数の水の粒子（○）が結びつき，やがて粒子（●）は水の粒子に取り囲まれて 1 個ずつばらばらにはなれていく。とけている粒子が，再び結晶になるときは，取り囲んでいた水の粒子との結びつきが粒子（●）どうしの結びつきに変化する。この変化を析出という。

図１

【実験操作】(a)食塩 55 g を水にとかして飽和食塩水をつくった。図２のようにこの水溶液をガスバーナーで加熱して水を蒸発させると，あ の位置で結晶ができるようすが観察された。加熱をやめ，この食塩水のうわずみの一部を別のビーカーに移し，20 ℃まで冷やしたところ結晶が見られた。この食塩水にエタノールをゆっくりと混ざらないように加え，図３のように食塩水の層とエタノールの層をつくった。その後，観察すると食塩水の層とエタノールの層の間から結晶ができているようすが見られた。ビーカーをふたで密閉して数日後に中のようすを観察すると，さまざまな形をした食塩の結晶ができていた。

図２　　　図３

問1　下線部(a)で作った飽和食塩水は，20℃で最大で何 g できるか。また，このときの飽和食塩水のこさは，何パーセントか。小数第２位を四捨五入して小数第１位まで答えよ。

問2　上の文中の あ に適する位置を図２のア～ウから選び記号で答えよ。また，次の文中の（　　）に「水の粒子」を含む 20 字以内の説明を加えて あ の位置で結晶ができた理由を述べよ。
　「とけている溶質の粒子を（　　）したから。」

問3　次の文中の①，②の{　　}の中から適切なものを選び答えよ。
　図３で示す２つの層の間から結晶ができた理由は，食塩はエタノールに ①{とけ，とけず}，エタノールは水に ②{とける，とけない}からと考えられる。

図４

問4　次の文中の①，②の{　　}の中から適切なものを選び答えよ。
　様々な形をした食塩の結晶の中に，図４のような結晶がみられた。この結晶は，ビーカーの底に沈んでおり，時間がたつにつれて細長く上の方へのびていくようすがみられた。これは，溶液の上の方ほどエタノールの割合が ①{大きい，小さい}ので，溶液の上の方ほど結晶になる速さが ②{はやい，おそい}からと考えられる。

　炭酸水素ナトリウムは「重曹」ともいい，お菓子をつくるときのふくらし粉（ベーキングパウダー）としても利用される物質である。(b)炭酸水素ナトリウムは，まず飽和食塩水にアンモニアを通じ，さらに二酸化炭素を通じると溶液の中に生じる。
　この製法は「アンモニアソーダ法」とよばれる。つまり，食塩[固体]，水[液体]，アンモニア[気体]，二酸化炭素[気体]の４つの物質を原料として製造されている。下線部(b)の変化を次のように表すものとする。

　　　水 ＋ 食塩 ＋ アンモニア ＋ 二酸化炭素 ⟶ 炭酸水素ナトリウム ＋ 塩化アンモニウム

原料となる物質について，下線部(b)だけでなく次のような順序で加えることもできるが，下線部(b)のようにはうまくいかない。
A．飽和食塩水に二酸化炭素を通じ，さらにアンモニアを通じる。
B．アンモニアの飽和水溶液に食塩をとかし，さらに二酸化炭素を通じる。
C．二酸化炭素の飽和水溶液にアンモニアを通じ，さらに食塩をとかす。

問5　次の文中の い ，う に適する物質名をそれぞれ答えよ。
　下線部(b)のようにすると A の順序より い がよくとけ，生成した う が溶解度が小さいので析出してくる。

問6　次の文中の え ，お に適する状態をそれぞれ答えよ。
　下線部(b)の順序に対して上の B，C の順序がうまくいかないのは，え がとけている溶液に お をとかそうとするからと考えることができる。

（注意）　解答はすべて解答用紙に記入しなさい。解答用紙のみ提出しなさい。

４　次の文を読み，以下の各問いに答えよ。時刻において，１秒以下の数字は100分の１秒を表す。

サッカーなどの応援の一つに「ウェーブ」がある。これは，スタジアムの観客が縦列ごとに順番に立ち上がり，あたかも観客席が波打つように見せるものである。ここでは「ウェーブ」を観客と応援団長を使って簡略化して考えていく。

図１のように，100 mはなれた２点A，Bの間に201人の観客が等間隔に並んでいすに座っている。応援団長のP君はAB間を一定の速さで走り，観客はP君が目の前を通り過ぎた瞬間に，いすから立ち上がり，再びいすに座る。
図２は，P君がA点を通り過ぎた瞬間の様子である。１番目の観客（A点にいる観客）はこの瞬間に立ち上がり始め，その後，２番目の観客が立ち上がり，次に３番目の観客が立ち上がり・・・と少しずつずれながら繰り返すことで波打つように見える。
観客は全員，図３のように，座った状態では100 cm，立ち上がると160 cmの高さであり，立ち上がり始めてから，座るまでの時間は全員変わらないものとする。

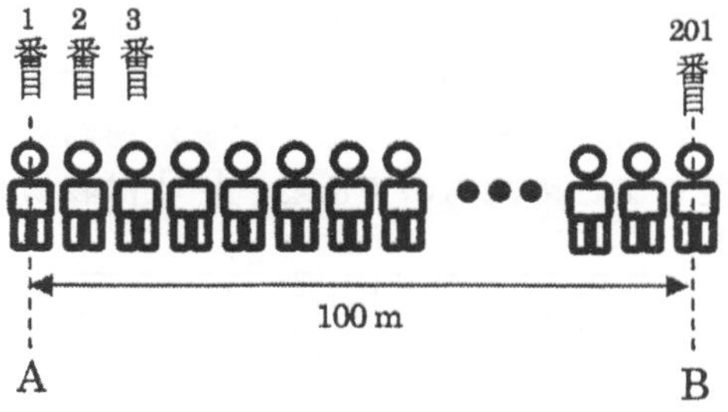

図４は，午後２時00分04秒00にP君がA点から11番目の観客の目の前を通った瞬間の様子である。この瞬間はA点から５番目の観客が再び座った瞬間でもあった。
図５は，午後２時00分05秒75にP君が25番目の観客の前を通った瞬間の様子である。この瞬間は19番目の観客が再び座った瞬間でもあった。

問１　観客一人ひとりの間隔は何mか答えよ。ただし，観客の横はばは考えなくてよいものとする。
問２　P君の速さは秒速何mか求めよ。
問３　P君がA点を出発する時刻を求めよ。
問４　P君は時刻午後２時00分08秒30から午後２時00分09秒30までの１秒間に，何人の観客の前を通り過ぎるか答えよ。
問５　観客が立ち上がり始めてから，ちょうどいすに座るまでにかかる時間は何秒か求めよ。
問６　B点にいる201番目の観客が再びいすに座ったときの時刻を求めよ。

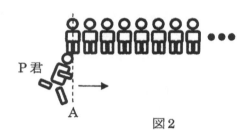

図１

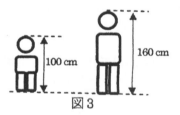

図２

図３

午後２時00分04秒00

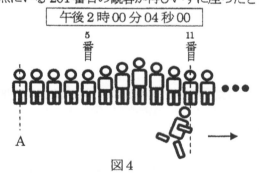

図４

午後２時00分05秒75

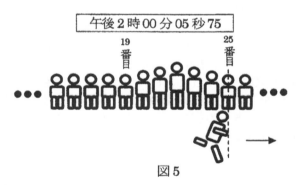

図５

次に図６のように，P君が先ほどと同じ速さでA点から141番目の観客のいるC点に向かって出発すると同時に，副団長のQさんが秒速３mの一定の速さでC点（141番目の観客）からA点（1番目の観客）に向かって出発した。観客は全員，P君かQさんが通り過ぎると立ち上がるものとし，立ち上がり始めてからいすに座るまでに１秒かかった。図７は，立ち上がり始めた瞬間を時間０として，１人の観客の高さを時間変化で表したものである。

問７　P君とQさんがすれ違うのは何番目の観客の目の前になるか答えよ。
問８　Qさんが100番目の観客の前を通り過ぎた瞬間に，100番目から110番目の位置にいた観客の高さがどのようになっていたかグラフに書き込め。ただし，縦軸に１人の観客の高さを，横軸に観客の位置を表すものとする。

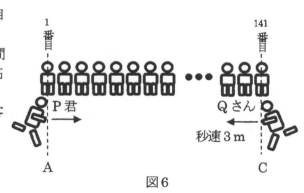

図６

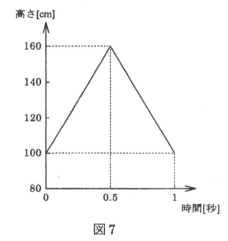

図７

（注意）　解答はすべて解答用紙に記入しなさい。解答用紙のみ提出しなさい。

1　日本のさまざまな暮らしについて，（1）～（3）の問いに答えなさい。

（1）気候や地形に合わせた人々の暮らしについて述べた文のうち誤っているものを２つ選び，記号で答えよ。

ア．沖縄県のコンクリート造りの家では，屋上に給水タンクが見られることが多い。これは，大きな川がなく花こう岩質で水が流れやすいことで水資源に恵まれないためである。

イ．岐阜県や愛知県の輪中地域では，明治時代に行われた治水工事によって水害の発生が大きく減った。また，大規模な排水機場の建設により大規模な稲作が可能になった。

ウ．長野県の八ヶ岳のすそ野では，夏の間にレタスやキャベツなどの高原野菜がさかんに作られている。気候は野菜作りに適していたが，土地はやせていたために土地改良がなされた。

エ．北海道など雪が多い地域では，屋根に急な角度をつけて温水パイプで雪を解かすなど除雪をしやすくしているため，平らな屋根の家はほとんど見られない。

（2）米づくりについて，次の①～③の問いに答えよ。

①日本では，昭和40年代ごろから各地で圃場整備が行われてきた。これについて述べた，次の文中　ア・イ　に当てはまる語をそれぞれ漢字２字で答えよ。

『圃場整備とは小さい田を集約して30ａの長方形の田につくりかえるもので，田だけでなく　ア　も広くなるために大型機械が使用しやすくなる。また，用水路や　イ　路が整えられるため，川から離れた場所でも水が豊富に使えるようになり，水はけもよくなる。』

②収穫したばかりの米は水分が多すぎて味が良くないため，右の写真のような大型のサイロをもつ施設に米を集め，ほどよく水分を含んだ状態にまで乾燥させる。この施設を何というか，カタカナで答えよ。

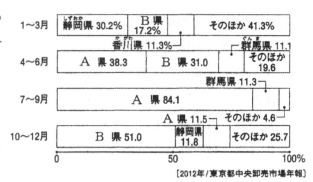

③貿易の自由化が進められるなか，生産にかかる費用をできるだけ抑える工夫が重要である。このうち，育苗や田植えなどの作業を省くことができる工夫として正しいものをア～オから１つ選び，記号で答えよ。

ア．品種改良　　　イ．水田の大規模化　　　ウ．乾田直播き　　　エ．保温折衷苗代　　　オ．アイガモ農法

（3）さまざまな食料の生産について，次の①～③の問いに答えよ。

①平成30年７月豪雨により九州地方では野菜の価格が高騰した。この理由について，九州地方での農地の浸水以外に考えられる要因を１つ，解答らんに合わせて２字と４字で答えよ。

②とる漁業の衰退に伴って，育てる漁業が注目されている。ア～オのうち栽培漁業が行われる水産物として適切なものを，２つ選び記号で答えよ。

ア．ウナギ　　　イ．クルマエビ　　　ウ．イワシ

エ．マグロ　　　オ．ヒラメ

③右のグラフは，東京都の市場に出荷されるレタスの県別割合を示したものである。グラフ中のAに当てはまる県名を答えよ。

1～3月	静岡県 30.2%	B県 17.2%		そのほか 41.3%
		香川県 11.3%		群馬県 11.1
4～6月	A 県 38.3	B 県 31.0		そのほか 19.6
		群馬県 11.3		
7～9月	A 県 84.1			
		A 県 11.5	そのほか 4.6	
10～12月	B 県 51.0	静岡県 11.8		そのほか 25.7

[2012年/東京都中央卸売市場年報]

2　日本の国土や自然災害に関する，（1）～（4）の問いに答えなさい。

（1）領土について，次の①・②の問いに答えよ。

①日本の国土は，およそ北緯20度から北緯45度，東経122度から東経153度の間に位置している。次の国ア～オのうち，日本の国土の範囲とほぼ同じ緯度または経度に位置する国として適切でないものを２つ選び，記号で答えよ。

ア．アメリカ合衆国　　　イ．トルコ　　　ウ．マレーシア　　　エ．イギリス　　　オ．スペイン

（注意）　解答はすべて解答用紙に記入しなさい。解答用紙のみ提出しなさい。

②ソ連およびロシアにより不法に占領されてきた北方領土のうち，最も西に位置する島の名を漢字で答えよ。

（2）右の図は，国土交通省国土地理院の発行している地形図の一部である。地形図中Ａ
〜Ｃのうち，豪雨が発生した場合に自然災害に見舞われる恐れが最も高い場所を１つ
選び，記号で答えよ。

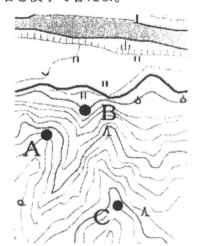

（3）次の文ア〜エは，日本で起こり得る自然災害やその対応について述べたものである。
このうち，誤っているものを１つ選び，記号で答えよ。

ア．台風の際には，河川の周辺地域では堤防を越えて水があふれることを想定して，
できるだけ自宅近くの避難所へ早めに避難することが重要である。

イ．地震が発生した際にマンションの部屋の中にいる場合には，揺れがおさまったら
すぐに玄関のドアを開けておいた方がよい。

ウ．地下街にいる場合に地上で大雨が降っている場合，浸水の恐れがあることを考え，
いつでも地上に出られる備えをしておくべきである。

エ．各自治体が発行しているハザードマップを手に入れたあとに，各家庭・個人において，避難場所や避難経路の確認を
しておく必要がある。

（4）台風によって引き起こされる自然災害のうち，台風とそのまわりの気圧の差によって発生するものを漢字で答えよ。

[3]　次の（1）〜（7）の各地方の歴史について述べたａ〜ｄのうち，誤っている文の組合せをア〜カからそれぞれ１つ選び，
記号で答えなさい。

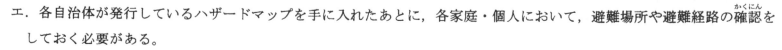

ア．ａ・ｂ　　イ．ａ・ｃ　　ウ．ａ・ｄ　　エ．ｂ・ｃ　　オ．ｂ・ｄ　　カ．ｃ・ｄ

（1）九州地方

ａ．佐賀県の吉野ヶ里遺跡は，縄文時代の後半期以降の，周囲を堀や柵で囲んだ環濠集落の跡である。

ｂ．白村江の戦いの後，朝廷は九州に城を築いたり，防人を置いたりして国の防衛を強化した。

ｃ．肥後の御家人竹崎季長は，元との戦いで手柄をたて，恩賞を手に入れるため鎌倉の幕府まで訴えに行った。

ｄ．島原・天草一揆の後，幕府はスペイン船の来航を禁止し，キリスト教の取りしまりを強化した。

（2）中国・四国地方

ａ．古墳時代の前期，吉備地方(岡山県)は豪族たちの勢力が強く，多くの前方後円墳がつくられた。

ｂ．平清盛は，海の航海の安全や一族の繁栄のために厳島神社を厚く敬い，社殿を立派にした。

ｃ．戦国時代，四国地方では長宗我部氏や大友氏，中国地方では朝倉氏や毛利氏が勢力を持っていた。

ｄ．江戸時代末期，松下村塾で学んだ高杉晋作や坂本竜馬は，明治維新で活躍した。

（3）近畿地方

ａ．富や権力の象徴として，５世紀には大仙古墳など巨大な前方後円墳が作られたが，６世紀後半以降には法隆寺のよう
な大寺院が作られるようになった。

ｂ．天皇中心の政治をめざした中大兄皇子や中臣鎌足は，７世紀の中ごろに蘇我氏を倒し，その後大化の改新を進めてい
った。

ｃ．室町時代，幕府が置かれた京都には，枯山水庭園で有名な竜安寺や，書院造で有名な鹿苑寺東求堂など禅宗関係の建
物が建てられた。

ｄ．大坂で適塾を開いていた大塩平八郎は，幕府が飢饉で苦しんでいる人々を救おうとしないことに抗議して反乱を起こ
した。

（注意）　解答はすべて解答用紙に記入しなさい。解答用紙のみ提出しなさい。

（４）中部地方

　　ａ．現在の愛知県で起きた長篠の戦いでは，鉄砲を効果的に使った織田信長が，三河の徳川家康を破った。

　　ｂ．現在の三重県松阪市に住んでいた本居宣長は，『古事記』や『万葉集』などの研究から国学を大成した。

　　ｃ．江戸時代，石川県では輪島塗，岐阜県では美濃和紙，愛知県では九谷焼などが特産品になった。

　　ｄ．日米修好通商条約によって新潟などが開港し，のちにロシアなどとの貿易が始められた。

（５）関東地方

　　ａ．江戸時代，日本橋を起点として，東海道や東山道，甲州街道，奥州街道，日光街道の五街道が整備された。

　　ｂ．明治時代初期，官営の製糸場が群馬県の富岡に設立され，全国から集められた工女たちが重要な輸出品である生糸を
　　　　作った。

　　ｃ．1890年に東京で第１回帝国議会が開かれ，大日本帝国憲法や教育勅語が審議された。

　　ｄ．明治時代，栃木県にあった足尾鉱山では，銅の増産にともない渡良瀬川に鉱毒が流出し，多数の住民が大きな被害を
　　　　受けた。

（６）東北地方

　　ａ．宮城県や岩手県は，古代から銅の産地として知られ，その銅は奈良時代の東大寺大仏造立にも使われた。

　　ｂ．源義経は兄の源頼朝と対立し，奥州藤原氏を頼って岩手県の平泉に逃亡したが，そこで殺された。

　　ｃ．元禄時代の俳人松尾芭蕉は，中尊寺金色堂を訪れ，「五月雨の降り残してや光堂」とよんだ。

　　ｄ．福島県会津藩出身の山本八重は，戊辰戦争を経験した後，同志社を創始した大隈重信と結婚した。

（７）北海道地方

　　ａ．渡島半島に領地を持つ南部藩は，アイヌの人々と交易を行い，海産物や毛皮などを本州にもたらした。

　　ｂ．江戸時代，北海道から昆布やにしんなどが日本海まわりの航路で大坂に運ばれ，大坂から米や酒などが運ばれた。

　　ｃ．明治政府は蝦夷地の名称を北海道と改め，士族などを屯田兵として開拓と北方警備に当たらせた。

　　ｄ．日露戦争後のポーツマス条約で日本は千島列島を獲得し，その周辺の漁場開発を積極的に行った。

4　次の文章を読み，（１）〜（５）の問いに答えなさい。

　1854年に日米和親条約が結ばれ，200年以上も続いた日本の鎖国が終わった。これ以降ａ日本は近代化への歩みを本格化させた。しかしヨーロッパの国に比べると近代化が遅れた他のアジア諸国と同じく，日本の「近代化」は先進技術の導入による産業化が優先され，制度などの導入もなされたがｂ古い価値観なども残されたため，政治・社会の近代化は不徹底なものに終わった。

　それでも，日本は明治政府による「上からの近代化」の結果，ｃ当時の先進国の一つに数えられるまでになった。ｄ第二次世界大戦によって日本の産業は壊滅的打撃を受けたが，ｅ1950年代の中ごろには経済が急速に発展し，高度経済成長を実現して1968年にはアメリカに次ぐ経済大国となり，再び先進国入りを果たした。

（１）下線部ａに関連して，右の絵を参考にして下の文の空らんに入る言葉を漢字２字で答えよ。

　　「ヨーロッパ以外の国々にとって「近代化」とは，工業化や都市化などを進めるだけでなく，生活や文化の　□□　化を進めることでもあった。」

（２）下線部ｂについて，古い価値観の打破に尽力した人物として正しいものをア〜エから１つ選び，記号で答えよ。

　　ア．樋口一葉　　　　イ．野口英世　　　　ウ．平塚らいてう　　　　エ．小村寿太郎

（注意）　解答はすべて解答用紙に記入しなさい。解答用紙のみ提出しなさい。

（３）次の詩は，下線部ｃの前後の時期に書かれたものである。この詩の題材となった出来事と最も関係の深い写真や絵として正しいものをア～エから１つ選び，記号で答えよ。

　　　ああおとうとよ　君を泣く　君死にたまうことなかれ　末に生まれし君なれば　親のなさけはまさりしも

　　　親は刃（やいば）をにぎらせて　人を殺せとおしえしや　人を殺して死ねよとて　二十四までをそだてしや

ア	イ	ウ	エ

（４）下線部ｄに関連して，第二次世界大戦・日中戦争・太平洋戦争について述べた文として誤っているものをア～エから１つ選び，記号で答えよ。

　　ア．ヨーロッパでは，ドイツが1939年にイギリス・フランスと，1941年にはソ連と戦争を始めた。

　　イ．日中戦争では，中国はアメリカやイギリス・フランスの援助（えんじょ）を受けながら，日本に対する抵抗（ていこう）を続けた。

　　ウ．日本は，新たな資源を手に入れようと，欧米各国の植民地となっていた東南アジアに軍隊（ぐんたい）を進めた。

　　エ．日中戦争が長引くと，日本はアメリカと話し合いを続け，日米間の戦争が起こらないよう努力した。

（５）下線部ｅに関連して，右のグラフは家庭電化製品をはじめとする生活用品の普及（ふきゅう）率を示したものである。このグラフについて次の①・②の問いに答えよ。なお，グラフ中のＡ～Ｅは，自動車・白黒テレビ・冷蔵庫（れいぞうこ）・電子レンジ・洗濯（せんたく）機のいずれかを示す。

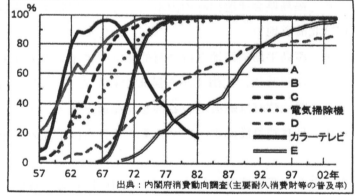

出典：内閣府消費動向調査（主要耐久消費財等の普及率）

①このグラフについて話し合った次の会話を読んで，発言の正誤について述べた文として正しいものをア～エから１つ選び，記号で答えよ。

　　はると：カラーテレビが登場すると白黒テレビから買い換（か）える家庭が多かったので，途中（とちゅう）から普及率が下がっていくＡが白黒テレビだと思う。

　　ゆうき：カラーテレビの普及に比べて自動車の普及が遅いのは，自動車の方がテレビより価格が高かったからだと思う。

　　あおい：60年代から70年代にかけて普及したものの中で自動車が一番遅いので，Ｅが自動車を示していると思う。

　　ア．はるとが誤っている。　　イ．ゆうきが誤っている。　　ウ．あおいが誤っている。　　エ．全員正しい。

②クーラーの普及を示したグラフとして正しいものをア～エから１つ選び，記号で答えよ。

ア	イ	ウ	エ

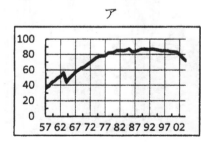 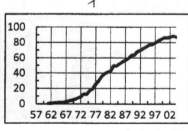 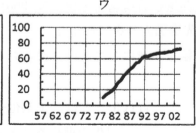 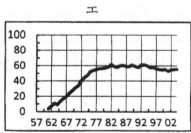

5　次の文章を読み，（１）～（５）の問いに答えなさい。

　　日本国憲法には，三つの原則があるとされる。すなわち，国民主権，基本的人権の尊重，平和主義の三つである。しかし，それらはすべての国民に平等に保障されていないのではないか，と疑問に思われることがある。

（注意）　解答はすべて解答用紙に記入しなさい。解答用紙のみ提出しなさい。

　15世紀前半に統一政権が成立した琉球は，中国大陸の　Ａ　王朝と外交関係を持っていた。また，室町幕府も琉球を独立国と認めていた。しかし，豊臣秀吉のころから薩摩島津氏の影響力を強く受けるようになり，1609年には島津氏が侵略し，国王が連れ去られた。ただし，江戸幕府が琉球を異国とみなしたため，琉球は中国との貿易を続けることができた。琉球と　Ａ　王朝，その後の　Ｂ　王朝との貿易の利を求める島津氏と ａ海外の情報を求める江戸幕府の思惑があったからである。幕末期になると，琉球はアメリカ，フランス，オランダと順に修好条約を結んだ。

　統一国家をめざす明治政府は琉球をひとまず鹿児島藩の管理下においたのち，1872年に「琉球藩」を設けて日本国内の藩に位置づけ，さらに ｂ1879年３月に廃藩置県（琉球併合）を通達した。その後も続いた琉球の人々や　Ｂ　の反対をおさえて併合が強行され，琉球王国は消滅した。ｃ中国との交渉過程で，宮古・八重山諸島を中国領とすることが日本側から提案された ものの，1894年から始まった中国との戦争に日本が勝利したことで，琉球は完全に日本の領土となった。

　沖縄戦，広島・長崎への原爆投下後，太平洋戦争が終わった。連合軍占領下の1946年に日本国憲法が制定された。日本は，朝鮮戦争さなかの ｄ1951年にアメリカで開かれた講和会議で，48か国と平和条約を結ぶことで独立を回復し，翌年に占領が終わった。ところが，沖縄諸島に関しては1947年にはアメリカと日本の間で継続的占領が協議され，長期的占領が合意されていた。米軍基地があることは憲法の平和主義と対立するが，アメリカにとって沖縄は軍事的拠点とみなされていたからである。つまり，ｅ日本政府は独立を回復するために，沖縄の人々の民意をここでも無視したということである。その後のアメリカとの長い交渉のすえ，沖縄の日本復帰が実現したのは1972年のことであった。

（１）文中の空らん　Ａ　・　Ｂ　に当てはまる中国の王朝名を答えよ。

（２）下線部ａに関連して，将軍が代わるごとに，朝鮮から友好を目的とした使節が江戸を訪れるようになった。この使節を何というか，漢字で答えよ。

（３）下線部ｂについて，廃藩置県を通達した日本政府の役人は，抵抗する琉球藩の職員たちに「新たに発足する県庁の職員はみな内地人（沖縄以外の地域の人）を採用する」と通告するばかりか，100人余りを拘束し拷問にかけた。このことは，日本国憲法が保障する権利のうち，平等権と何という権利を奪うものといえるか，答えよ。

（４）下線部ｃとｅについて，これらはいずれも，沖縄，宮古・八重山の人々にとって日本国憲法の原則の一つが否定されたものといえる。それは何か，ア～ウから１つ選び，記号で答えよ。
　　ア．国民主権　　　　　　イ．基本的人権の尊重　　　　　　ウ．平和主義

（５）下線部ｄについて，①この条約と同時にアメリカとの間で結ばれた条約，②この講和会議に招かれなかった国連安全保障理事会の常任理事国を，それぞれ答えよ。

6　世界の未来と日本の役割に関する，（１）・（２）の問いに答えなさい。

（１）次の文のうち，誤りを含むものをア～エから１つ選び，記号で答えよ。
　　ア．ユニセフは，戦争や食糧不足による飢えなど，きびしい暮らしをして困っているこどもたちを助けることを目的として活動している，国際連合の機関である。
　　イ．政府開発援助とは，貧しさなどの理由で困っている国の人々の生活をよくするために政府が行う援助であり，ダムや道路建設など大規模な公共事業ばかりでなく，技術援助なども行っている。
　　ウ．対人地雷全面禁止条約とは，対人地雷の使用・製造・入手・保有などを禁止した条約である。日本はこの条約に署名しておらず，憲法の平和主義に反すると国の内外から批判の声が上がっている。
　　エ．平和主義を憲法第９条で定めている日本は，戦争と原爆の悲劇をくり返さないために，「核兵器をもたない，つくらない，もちこませない」という非核三原則を宣言している。

（２）各国の政府や国連から独立して活動するＮＧＯ（非政府組織）ではないものをア～エから１つ選び，記号で答えよ。
　　ア．国境なき医師団　　　　　イ．青年海外協力隊　　　　　ウ．ペシャワール会　　　　　エ．ロシナンテス

⊕ **算数**

受験番号 ☐

※150点満点
（配点非公表）

1

(1)		(2)	個	(3)	①	通り	②	通り

(4)	①	午後	時	分	②		分

2

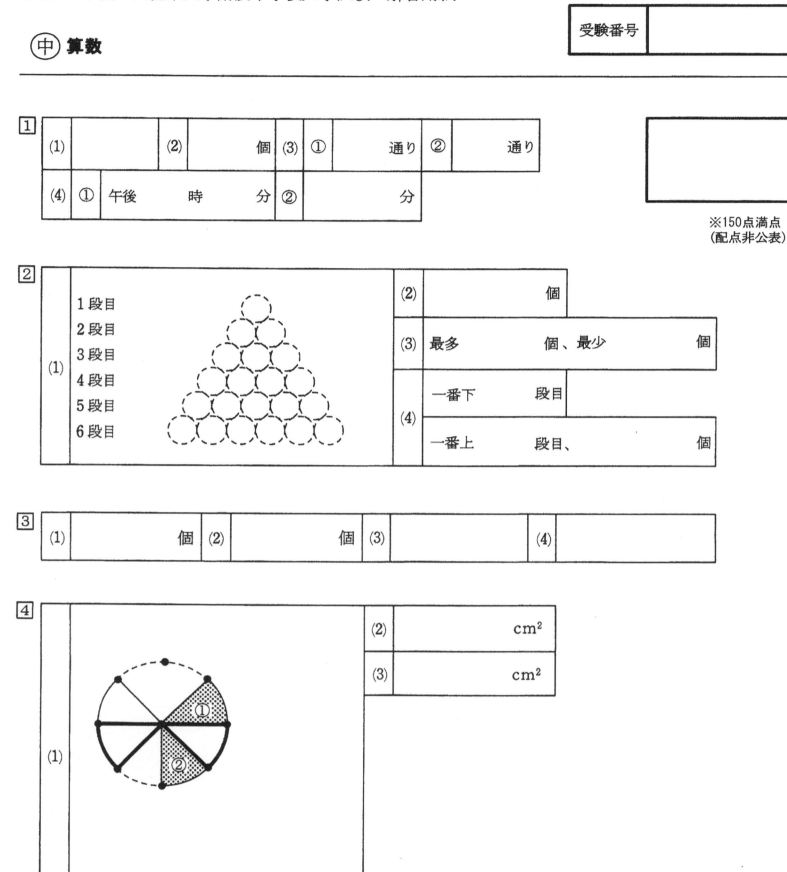

(1)
1 段目
2 段目
3 段目
4 段目
5 段目
6 段目

(2)		個

(3)	最多	個、最少	個

(4)	一番下	段目
	一番上	段目、	個

3

(1)	個	(2)	個	(3)		(4)	

4

(1)

cm

(2)		cm²
(3)		cm²

5

(1)		面

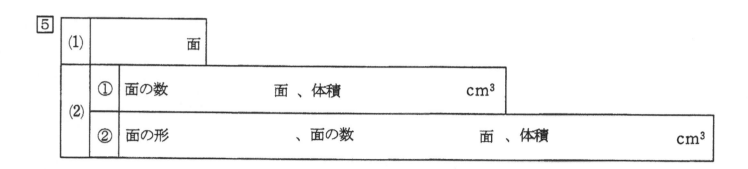

(2)
① 面の数　　　　面 、体積　　　　cm³

② 面の形　　　　、面の数　　　　面 、体積　　　　cm³

⊕　理科

受験番号 [　　　　　]

※100点満点
（配点非公表）

[　　　　　]

1

問1	％	問2	g	問3	g
問4		問5		問6	

2

問1		問2		問3	
問4					
問5					
問6		問7			

問8	（ア）		（イ）		（ウ）		（エ）		（オ）	
	①			②			③		④	

3

問1	g		％

問2	記号								

問3	①		②		問4	①		②	

問5	い		う	
問6	え		お	

4

問1	m	問2	秒速	m
問3	午後　　時　　分　　秒			
問4	人	問5	秒	
問6	午後　　時　　分　　秒			
問7	番目			

問8

高さ[cm]

160
140
120
100
80
100 101 102 103 104 105 106 107 108 109 110

[番目]

平成３１年度　久留米大学附設中学校　入学試験問題

解　答　用　紙

中学社会

※100点満点
(配点非公表)

受験番号	

（注意）　解答はすべて解答用紙に記入しなさい。解答用紙のみ提出しなさい。

（この欄には記入しない）

*

1

（1）	（2）		
	①		②
	ア	イ	

（2）	（3）
③	①
	地方で　　が多発したため。

（3）	
②	③
	県

2

（1）		（2）	（3）	（4）
①	②			
	島			

3

（1）	（2）	（3）	（4）	（5）	（6）	（7）

4

（1）	（2）	（3）	（4）	（5）	
				①	②

5

（1）		（2）	（3）	（4）
A	B			
			権利	

（5）	
①	②
条約	

6

（1）	（2）

（注意）　解答はすべて解答用紙に記入しなさい。解答用紙のみ提出しなさい。

(1) 円周率は 3.14 とします。

(2) 角すいの体積は（底面積×高さ）÷ 3 として計算します。（高さとは、頂点から底面に引いた垂線の長さのこと）

1　次の各問いに答えなさい。

(1) 次の計算をしなさい。答えが整数でない場合は，小数で表しなさい。

（ア）$234 - 36 + 2 \times (4 + 5 + 6) \times 10 + 345 + 57$

（イ）$0.19 \times 25 + 5 \times 0.25 - 6 \times \dfrac{1}{8} - 1.5 \times 2.5$

(2) 次の ア から エ に当てはまる数を求めなさい。

$$1 + \cfrac{1}{1 - \frac{1}{2}} = \boxed{ア}, \quad 1 + \cfrac{1}{1 - \left(\frac{1}{2} + \frac{1}{\boxed{ア}}\right)} = \boxed{イ}, \quad 1 + \cfrac{1}{1 - \left(\frac{1}{2} + \frac{1}{\boxed{ア}} + \frac{1}{\boxed{イ}}\right)} = \boxed{ウ},$$

$$1 + \cfrac{1}{1 - \left(\frac{1}{2} + \frac{1}{\boxed{ア}} + \frac{1}{\boxed{イ}} + \frac{1}{\boxed{ウ}}\right)} = \boxed{エ}$$

(3) （ア）＜図1＞のようなマス目に 1 つずつ数を入れた
　　　　　ところ，縦，横，ななめの 3 個の数の和がすべて
　　　　　等しくなりました。X にあてはまる数は何ですか。

　　（イ）＜図2＞のようなマス目に 1 つずつ 0 でない数を
　　　　　入れたところ，縦，横，ななめの 3 個の数の積が
　　　　　すべて等しくなりました。Y にあてはまる数は何
　　　　　ですか。

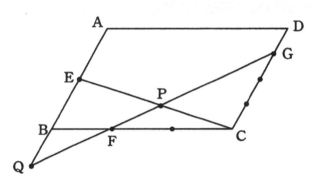

＜図1＞　　　　　　＜図2＞

(4) 平辺四辺形 ABCD があり，辺 AB の中点を E，
　　辺 BC を 3 等分する点のうち，点 B に近い点を F，
　　辺 CD を 4 等分する点のうち，点 D に最も近い点を
　　G とします。直線 EC と直線 FG の交点を P とし，
　　直線 FG と直線 AB の交点を Q とします。
　　（ア）BQ：GC を最も簡単な整数の比で表しなさい。
　　（イ）EP：PC を最も簡単な整数の比で表しなさい。

2　9 ％の食塩水が入った容器 A と，4 ％の食塩水 450 g が入った容器 B があります。まず，容器 B を加熱して水を
　蒸発させると，濃度は 6 ％になりました。次に，容器 B から 50 g を取り出して容器 A に移し，よくかき混ぜると，
　容器 A の濃度は 8.4 ％になりました。さらに，容器 B に水を加えて，よくかき混ぜた後，容器 B から 50 g を取り
　出して容器 A に移し，よくかき混ぜると，容器 A の濃度は 7.4 ％になりました。

(1) 容器 B から蒸発した水は何 g ですか。

(2) 容器 A に最初に入っていた食塩水は何 g ですか。

(3) 容器 B に加えた水は何 g ですか。

3　1 以上の整数 A に対して，$<A>＝A×(A＋1)$ とします。たとえば，$<6>$ は $6×7$ なので 42 です。

(1)　1 以上のどんな整数 A でも $<A>$ は偶数になります。この理由を書きなさい。

(2)　$<A>×<3>＝2520$ となる整数 A を求めなさい。

(3)　10 以上 25 以下の整数 A に対して，$<A>$ が 6 の倍数であるものは何個ありますか。

(4)　10 以上 25 以下の整数 A に対して，$<A>$ の 5 番目に小さい約数が 6 になる $<A>$ をすべて書きなさい。
　　　答えは，たとえば「$<10>$，$<15>$，$<21>$」のように書きなさい。

4　1 辺の長さが 7 cm の正方形 ABCD があり，その内部に点 P があります。P から辺 BC に垂線 PH をおろすと，

　　　　　PH＝4 cm，CH＝3 cm，PC＝5 cm

となっています。

　右図のように影がついた正方形があり，それぞれの頂点を中心として正方形 ABCD が回転しながら，元の位置にもどるまで，そのまわりを 1 周移動します。最初の位置から $\frac{1}{4}$ 周移動した状態をア，$\frac{1}{2}$ 周移動した状態をイ，$\frac{3}{4}$ 周移動した状態をウとします。

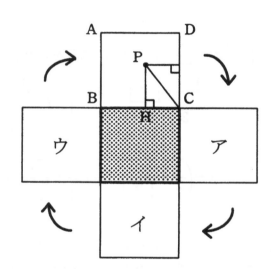

(1)　ア，イ，ウの状態にあるとき，各正方形の頂点について，解答らんの 8 つの（　）に A, B, C, D のいずれかを書きなさい。さらに，正方形 ABCD が最初の状態から元の位置にもどるまでに点 P が描く図形を解答らんにかきなさい。

(2)　正方形 ABCD が最初の状態からアまで移動するとき，点 P が描く図形の長さを求めなさい。

(3)　(1) の図形で囲まれた部分の面積を求めなさい。

(4)　正方形 ABCD がイからウまで移動するとき，正方形の内部にある線 PC が通過する部分の面積を求めなさい。

※下図は解答の下書き用です。

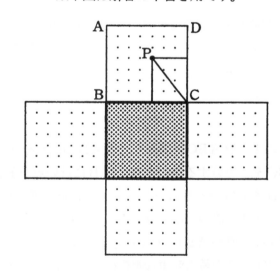

5　体積が 180 cm³ の正四面体 OABC があり，辺 OA，辺 OB，辺 OC の中点をそれぞれ P, Q, R とします。

(1)　3 点 P, B, C を含む平面と，3 点 Q, A, C を含む平面の 2 つの平面でこの立体を切り分けるとき，頂点 O を含む立体について，

　　　　　　(ア) 面の数　　　　(イ) 辺の本数　　　(ウ) 頂点の数　　　(エ) 体積

　をそれぞれ答えなさい。

(2)　3 点 P, B, C を含む平面と，3 点 Q, A, C を含む平面と，3 点 R, A, B を含む平面の 3 つの平面でこの立体を切り分けるとき，頂点 O を含む立体について，

　　　　　　(オ) 面の数　　　　(カ) 辺の本数　　　(キ) 頂点の数　　　(ク) 体積

　をそれぞれ答えなさい。

（注意）　解答はすべて解答用紙に記入しなさい。解答用紙のみ提出しなさい。

1　次の文を読み，以下の各問いに答えよ。

　現在，地球上には名前がつけられているものだけでも { あ　1.8万，　18万，　180万，　1800万 } 種にもおよぶ生物種が生息している。生物はおおまかに分類すると，動物，植物，菌類などに分けられる。

　植物に分類される生物のうち種数が最大のものは，花をもち，胚珠が（　い　）に包まれている（　う　）植物のなかまである。（　う　）植物はさらに子葉の枚数によって双子葉類と単子葉類に分類される。単子葉類の（　え　）は茎の断面全体に広がっている特徴があり，これを不斉中心柱とよぶ。また，双子葉類の葉脈は（　お　）とよばれる形が特徴的である。

　一方，動物に分類される生物のうち種数が最大のものは昆虫などをふくむ（　か　）動物のなかまで，全動物種の85％以上を占めている。昆虫以外の（　か　）動物にはクモ，ムカデ，カニなどが存在する。昆虫は（　か　）動物の中でも最大の種数があるなかまで，地球上の多様な環境に適応して生息している。

問1　文中の空らんに適切な用語を記入せよ。ただし，{ あ }については最も近い数値をひとつ選ぶものとし，（　え　）はひらがなで答えてもよいものとする。

問2　文中の下線部クモ，ムカデ，カニについて，それぞれの特徴としてあてはまるものを以下の中からすべて選び，記号で答えよ。ただし同じ記号を何度選んでもよいものとする。
　ア．あしが3対ある　　　イ．あしが4対ある　　　ウ．あしが5対ある　　　エ．あしが6対ある
　オ．節ごとにあしがある　　　カ．からだが頭部・胸部・腹部にわかれる　　　キ．からだが頭胸部・腹部にわかれる
　ク．からだが頭部・胴部にわかれる

問3　下図は，昆虫の分類を表したものである。図中の空らんA〜Lは，はねに関する特徴である。最も適するものを以下の中からひとつずつ選び，記号で答えよ。

　ケ．はねが2対ある　　　コ．はねが1対ある
　サ．はねがある　　　シ．はねがない
　ス．前ばねが硬くて薄い　　　セ．前ばねが硬くて厚い
　ソ．はねの脈が細い　　　タ．はねの脈が太い
　チ．前ばねも後ろばねも薄いまくのようである
　ツ．後ろばねのみが薄いまくのようである
　テ．りん粉がある　　　ト．りん粉がない

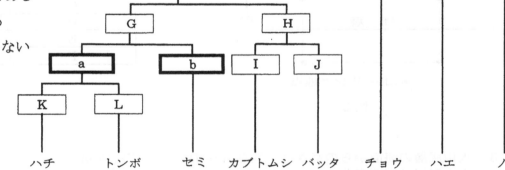

問4　図中の空らんa，bは口に関する特徴である。それぞれ10字以内で答えよ。

問5　図の分類法においてセミ，カブトムシ，バッタと同じなかまに属する昆虫を以下の中からひとつずつ選び，番号で答えよ。
　1．シラミ　　2．カゲロウ　　3．カマキリ　　4．カメムシ　　5．アリ　　6．テントウムシ　　7．カ　　8．ガ

（注意）　解答はすべて解答用紙に記入しなさい。解答用紙のみ提出しなさい。

2　次の文を読み，以下の各問いに答えよ。

[I] 流れる水の働きとして，次の3つがある。
・地表の岩石や土砂を運ぶ「運ぱん作用」
・水の流れが，地面や川の底をけずりとる「しん食作用」
・水が運んだ石や土砂をつもらせる「たい積作用」

問1　3つの作用は，川の上流・中流・下流のどこでさかんに
行われるか。それぞれ上流・中流・下流のいずれかで答えよ。

問2　図1は川を上から見た図である。図1のア，イ，ウの断面図
はそれぞれどのようになっているか。それぞれ①〜⑥から選ん
で答えよ。なお，①〜⑥はいずれも上流から下流を見た図である。

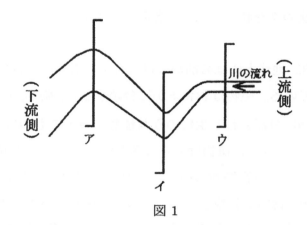

図1

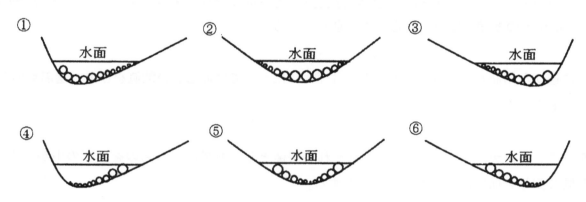

○⊙•：川底にたまったれき・砂・どろ

[II] ボーリングとは，地ばんに穴をあけて地下の土や岩石を取り出す作業である。この作業で，地下の土や岩石がどのよ
うに分布しているか確認することができる。
　　ある場所で，ボーリングを地点A〜Fの6ヶ所で行った。図2はボーリング地点および断層の位置図である。各ボ
ーリング地点の位置関係はそれぞれ，北から南へA，C，E，北から南へB，D，Fとなっている。地点A，C，Eは地
点B，D，Fの西側に位置する。また，図2のように断層が東西方向に延び，水平面に対し垂直に地ばんがずれている。
この断層を境にして，北側の火山灰層の海面からの高さが南側の火山灰層の海面からの高さよりも30m下がっている。
　　ボーリングの結果，同じ時期に噴火してたい積したごくうすい火山灰層を全ての地点で確認した。各地点の海面から
の高さと，火山灰層を確認した深さは，表の通りであった。火山灰層はごくうすく，平らな面の広がりとみなしてよい。
なお，図2で示した以外に断層はなく，断層のほかに地層は折れたり，曲がったりしていないものとする。

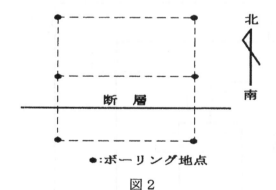

●：ボーリング地点

図2

ボーリング地点	海面からの高さ	火山灰層までの深さ
A	220 m	60 m
B	160 m	27 m
C	240 m	80 m
D	200 m	?
E	270 m	?
F	230 m	?

問3　火山灰層の海面からの高さは，地点A〜Dでそれぞれ何mか。
問4　火山灰層は東西南北のうち，どの向きに下がっているか。
問5　地点Eと地点Fで確認できる火山灰層までの深さはそれぞれ何mか。
問6　地点Eと地点Fの間で，さらにボーリングを2ヶ所行った。各地点をG，Hとすると，地点Gは地点Hの西側に位
置する。また地点G，Hは，EF間を3等分する場所に位置している。地点Gと地点Hにおいて，火山灰層の海面から
の高さはそれぞれ何mになるか。

（注意） 解答はすべて解答用紙に記入しなさい。解答用紙のみ提出しなさい。

3 次の文を読み，以下の各問いに答えよ。

【実験Ⅰ】

　長さが 60 cm，重さが 100 g の太さが一定ではない棒がある。棒の左はしを A 点，右はしを B 点とする。この棒を図1のように，A 点から 24 cm の C 点に糸をつけて天井につるすと，この棒は水平になって静止した。また，この棒を図2のように水平な床に置き，棒の B 点にばねをつけて静かに手で持ち上げようとしたところ，ばねののびが 8 cm になったとき，床から持ち上がった。このばねに加えた力とそのときのばねののびとの関係は下のグラフのようになっている。

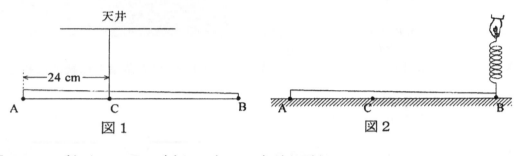
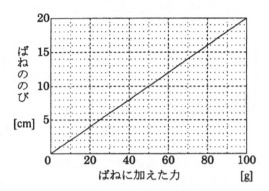

図1　　　　　図2

問1　このばねを 1 cm のばすのに何 g の力が必要か。

問2　図2でばねを B 点から A 点に付けかえて，床に置いた棒を静かに持ち上げようとしたところ，ばねののびが何 cm になったとき，床から持ち上がるか。

問3　図3のように糸を C 点から AB の中点 D（A 点から 30 cm のところ）に付けかえて天井につるし，さらにばねを A 点につなぎ，手で持って棒が水平になって静止するようにした。このときのばねののびは何 cm か。また，糸に加わる力は何 g か。ただし，C 点に棒のすべての重さ 100 g が加わっているとみなしてよい。

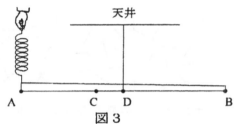

図3

以上から分かるように，棒が水平になって静止しているとき，（糸がついているところを D 点として）

　・（DA 間の長さ）×（A 点に加わる力の大きさ）＝（DC 間の長さ）×（C 点に加わる力の大きさ）
　・ 棒全体に上向きに加わる力の大きさ　＝　棒全体に下向きに加わる力の大きさ

という関係が成り立つ。

　図3からさらに，A 点に 15 g のおもりを糸でつるし，おもりをつるしている位置を A 点から B 点までゆっくりずらしていった。このとき，いつも棒が水平を保つように，手でばねを引く力を調節した。

問4　このときの A 点からおもりまでの長さとばねののびの変化の関係を解答用紙のグラフに記入せよ。

【実験Ⅱ】

　実験Ⅰで使った棒の A 点を，図4のように壁に「ちょうつがい」で固定した。すると，棒は壁に固定されるが，A 点を中心に約 90° 回転できるようになる。さらに図5のように，C 点に糸をつけて天井につるし棒が水平になるようにした。

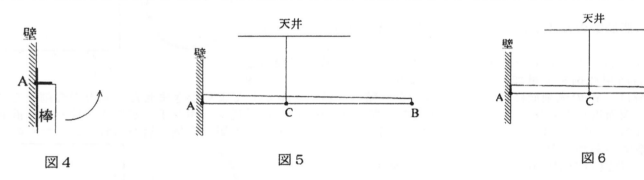

図4　　　　　　　図5　　　　　　　図6

問5　棒のあるところに 50 g のおもりをつるすとき，A 点に加わる力の大きさが最も小さくなるのは，A 点から何 cm のところにおもりをつるしたときか。また，このとき C 点で糸に加わる力は何 g か。

問6　問5のおもりを A 点から 12 cm のところに移動させた。A 点に加わる力と C 点で糸に加わる力はそれぞれ何 g か。

問7　棒をつるしている糸は 350 g 以上の力が加わると切れる。棒からおもりを取り外して，図6のように B 点にばねをつけて，ゆっくりばねを下方向に引っ張っていくと糸が切れた。糸が切れる直前のばねののびは何 cm か。ばね自体の重さは考えなくてよい。

（注意） 解答はすべて解答用紙に記入しなさい。解答用紙のみ提出しなさい。

4 次の文を読み，以下の各問いに答えよ。

図1はマツの落葉とそれを図案化した日本の伝統的な紋様の例である。マツ葉は細い針状であるが落葉するといろいろな向きに降り積もる。

せっけんの原料は動物や植物の油（油脂）で，ナタネ油などの油脂を分解して得られる脂肪酸という成分が含まれている。脂肪酸の粒（分子）1個をモデルで表すと図2のような細長い形で，「——」部分と「〇」部分で表されるように，水に対する性質の異なる2つの部分がある。また粒（分子）1個を直方体とみなしたときの寸法a，bを示している。

図1 マツの落葉と伝統的な紋様

図3

物質が水に溶けるとき，図3のように物質の粒が一つ一つばらばらになって水の中に溶けていく。これを「溶解」という。せっけんの場合，水に溶かしてできるせっけん水は白くにごったように見える。

これはせっけんに含まれる脂肪酸の粒（分子）が，下線部の特ちょうを持つために，独特の集まり方をするからである。

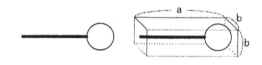

図2 脂肪酸の粒（分子）のモデル

問1 せっけん水の中で水に溶けている脂肪酸の粒（分子）のようすを表すモデルとして適するものを次のア～オから選び，記号で答えよ。ただし，下線部の特ちょうと，脂肪酸の粒（分子）の周囲には水の粒（分子）があるが省略していることに注意して考えよ。

ア． イ． ウ． エ． オ．

ヘキサンという蒸発しやすい液体に少量のせっけんの脂肪酸を溶かし，溶液をしずかに水面にたらすと，水面に「油滴」ができる。ヘキサンは蒸発するが脂肪酸は蒸発しないので，しばらくすると水面に脂肪酸の「非常に薄い膜」が残った。

問2 このとき，水面にできる「非常に薄い膜」における脂肪酸の粒（分子）のようすを表すモデルとして適するものを，下線部の特ちょうに注意して次のア～オから選び，記号で答えよ。

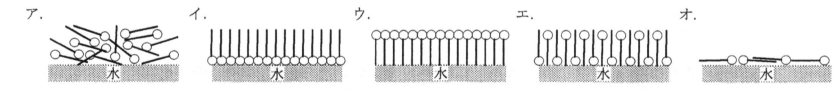

ア． イ． ウ． エ． オ．

問3 水面にできた「非常に薄い膜」の面積が S [cm²] であったとき，図2のモデルの寸法 a [cm] または b [cm] が分かると あ が計算できる。 あ に当てはまる語句とその計算方法を S，a，b のうち必要な記号を用いて簡潔に説明せよ。

シャボン玉の膜は，問2の「非常に薄い膜」と似ていて，図4のようにせっけん水の水の層をはさんでせっけんの脂肪酸の粒（分子）が両面に並んでいることが分かっている。

問4 シャボン玉の膜の脂肪酸の粒（分子）のようすを図2のモデルを用いて示せ。

台所用洗剤の粒（分子）は，せっけんと同じように，水に対する性質の異なる2つの部分がある。水に台所用洗剤を少量加えてよくかきまぜ，その洗剤液を X，Y 2つのコップに均等に分け，Y の洗剤液にはさらに少量のショ糖（砂糖）を溶かしてよくかきまぜた。両方の洗剤液をストローでとってそれぞれの液面近くから落下させると洗剤液中に直径 8 mm 程度の「逆シャボン玉」ができ，ゆっくり液面まで浮上するのが観察される。「逆シャボン玉」は図5のように普通のシャボン玉の水の層と空気の層が入れかわったもので，こわれるときに小さな空気のあわが現れた。

問5 「逆シャボン玉」の膜の洗剤の粒（分子）のようすを図2のモデルを用いて示せ。

図4

少量のショ糖（砂糖）を溶かした Y の洗剤液をストローでとって，X の洗剤液面近くから落下させると「逆シャボン玉」ができたが，液面まで浮かび上がらず，液中に沈んだままになった。

問6 X の洗剤液だけをつかって，浮かび上がりにくい「逆シャボン玉」をつくりたい。落下させる洗剤液にどのような工夫をすればよいか。次のものから3つを使って答えよ。
【 LEDライト， 熱湯， 氷水， アルコールランプ， ビーカー， 試験管 】

図5

（注意）　解答はすべて解答用紙に記入しなさい。解答用紙のみ提出しなさい。

1　小学6年生のワタル君は，社会の宿題で日本の各都道府県の特色を調べることになった。地図や表を参照し，（1）～（9）の問いに答えなさい。

地図1

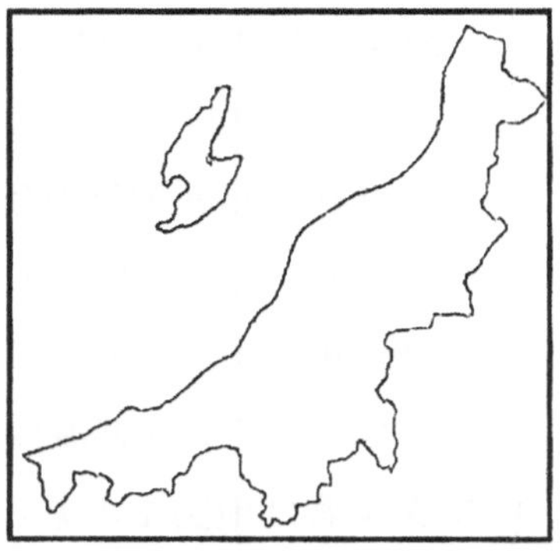

（1）地図1に描かれている県名を漢字で答えよ。

（2）地図1の県内を流れている河川について述べた文として誤っているものをア～エから1つ選び，記号で答えよ。

ア．信濃川は，他県を流れているときは千曲川と呼ばれ，県南部から北上して流れている。水源からの長さは日本第一位である。

イ．信濃川下流域の平野はしばしば洪水害に襲われてきた。このため，大河津分水路が建設され，治水上の安全度が高められた。

ウ．阿賀野川では1960年代に鉱山から流れ出たカドミウムによって公害が発生し，多くの人的被害がもたらされた。

エ．飛驒山脈東側を流れる姫川の下流域は糸魚川市である。フォッサマグナの北部にあたり，世界ジオパークに指定されている。

（3）地図1の県は日本でも有数の豪雪地帯の1つである。冬の季節風が県境にある山脈にぶつかることで大量の降雪がみられる。この山脈名を答えよ。

（4）下の表は，道県別の作付延面積，水稲の作付面積および収穫量，農業産出額およびその割合（2014年）を示している。また，表中のア～オは地図1の県，北海道，千葉県，富山県，宮崎県のいずれかである。地図1の県に当てはまるものをア～オから1つ選び，記号で答えよ。

出典：『データブックオブ・ザ・ワールド2017』

道県	作付延面積（千ha）			水稲		農業産出額	農業産出額の割合（%）			
	田畑計	田	畑	作付面積（千ha）	収穫量（千トン）	（億円）	米	野菜	果実	畜産
ア	73	42	32	19	90	3326	5.2	22.5	4.4	59.6
イ	117	66	51	60	336	4151	14.1	38.8	3.9	30.1
ウ	54	52	2	40	214	581	64.9	9.0	3.8	15.5
エ	1141	210	932	111	641	11110	9.9	19.0	0.5	54.3
オ	149	135	15	120	657	2448	52.9	15.6	3.6	21.8

（5）上の表に関連して，アとイは作付延面積が小さいにも関わらず，農業産出額が高い数値を示している。アおよびイの農業の特色にふれた上で，農業産出額が高い理由を50字以上60字以内で答えよ。

（6）地図1の県における稲作について述べた文として誤っているものをア～エから1つ選び，記号で答えよ。

ア．この県の稲作農家がもっともおそれているのは，夏の冷害である。オホーツク海気団から吹く寒冷な やませ が発生すると，収穫量が激減するおそれがある。

イ．品種としてはコシヒカリが最も多く生産されているが，いもち病などの病気に弱く倒れやすい品種でもあったために改良が重ねられ，さらには直播栽培などの工夫も行われている。

ウ．平野部に限らず盆地においても積極的に耕地整理を実施し，大型機械も導入された。そのため，稲作にかける時間は大幅に減少したが，大型機械の購入費や維持費が負担となった。

エ．12月から3月中旬までは積雪によって農作業は難しく，苗づくりや田おこし・しろかきなどの農作業は4月以降に行われることがほとんどである。

（7）水田の働きについて述べた文として誤っているものをア～エから1つ選び，記号で答えよ。なお，すべて正しい場合は オ と答えよ。

ア．雨水を一時的に保留し，洪水を防ぐ。　　イ．田の水面からの水分の蒸発により暑さをやわらげる。

ウ．土砂崩れや土壌の流出を防ぐ。　　エ．豊かな生態系を保持し，農村の景観を保全する。

（注意）　解答はすべて解答用紙に記入しなさい。解答用紙のみ提出しなさい。

（８）地図１の県における人口変化や産業構造について述べた文として誤っているものをア～ウから１つ選び，記号で答えよ。なお，すべて正しい場合には エ と答えよ。

　ア．産業別製造業出荷額では食料品が最も割合が高く，米の生産はもちろんのこと，米菓や切り餅，清酒などの製品や，水産物を原材料とした かまぼこ などが有名である。

　イ．新幹線や高速道路が整備され首都圏とつながったことで多くの労働者がこの県に向かって移動したため，県庁所在地の市を中心に人口増加の傾向がみられる。

　ウ．豪雪地帯で知られる山間部は特にウインタースポーツを目的とした観光客が多く，近年では中国やインドネシア，オーストラリアなど海外からの観光客も増加している。

（９）ワタル君は地図１の県だけでなく他の都道府県にも注目してみた。次の①・②に当てはまる都道府県をそれぞれ１つずつ選び，ア～オの記号で答えよ。

　①日本海に面していない　　　　　　　②政令指定都市を有している

  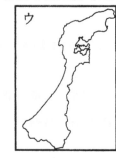 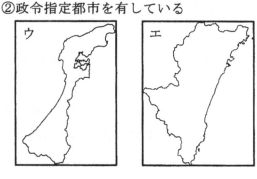 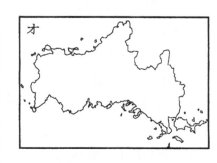

② 　日本や世界の貿易に関する文を読み，（１）～（３）の問いに答えなさい。

（１）日本の貿易構造はこの５０年間で大きく変化している。これについて，①・②の問いに答えよ。

　①1960年代初頭，輸出入とも最も多い品目は繊維であったが，2016年は何であるか，品目名を答えよ。

　②日本のかつての貿易構造は，燃料や原料を輸入し，これらを製品や半製品に加工して輸出するものであった。このような貿易構造を何と呼ぶか，答えよ。

（２）国際貿易がより進展するにつれ，特に食品の安全に関する取り組みが重要となっている。生産者や事業者が食品を取りあつかった際の記録を作成・保存することで，その食品の流通過程を調べることができる仕組みを何というか。次のア～エから正しいものを１つ選び，記号で答えよ。

　ア．ナショナルトラスト　　　イ．フードマイレージ　　　ウ．メディア・リテラシー　　　エ．トレーサビリティ

（３）近年の貿易に関する話題について述べた文として誤っているものをア～エから１つ選び，記号で答えよ。

　ア．環太平洋経済連携協定（ＴＰＰ）は，アメリカ合衆国の離脱表明によって早期実現が難しくなった。

　イ．ドーハでおこなわれた世界貿易機関の会議で，世界共通の貿易ルールが作成された。

　ウ．発展途上国の農産物や伝統的な技術で作られた製品などを，価格や労働条件を保証する公正価格で購入し，発展途上国などの経済的な自立を支援する運動がすすめられている。

　エ．日本の貿易は，2000年代半ばに中国が最大の貿易相手国となり，中国との貿易では日本側の輸入超過が続いている。

③ 　次の文を読み，（１）～（６）の問いに答えなさい。

　日本は，大陸との交流のなかで①文化を育んできた。今から2400年ほど前には，大陸や朝鮮半島から移住した人々が②米作りを伝え，食生活を変えた。③古墳が作られはじめたころには，渡来人が土木・建築などの技術や漢字，仏教などをもたらした。遣隋使や遣唐使を派遣したころには，中国の政治の仕組みや学問，仏教などの文化を取り入れた。また，④平清盛や足利義満は，中国との貿易を行い中国の⑤文物を取り入れた。16世紀には，⑥ヨーロッパから鉄砲やキリスト教が伝来し，ポルトガルやスペインの商人と貿易を行うようになった。

（注意）　解答はすべて解答用紙に記入しなさい。解答用紙のみ提出しなさい。

（１）下線部①に関連して，各時代の文化について述べた文として誤っているものをア～エから１つ選び，記号で答えよ。

　　ア．平安時代には，貴族の間で蹴鞠（けまり）が流行した。

　　イ．鎌倉時代には，小倉百人一首が成立した。

　　ウ．室町時代には，茶を飲む風習が広まり，茶室もつくられるようになった。

　　エ．安土・桃山時代には，能や狂言が成立した。

（２）下線部②に関連して，米作りがはじまったことで社会が大きく変わった。この変化について述べた文として誤っている
　　ものをア～エから１つ選び，記号で答えよ。

　　ア．食料生産が安定したため，人口が増えた。

　　イ．戸籍がつくられ，人々は割り当てられた田で米作りをおこなった。

　　ウ．指導者があらわれ，人々のあいだに身分が生じた。

　　エ．大きな「むら」が小さな「むら」を従えるようになった。

（３）下線部③について，５世紀ごろの古墳から出土したものとして誤っているものをア～エから１つ選び，記号で答えよ。

　　ア．土偶　　　　　イ．勾玉　　　　　ウ．神獣鏡　　　　エ．鉄製の剣

（４）下線部④について，平清盛と足利義満が貿易を行った中国の王朝名をそれぞれ答えよ。

（５）下線部⑤に関連して，奈良・平安時代の官庁や大寺には，大切なものを納める正倉がつくられた。そのうち，東大寺正
　　倉院に収蔵されている文物として誤っているものをア～エから１つ選び，記号で答えよ。

ア　イ　ウ　エ

（６）下線部⑥について述べた文として誤っているものをア～エから１つ選び，記号で答えよ。

　　ア．長崎では，ポルトガル商人がもたらした中国産の生糸が取引された。

　　イ．織田信長は，安土にキリスト教の学校や教会を建てることを認めた。

　　ウ．スペイン人が伝えた鉄砲の作り方は，急速に各地に広がり，堺では大量に作られた。

　　エ．フランシスコ＝ザビエルは，平戸や山口などで布教をおこなった。

4　次の（１）～（７）は，それぞれある時代・時期について述べたものである。その時代・時期について，誤っている文の
　　組み合わせをア～カからそれぞれ１つ選び，記号で答えなさい。

> ア．a・b　　イ．a・c　　ウ．a・d　　エ．b・c　　オ．b・d　　カ．c・d

（１）江戸時代（1603年～1867年）

　a．この時代になると，庶民の間では落語，相撲，花火などを楽しむことが多くなった。

　b．江戸幕府は大名たちを譜代・親藩・外様の３つに分け，親藩を最も江戸から遠ざけた。

　c．琉球王国は薩摩藩によって支配され，将軍や琉球王が代わるたびに通信使を江戸まで送った。

　d．杉田玄白があらわした『蘭学事始（かいぼう）』には，人体解剖を見たときの様子が書かれている。

（２）江戸幕末期～1870年代（1853年～1879年）

（注意）　解答はすべて解答用紙に記入しなさい。解答用紙のみ提出しなさい。

ａ．ペリーが２度目に来航したときに，江戸幕府との間に日米和親条約が結ばれて，下田と兵庫が開港した。

ｂ．長州藩は，イギリス・アメリカなどの４か国と戦い，最新の大砲の威力（いりょく）で勝利をおさめた。

ｃ．鳥羽・伏見の戦いで旧幕府軍に勝った新政府軍は，その後江戸に攻め上り，江戸城を無血開城させた。

ｄ．東京～横浜間に電信が開通し，郵便制度も始まり，横浜では日刊紙の「横浜毎日新聞」が創刊された。

（３）1880年代（1880年～1889年）

ａ．まゆ や米などの農産物の価格が下がり，農民の多くは苦しい生活をしいられた。そのため，借金で困った農民たちが秩父事件を起こした。

ｂ．各国の憲法や政治の仕組みを調査するために，伊藤博文がヨーロッパに派遣された。帰国した伊藤は，皇帝の力の強いドイツの憲法を手本にして憲法案をまとめた。

ｃ．大日本帝国憲法では天皇は国の主権者とされ，条約を結んだり，戦争を宣言したりする権限を持ったが，軍隊を統率する権限は内閣がにぎった。

ｄ．殖産興業の政策の一つとして，筑豊炭田のある福岡県に官営の八幡製鉄所が設立された。この製鉄所は，まもなく国内の鉄鋼生産の約80％を占めるようになった。

（４）大正時代（1912年～1926年）

ａ．第１次世界大戦が起こり，日本はこの戦争に加わりイギリスと戦った。大戦の間，日本からヨーロッパ各国への輸出が増え，国内では物価が急に高くなり，人々の暮らしは苦しくなった。

ｂ．関東大震災では，死者・行方不明者が10万人をこえた。その大部分は火災によるものだったので，後の東京の復興事業では，防火帯や避難（ひなん）場所としての役割を果たす大きな公園がつくられた。

ｃ．平塚らいてうたちは，女性の地位向上を求める運動を進めた。また，普通選挙を求める運動も起こり，25歳以上の男女が財産に制限されず衆議院選挙の選挙権を持つことになった。

ｄ．西洋風の住宅，ガスや水道，電気を使う生活が広がった。またデパートができるなど，都市での生活は現在の暮らしにつながる近代的なものになっていった。

（５）1930年代（1930年～1939年）

ａ．満州全土を占領した日本軍は，満州国をつくり政治の実権をにぎった。国際連盟は満州国の成立を認めたので，これに反対する中国は連盟から脱退（だったい）した。

ｂ．ヨーロッパでは，ドイツがフランスやイギリスと戦争を始めた。またアジアでは，日本がドイツ，イタリアと軍事同盟を結び，連合国と対立していった。

ｃ．日本軍が南満州鉄道を爆破し，これを中国軍の しわざ であるとして攻撃を始めた。これをきっかけに日本と中国との全面戦争が始まった。

ｄ．国家総動員法が制定され軍需（ぐんじゅ）工場への勤労動員が始まり，物資の統制も強化され，国民全体を戦争に協力させる体制がつくられた。

（６）1940年代前半（1940年～1945年）

ａ．日本はハワイの真珠湾にある海軍基地を攻撃し，アメリカとの戦争を始め，ほぼ同時にイギリスやソ連との戦争をアジアで始めた。

ｂ．全国で隣組が組織され，住民が助け合う一方で，互いに監視する仕組みが整えられた。また砂糖・塩・しょう油が切符制となり，米の配給制度も始まった。

ｃ．アメリカ軍による空襲が激しくなり，軍事施設や工場だけでなく住宅地も爆撃されるようになったので，小学生が集団疎開をした。

ｄ．連合国は広島と長崎に原爆を投下し，ポツダム宣言を発表した。その後，沖縄がアメリカ軍に占領されたため，日本はこの宣言を受け入れることを決定した。

（注意）　解答はすべて解答用紙に記入しなさい。解答用紙のみ提出しなさい。

（７）1940年代後半～1950年代（1946年～1959年）

　　a．アメリカ東海岸の都市で講和会議が開かれ，日本はアメリカ・イギリスなど48か国と平和条約を結んだ。一方，同じ日に日米安全保障条約が結ばれ，アメリカ軍が日本の基地にとどまることになった。

　　b．アメリカとソ連の対立が深まるなかで，朝鮮半島では韓国と北朝鮮が成立し，朝鮮戦争が起こった。この戦争によって，日本は好景気になり産業が復興した。

　　c．日本は，平和条約に調印しなかったソ連と国交を回復した。その結果日本は国際連合への加盟が認められ，国際社会に復帰することになった。

　　d．日中平和友好条約が結ばれて，中国との国交が正常化された。また，日韓基本条約によって韓国との国交は開かれたが，北朝鮮とは国交が開かれなかった。

⑤　地方政治に関する文のうち正しいものをア～オからすべて選び，記号で答えなさい。

　　ア．地方選挙に立候補できる年齢は，市長が30歳以上で市議会議員は25歳以上である。

　　イ．市議会では，予算案の作成や法律の制定・改正などがおこなわれる。

　　ウ．市議会の議決は市全体の意思決定となる。

　　エ．健康診断や保育サービスなどの支援事業の内容は，専門の事業所で決定する。

　　オ．市議会は，国会や関係省庁に直接意見書を出すことができる。

⑥　次の文を読んで（１）～（６）の問いに答えなさい。

　　日本国憲法は第32条で「何人も，裁判所において裁判を受ける権利を奪はれない。」と定め，国民に裁判を受ける権利を保障している。裁判には人と人との間の争いを解決する ₐ民事裁判，罪を犯したかどうかを判断する ᵦ刑事裁判，行政行為の適法性を争う 。行政裁判がある。これらの裁判を担当する裁判官は「その　Ａ　に従ひ独立してその職権を行ひ，この憲法及び法律にのみ拘束される。」（憲法第76条第３項）。そのうち，最高裁判所の長たる裁判官は「　Ｂ　の指名に基いて」天皇が任命（憲法第６条第２項）し，それ以外の裁判官は「最高裁判所の指名した者の名簿によって，　Ｂ　でこれを任命する。」（憲法第80条第１項）とされている。

（１）刑事裁判で「公益の代表者」として裁判にかかわる人を何というか，漢字３字で答えよ。

（２）次の①～③の事例は文中の波線部ａ～ｃのどの裁判であつかわれるか，次の中から正しい組み合わせを選び，ア～カの記号で答えよ。

　　①佐藤さんは知人に貸したお金を返してもらいたい。

　　②田中さんは課せられた税金が納得できないので，払いたくない。

　　③渡辺さんは自転車で走行中，急に飛び出してきたお年寄りを避けきれずに衝突し，けがをさせてしまった。

	ア	イ	ウ	エ	オ	カ
①	a	a	b	b	c	c
②	b	c	a	c	a	b
③	c	b	c	a	b	a

（３）文中の空らん　Ａ　と　Ｂ　に適する語を答えよ。

（４）次のア～ウの文のうち，正しいものを１つ選び記号で答えよ。すべて誤っている場合はエと答えよ。

　　ア．日本の明治憲法下で，裁判員制度が導入されていたことがある。

　　イ．日本の裁判員制度は，裁判員のみの話し合いで有罪か無罪かを決定する。

　　ウ．日本の裁判員裁判は，重大な刑事裁判の一審のみで行われる。

（５）裁判官を辞めさせるかどうかの裁判を行う弾劾裁判所が設置される国の機関は何か，答えよ。

（６）国民が直接投票することによって，最高裁判所の裁判官を辞めさせることができる制度を何というか，答えよ。

⊕ 算数

受験番号 □□

※150点満点
（配点非公表）

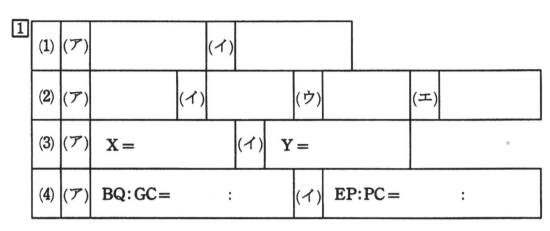

1
(1) (ア) □ (イ) □
(2) (ア) □ (イ) □ (ウ) □ (エ) □
(3) (ア) X = □ (イ) Y = □
(4) (ア) BQ：GC＝ □ ： □ (イ) EP：PC＝ □ ： □

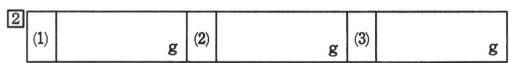

2
(1) □ g (2) □ g (3) □ g

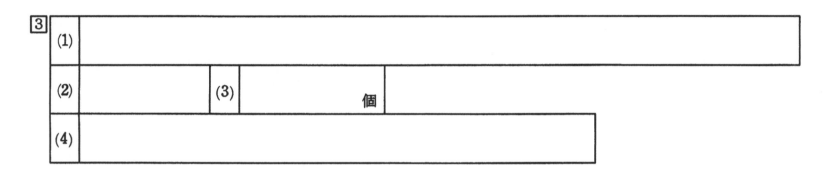

3
(1) □
(2) □ (3) □ 個
(4) □

4
(1)
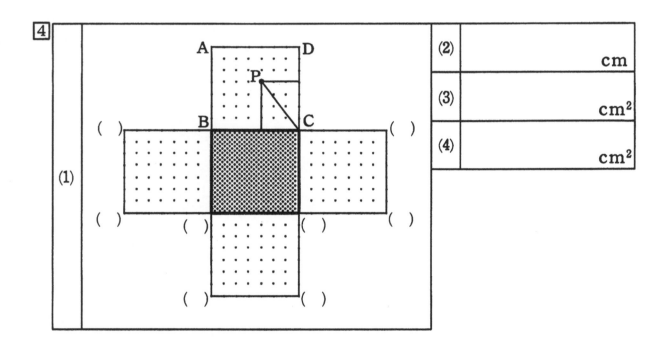

(2) □ cm
(3) □ cm²
(4) □ cm²

5
(1) (ア) □ 面 (イ) □ 本 (ウ) □ 個 (エ) □ cm³
(2) (オ) □ 面 (カ) □ 本 (キ) □ 個 (ク) □ cm³

平成30年度久留米大学附設中学校入学試験解答用紙

⊕ 理科

受験番号 ▢

※100点満点
（配点非公表）

1

問1	あ		い		う	
	え		お		か	

問2	クモ		ムカデ		カニ	

問3	A	B	C	D	E	F
	G	H	I	J	K	L

問4	a			b		

問5	セミ		カブトムシ		バッタ	

2

問1	運ぱん		しん食		たい積	

問2	ア		イ		ウ	

問3	A	m	B	m	C	m	D	m	問4	

問5	E	m	F	m

問6	G	m	H	m

3

問1	g	問2	cm
問3	cm		g
問5	cm		g
問6	A点 g	C点 g
問7	cm	

問4

ばねののび [cm] （縦軸 0〜20）／ A点からおもりまでの長さ [cm] （横軸 0〜60）

4

問1		問2	

問3	語句	
	計算方法	

問4

空気　水　空気

問5

水　空気　水

問6	

解 答 用 紙

中学社会

※100点満点
（配点非公表）

受験番号	

（注意）　解答はすべて解答用紙に記入しなさい。解答用紙のみ提出しなさい。

（この欄には解答しない）

1

（1）	（2）	（3）	（4）
県		山脈	

（5）

50　　　　　　　　　　　　60

（6）	（7）	（8）	（9）①	②

2

（1）①	②	（2）	（3）

3

（1）	（2）	（3）	（4）平清盛	足利義満	（5）	（6）

4

（1）	（2）	（3）	（4）	（5）	（6）	（7）

5

6

（1）	（2）	（3）A	B

（4）	（5）	（6）

（注意）解答はすべて解答用紙に記入しなさい。解答用紙のみ提出しなさい。

(1) 円周率は 3.14 とします。

(2) 角すいの体積は（底面積×高さ）÷3 として計算します。（高さとは、頂点から底面に引いた垂線の長さのこと）

1　次の各問いに答えなさい。

(1) $1.2 \times 3.9 + 4.1 \times 4.1 + 2.9 \times 3.9 + 8.0 \times 7.9$ を計算しなさい。

(2) 1から8までの数字が書かれたカードが1枚ずつ計8枚あります。これらのカードから同時に2枚のカードを引くとき、その数字の和が3の倍数になる引き方は全部で何通りありますか。

(3) ある商品を販売するのに、仕入れ値の2割増しで定価をつけました。仕入れた個数の $\frac{4}{5}$ は定価で売れました。売れ残った商品は定価から200円引きで販売したところ、全ての商品が売れて、最終的に仕入れ総額の1割の利益がありました。この商品の定価はいくらですか。

(4) 4けたの整数 A に対して、A の値に、A の百の位の数字と十の位の数字を足した数を $<A>$ で表します。
　　例えば、$<1234> = 1234 + 2 + 3 = 1239$，$<2086> = 2086 + 0 + 8 = 2094$ となります。

　　（ア）　$<2017> + <2018> + <2019> + <2020>$ を計算しなさい。

　　（イ）　4けたの整数 B で、$<B> = 2017$ となるような B をすべて求めなさい。

(5) 右図のような平行四辺形 ABCD があり、その内部に点 E をとります。
点 E を通り、辺 AD に平行な直線と辺 CD との交点を F とします。
三角形 ABE、三角形 BCE、三角形 DAE の面積がそれぞれ
$15\,\text{cm}^2$，$24\,\text{cm}^2$，$9\,\text{cm}^2$ のとき、三角形 DEF の面積はいくらですか。
答えは分数で書きなさい。

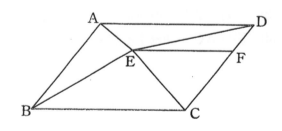

2　タイルを右の図形 A、図形 B のように並べることを考えます。
　　図形 A は1段目に1枚、2段目に3枚、3段目に5枚、… と奇数枚ずつ、
　　図形 B は1段目に2枚、2段目に4枚、3段目に6枚、… と偶数枚ずつ並べます。

(1) 図形 A が1段、2段、…、5段でできているとき、使うタイルの枚数はそれぞれ何枚ですか。また、図形 B が6段でできているとき、使うタイルの枚数は何枚ですか。

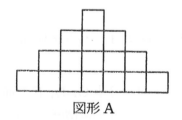

図形 A

次に、図形 A と図形 B を同時に並べることを考えます。
　　ただし、図形 A と図形 B の段数は同じか、または差が1段であるとします。

(2) 図形 A を12段と図形 B を12段並べるとき、使うタイルの枚数は合計何枚ですか。

(3) 使うタイルの枚数の合計が29枚のとき、図形 A、図形 B はそれぞれ何段ですか。

(4) 使うタイルの枚数の合計が2017枚のとき、図形 A、図形 B はそれぞれ何段ですか。

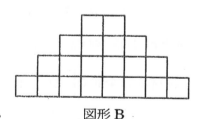

図形 B

③　ウサギとカメが競走をします。ウサギもカメも常に一定の速さで走り、カメが1m走る間にウサギは8m走ります。同時にスタートした後、ウサギはスタートからゴールまでの距離の$\frac{4}{5}$を走ったところで寝てしまいました。3時間寝てから起きると、ずっと走り続けているカメにすでに追い越されていました。ウサギはあわててカメを追いかけましたが、ウサギが4分30秒走ったところでカメが先にゴールしました。

(1)　ウサギが寝始めたとき、カメはスタートからゴールまでの距離の　ア　を走ったところにいます。

　　　ア　にあてはまる数を分数で答えなさい。

(2)　ウサギが寝始めたのは、スタートしてから何分何秒後ですか。

(3)　カメがウサギを追い抜いたのは、スタートしてから何時間何分後ですか。

(4)　カメがゴールしたとき、ウサギはゴールまであと50mの地点にいました。カメの速さは分速何mですか。

④　対角線の長さが2cmの正方形ABCDと対角線の長さが4cmの正方形EFGHがあり、正方形ABCDの対角線の交点をOとします。最初は、図のように点Bは点Eと一致し、点Cは辺EH上にあります。
　　ここから、正方形ABCDが正方形EFGHのまわりを辺EH，HGにそって矢印の向きにすべることなく回転しながら点線で書かれた位置まで移動します。

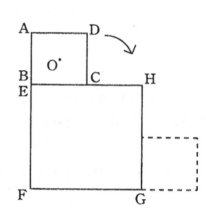

(1)　点線で書かれた位置にきたとき、点Gと一致するのは、正方形ABCDの頂点のどれですか。

(2)　点Oが動いた距離を求めなさい。

(3)　三角形ACDが通過する部分を解答用紙の図に斜線で描きなさい。また、その面積を求めなさい。

(4)　線分ACが通過する部分の面積を求めなさい。

⑤　右図の立方体ABCD-EFGHで、辺AE、辺BF、辺CG、辺DHの中点をそれぞれI，J，K，Lとします。この立体を、3点A，J，Gを通る平面で切ります。

(1)　解答用紙にある展開図に、切り口の四角形の4つの辺を書き入れなさい。

　　さらに、3点C，L，Eを通る平面で切り、面EFGHを含むほうの立体を考えます。

(2)　この立体の体積は、もとの立方体の体積の何倍ですか。

(3)　(2)で考えた立体を、さらに3点B，K，Hを通る平面と3点D，I，Fを通る平面で切ります。

　　面EFGHを含むほうの立体について、この立体の表面は、三角形が　ア　枚と四角形が　イ　枚でできていて、

　　辺の本数は全部で　ウ　本です。また、この立体の体積は、もとの立方体の体積の　エ　倍です。

　　ア、イ、ウ、エにあてはまる数を答えなさい。

（注意）　解答はすべて解答用紙に記入しなさい。解答用紙のみ提出しなさい。

1　次の文を読み，以下の各問いに答えよ。ただし，水1cm³あたりの重さは1gとする。

物体を水の中に入れたとき，水に浮く物体と沈む物体がある。

【実験1】いろいろな材質の物体A～Eについて水に浮くか沈むかを調べた。表は，それぞれの物体の重さと体積，水に浮くか沈むかの結果をまとめたものである。

物　体	A	B	C	D	E
重さ [g]	20	30	40	50	60
体積 [cm³]	83	32	33	72	31
水に浮くか沈むか	浮く	(X)	(Y)	(Z)	沈む

問1　表中の空らん (X)，(Y)，(Z) はそれぞれ，浮く，沈むのどちらか。

物体が水に浮くのは，水中の物体には浮力という力がはたらくからである。浮力は上向きの力で，その大きさは物体によっておしのけられる水の重さに等しい。これをアルキメデスの原理という。

問2　物体Aが水に浮いているとき，水面より上に出ている部分の体積は何cm³か。

【実験2】実験1で用いた物体A～Cのうち，2つの物体を重さの無視できる細い糸でつないで水中に沈め，手をはなしたあとのようすを観察した。

問3　物体AとB，物体BとC，物体CとAをそれぞれつないで実験したときの結果を表した図として，最も近いものを次のア～エよりそれぞれ選べ。

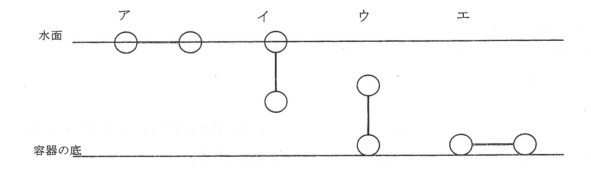

【実験3】重さ400gのバケツに水が5000cm³入っている。この中に，実験1で用いた物体Aと新たに準備した重さ80gの物体Fを，重さの無視できる細い糸でつないで水中に沈め，手をはなすと，図1のように，物体Fはバケツの底に沈み，物体Aは完全に水につかった状態で浮いていた。そこで，図2のように台はかりの上にバケツを置き，物体Aをばねはかりにつけて持ち上げると，物体Aは完全に水につかった状態で物体Fもバケツの底からはなれた。このとき，台はかりの目盛りは5492gであった。

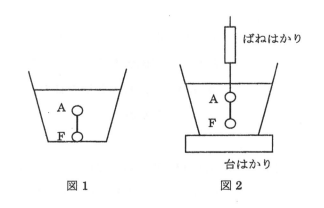

図1　　　図2

問4　物体Fの体積は何cm³か。

問5　図2のとき，ばねはかりの目盛りは何gか。

問6　図1の状態で，バケツを台はかりの上にのせると，台はかりの目盛りは何gになるか。

（注意）　解答はすべて解答用紙に記入しなさい。解答用紙のみ提出しなさい。

2　問1～問8のア～ウの文で誤りがあるものをすべて選び，その記号を解答らんに記入せよ。ただし，すべての文が正しければ，「〇」を解答らんに記入せよ。

問1　ア．川の石の大きさや形は，川の下流から川の上流に行くほど小さく，丸くなる。

　　　イ．水を加熱したときに出てくる白いけむりのようなもの（湯気という）は，水が気体になったものである。

　　　ウ．日本で北の空の星の動き方を長い時間観察すると，おおむね，時計回りに星が回転しているように見える。

問2　ア．月が南中したときに月のおおむね東側半分が光って見えているとき，この月を「上弦の月」という。

　　　イ．月は公転周期も自転周期も約1日である。

　　　ウ．太陽と地球の間に月が入り，太陽の一部または全部が欠けて見える現象を「日食」という。

問3　ア．空気が1秒間に動いた距離を「風速」という。

　　　イ．真南から真北へ風が吹いているとき，その風向は「北」という。

　　　ウ．日本付近の冬の特ちょう的な気圧配置に「西高東低」といわれる気圧配置がある。

問4　ア．こと座にはアルタイルという一等星がある。

　　　イ．さそり座にはアンタレスという一等星がある。

　　　ウ．こいぬ座にはシリウスという一等星がある。

問5　ア．でい岩，砂岩，れき岩で岩石をつくっているつぶの大きさを比べると，れき岩が最も大きいつぶでできている。

　　　イ．同じ日に月の形を観察すると，おおむね，日本中どこでも同じ形の月が観察される。

　　　ウ．晴れた日の日なたで，一日の気温の変化と地面の温度の変化を観察すると，どちらも同じ時刻に最高温度になる。

問6　ア．アサリの化石が見つかった場所は，現在が高い山の上であっても，昔は海の底であったことが分かる。

　　　イ．数日分の雲画像を日にちの順番に並べると，日本付近では，およそ西から東に天気が移り変わっていくことが分かる。

　　　ウ．春分の日の，日本各地の日の出の時刻を地図に記入し，同じ時刻を線で結ぶと，その線は，経線にほぼ平行になっていることが分かる。

問7　ア．東経135度の明石で正午に太陽が南中したとき，東経145度の根室では午前11時20分に太陽が南中する。

　　　イ．空気中にふくまれている水の総量を13000 km³，地球の表面積を5億km²とすると，空気中にふくまれている水がすべて雨になって降り地表をおおったとき，その高さは260 cmになる。

　　　ウ．空気1 m³にふくむことができる水蒸気の量 [g] に対する空気1 m³にふくまれている水蒸気の量 [g] の割合を百分率で表したものを湿度という。空気1 m³にふくむことができる水蒸気の量が12.8 g，湿度が45 %のとき，その空気1000 Lには57.6 gの水がふくまれている。

問8　ア．近年，酸性雨による影響が深刻になっているが，その原因物質が雨水にとけていない状態では，雨水は中性である。

　　　イ．南極の氷がとけると，海水面が大きく上昇するといわれるのに対し，北極の氷がとけても海水面の上昇はあまり起こらないといわれている。

　　　ウ．地球の温暖化の原因の一つに，二酸化炭素の排出量の増加があげられている。

（注意）　解答はすべて解答用紙に記入しなさい。解答用紙のみ提出しなさい。

3　感覚に関する次の文を読み，以下の各問いに答えよ。

　わたしたちは，目，耳，鼻，舌など，外界からの刺激を受けとるための感覚器官をもっている。目は光を，耳は音を刺激として受けとり，鼻は空気中にただよう化学物質をにおいの刺激として，舌は食べ物にふくまれている化学物質を味の刺激として受けとっている。

　舌で受けとる味は，その食べ物がどのような物質をふくんでいるかを知らせる信号として重要である。たとえば，（　1　）は効率のよいエネルギー源となる物質の信号であり，（　2　）は特に汗をかいたときなどに体調を保つため必要な物質の信号であるので，動物はこれらの味がする食べ物を好んで食べる行動を示す。一方，（　3　）は毒物の，（　4　）はくさった物の信号であり，動物はこれらをきらう行動を示す傾向がある。

　西アフリカ原産のミラクルフルーツの実にふくまれるミラクリンとよばれる物質やインド・スリランカ原産のホウライアオカズラの葉にふくまれるギムネマ酸とよばれる物質は，それ自体には酸味や甘味はないが，食べ物の酸味や甘味を変えるはたらきをもつことが知られている。これらの物質と酸味や甘味を感じる物質Aと物質Bを使って以下の実験を行い，酸味や甘味を感じるかどうかを調べ，結果を表にまとめた。なお，表の実験条件は与えた場合を＋，与えなかった場合を－，結果は感じた場合を○，感じなかった場合を×で示す。

実験1　ミラクリンを与えた。
実験2　物質Aを与えた。
実験3　物質Bを与えた。
実験4　ミラクリンを与えた後に物質Aを与えた。
実験5　ミラクリンを与えた後に物質Bを与えた。
実験6　ギムネマ酸を与えた後に物質Aを与えた。
実験7　ギムネマ酸を与えた後に物質Bを与えた。
実験8　ギムネマ酸を与えた後にミラクリンを与え，
　　　　さらに物質Aを与えた。
実験9　ギムネマ酸を与えた後にミラクリンを与え，
　　　　さらに物質Bを与えた。

	実験条件			実験結果	
	ミラクリン	物質A	物質B	酸味	甘味
実験1	＋	－	－	×	×
実験2	－	＋	－	○	×
実験3	－	－	＋	×	○
実験4	＋	＋	－	○	○
実験5	＋	－	＋	×	×
※実験6	－	＋	－	○	×
※実験7	－	－	＋	×	×
※実験8	＋	＋	－	○	×
※実験9	＋	－	＋	×	×

※実験6～実験9はギムネマ酸を与えた後に行った。

問1　多くの動物では目と耳が2つずつ備わっている。2つの目で1つの物を見ることで何がわかるか答えよ。また，2つの耳で1つの音を聞くことで何がわかるか答えよ。

問2　文中の（　1　）～（　4　）に適する味を次のア～エの中からそれぞれ選び，記号で答えよ。
　　ア．酸味　　イ．甘味　　ウ．苦味　　エ．塩味

問3　1908年に池田菊苗は，塩味，酸味，苦味，甘味とは別の第5の味「うま味」を感じる物質がグルタミン酸であることを発見し，その後も日本人の科学者によって，イノシン酸やグアニル酸なども「うま味」を感じる物質であることが明らかになった。イノシン酸はカツオ節から，グアニル酸は干しシイタケからそれぞれ発見されたが，池田菊苗はグルタミン酸が「うま味」を感じる物質であることを何から発見したか。

問4　ミラクリンとギムネマ酸の作用について正しいものを，次のア～エの中からそれぞれ1つまたは2つ選び，記号で答えよ。
　ア．酸味がする物質によって甘味を感じるようになる。
　イ．甘味がする物質によって酸味を感じるようになる。
　ウ．酸味がする物質によって酸味を感じないようになる。
　エ．甘味がする物質によって甘味を感じないようになる。

問5　舌の表面には，それぞれの味を感じるための受容体が多数存在し，右図のように酸味受容体に物質Aが結合すると酸味を感じ，甘味受容体に物質Bが結合すると甘味を感じる。一方，ミラクリンやギムネマ酸もこれらの受容体に結合することで味を変化させている。ミラクリンとギムネマ酸の作用のしくみとして考えられるものを，次のア～クの中からそれぞれ1つまたは2つ選び，記号で答えよ。
　ア．酸味受容体に結合し，物質Aによって酸味を感じるようになる。
　イ．酸味受容体に結合し，物質Bによって酸味を感じるようになる。
　ウ．甘味受容体に結合し，物質Aによって甘味を感じるようになる。
　エ．甘味受容体に結合し，物質Bによって甘味を感じるようになる。
　オ．酸味受容体に結合し，物質Aが酸味受容体に結合することをさまたげる。
　カ．酸味受容体に結合し，物質Bが酸味受容体に結合することをさまたげる。
　キ．甘味受容体に結合し，物質Aが甘味受容体に結合することをさまたげる。
　ク．甘味受容体に結合し，物質Bが甘味受容体に結合することをさまたげる。

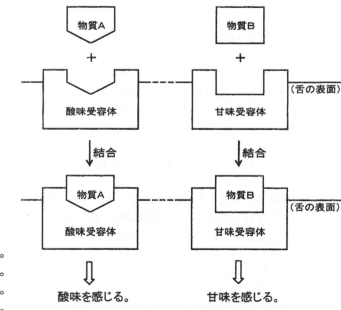

問6　実験4と異なり，実験8では甘味を感じない。その理由を述べた次の文の（　5　）～（　8　）に適する語を，下のア～カから選び，記号で答えよ。
　　（　5　）が（　6　）に結合することで，（　7　）が（　6　）に結合できなくなり，（　8　）によって甘味を感じなくなる。
　ア．酸味受容体　　イ．甘味受容体　　ウ．物質A　　エ．物質B　　オ．ミラクリン　　カ．ギムネマ酸

（注意）　解答はすべて解答用紙に記入しなさい。解答用紙のみ提出しなさい。

4　次の文を読み，以下の各問いに答えよ。

2015 年 12 月，4 つの新「元素」が認められ，正式に命名されることになった。そのうちの 1 つは，初めて日本に命名権が認められた。元素というのは金属をはじめすべての物質を構成する成分のことで，表 1 の年表のように 118 種が知られている。物質は原子という微粒子からなるが，元素はその原子の種類をさす。同じ元素の原子は同じ大きさや同じ性質をもつ。表 1 の☆は古代からよく見られる 10 の物質で，現在では元素と考えられているもの，★は現在では元素と認められているが西暦 1500 年以前に別個の物質として知られていたものを示している。

奈良時代の歌集『万葉集』（巻五 803）に山上憶良の短歌がある。
「しろかねも　くがねもたまも　なにせむに　まされるたから
こにしかめやも」

この短歌はどんな財宝にもまして「子どもは宝もの」だという親の心情を表現している。この短歌にある「しろかね」「くがね」のほか「あかがね」「くろがね」という古代の金属の呼び名は，白，黄，赤，黒など金属の見た目の色にもとづいているようである。

問1　上の短歌の下線部について，次の問いに答えよ。
（1）「しろかね（しろがね）」は何をさすか，表 1 の☆の元素の中から 1 つ選んで答えよ。
（2）「くがね（こがね）」は何をさすか，表 1 の☆の元素の中から 1 つ選んで答えよ。
（3）「たま」は宝石をさすと考えられている。次の宝石のうち，こまかく砕いてうすい塩酸を加えると気体を発生して溶けるものを 1 つ選び，記号で答えよ。
ア．ダイヤモンド　　イ．ルビー　　ウ．サファイア
エ．水晶　　オ．真珠
（4）（3）で発生する気体の名前を答えよ。
問2　「あかがね」と「くろがね」について次の問いに答えよ。
（1）「あかがね」の純粋なものは今も電線として利用されている。「あかがね」は何をさすか，表 1 の☆の元素の中から 1 つ選び，金属の名前を答えよ。
（2）「くろがね」は表 1 の☆の元素の中の 1 つの金属で，くぎや針がねにも使われている。「くろがね」をうすい塩酸に入れると発生する無色の気体の名前を答えよ。
問3　表 1 の☆の元素のうち金属ではないものが A，B 2 つあり，石油や石炭にも含まれている。
（1）A が酸素と結びついた気体 C は，無色で空気より重く水に溶けやすい。石油や石炭が燃焼するとき酸素と結びついて発生する気体 C が原因のひとつとなる環境問題は何か。漢字 3 文字で答えよ。
（2）B が水素と結びついた気体 D は，無色で空気より軽く水に溶けにくい。近年の深海探査でわが国の資源として注目されている気体 D を含む物質を何というか。

表1　元素発見の年表

年	元素	年	元素	年	元素
☆	銅	1803	イリジウム	1898	ポロニウム
☆	鉛（なまり）	1804	ロジウム	1898	ラジウム
☆	金	1807	カリウム	1898	ラドン
☆	銀	1807	ナトリウム	1899	アクチニウム
☆	鉄	1808	カルシウム	1906	ルテチウム
☆	炭素	1808	ホウ素	1908	レニウム
☆	スズ	1810	フッ素	1911	ハフニウム
☆	硫黄（いおう）	1811	ヨウ素	1913	プロトアクチニウム
☆	水銀	1817	リチウム	1937	テクネチウム
☆	亜鉛（あえん）	1817	カドミウム	1939	フランシウム
★	ヒ素	1817	セレン	1940	アスタチン
★	アンチモン	1824	ケイ素	1940	ネプツニウム
★	ビスマス	1825	アルミニウム	1940	プルトニウム
1669	リン	1825	臭素（しゅうそ）	1944	アメリシウム
1732	コバルト	1829	トリウム	1944	キュリウム
1735	白金	1838	ランタン	1945	プロメチウム
1751	ニッケル	1842	エルビウム	1949	バークリウム
1755	マグネシウム	1842	テルビウム	1950	カリホルニウム
1766	水素	1844	ルテニウム	1952	アインスタイニウム
1771	酸素	1860	セシウム	1952	フェルミウム
1772	窒素（ちっそ）	1861	ルビジウム	1955	メンデレビウム
1774	塩素	1861	タリウム	1958	ノーベリウム
1774	マンガン	1863	インジウム	1961	ローレンシウム
1772	バリウム	1868	ヘリウム	1968	ラザホージウム
1778	モリブデン	1875	ガリウム	1970	ドブニウム
1782	テルル	1878	イッテルビウム	1974	シーボーギウム
1781	タングステン	1878	ホルミウム	1981	ボーリウム
1787	ストロンチウム	1879	ツリウム	1982	マイトネリウム
1789	ジルコニウム	1879	スカンジウム	1984	ハッシウム
1789	ウラン	1879	サマリウム	1994	ダームスタチウム
1791	チタン	1880	ガドリニウム	1994	レントゲニウム
1794	イットリウム	1885	プラセオジム	1996	コペルニシウム
1797	クロム	1885	ネオジム	1999	フレロビウム
1798	ベリリウム	1886	ジスプロシウム	2000	リバモリウム
1801	バナジウム	1886	ゲルマニウム	2002	オガネソン
1801	ニオブ	1894	アルゴン	2003	モスコビウム
1802	タンタル	1896	ユウロピウム	2004	ニホニウム
1803	パラジウム	1898	クリプトン	2010	テネシン
1803	セリウム	1898	ネオン		
1803	オスミウム	1898	キセノン		

ドイツの化学者デーベライナーは，それまでに知られていた元素の中に，性質のよく似た 3 つずつの元素の組「三組元素」がいくつかあることに気づいた。表 2 はその「三組元素」で，「原子量」，つまり原子の重さを互いの比で表した値の関係をしめしたものである。例えば，塩素の 36 とヨウ素の 127 を足し合わせ，2 で割るとほぼ臭素の 80 になる。

問4　表 1，2 より，デーベライナーが「三組元素」に気づいた時代までに元素は約何十種類知られていたか。1 の位を四捨五入して，20，30，…のように答えよ。

表2　「三組元素」の例

元素	原子量		元素	原子量
塩素	36		カルシウム	40
臭素	80		ストロンチウム	88
ヨウ素	127		バリウム	137

元素	原子量		元素	原子量
硫黄	32		リチウム	7
セレン	79		ナトリウム	23
テルル	128		カリウム	39

ただし，原子量は現在知られている値の概数を示す。

1869 年，ロシアのメンデレーエフは，当時までに知られていた元素を原子量の順にならべ，しかも性質の似た元素が同じ列に並ぶように工夫して「周期表」をつくった。その際，いくつか未知の元素に相当するところを空らんのまま残し，その元素の性質を予言した。後年その元素が発見され，ほぼ予想通りの性質が明らかになって世界を驚かせ，周期表にもとづいて新しい元素が次々と発見されるようになった。

右の表 3 はメンデレーエフがつくった周期表の一部の原子量だけを示したものである。元素は左から右へ順に原子量が大きくなるように並べられ，たて方向の上下には性質のよく似た元素が並べられている。ここで X は当時の未知の元素の原子量を示しているものとする。

問5　次の（あ）〜（う）のようにして X の値を求め，小数第 2 位を四捨五入して小数第 1 位まで答えよ。
（あ）X の上，下の元素の原子量を平均したものを X_1 とすると，X_1 はいくらか。
（い）X の左，右の元素の原子量を平均したものを X_2 とすると，X_2 はいくらか。
（う）X_1 と X_2 を平均したものを X とすると，X はいくらか。

表3

27.1	28	31
69.7	X	75
116	118	121.8

（注意）　解答はすべて解答用紙に記入しなさい。解答用紙のみ提出しなさい。

---

[1]　日本の農業に関する次の文章を読み，（1）～（5）の問いに答えなさい。

　日本の国土は，九州最南端の佐多岬から北海道の宗谷岬まで南北に約（　あ　）kmと長く，①さまざまな気候が存在する。そのため，各地で桜の開花時期が大きく異なるなど，さまざまな面で気候によるちがいがみられる。農業においても，以下に述べるような地域によるちがいが明確である。

　沖縄県では，年間の降水量が比較的多く，②台風の通り道として知られるものの，水不足に悩まされてきた。しかし近年では，海水（　い　）化プラントや大型のダム，隔壁を建設することでできる地下ダムなどの建設が進んだことで，2000年ごろまでは毎年のように行われていた給水制限も，ここ15年ほどは実施されていない。こうして確保された水と，温暖な気候をもとにして，ビニルハウスで（　う　）などを1年中栽培し，東京などの大都市へも年間を通して出荷している。

　長野県の野辺山原では，夏でも涼しい気候を生かしてキャベツや白菜，レタスなどを栽培している。これらの野菜は，他の地域で③品薄になる時期をねらって出荷されており，（　え　）障害を防ぐために，1年ごとに作物を変える工夫を行っている。

（1）（　あ　）に当てはまる数値として最も適当なものをア～エから1つ選び，記号で答えよ。
　　ア．800　　　イ．1800　　　ウ．2800　　　エ．3800

（2）（　い　）に当てはまる語を，漢字2字で答えよ。

（3）（　う　）に当てはまる作物をア～エから1つ選び，記号で答えよ。
　　ア．さとうきび　　イ．菊（電照菊）　　ウ．ゴーヤー　　エ．セロリ

（4）（　え　）に当てはまる語を，漢字2字で答えよ。

（5）下線部①～③について，以下の問いに答えよ。
　①日本の気候に最も大きな影響を与えている風の名称を漢字で答えよ。

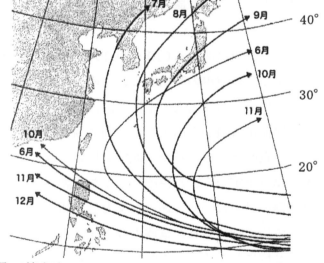

　②台風は日本付近でどのような進路をとるか。右の図を参考にして，解答らんにしたがって漢字3字で答えよ。

　③露地栽培よりも早い時期に出荷する栽培方法を促成栽培という。促成栽培がさかんな地域として正しいものをア～オから2つ選び，記号で答えよ。
　　ア．宮崎平野　　イ．薩摩半島　　ウ．讃岐平野　　エ．渥美半島　　オ．筑紫平野

---

[2]　さまざまな地理的事象に関する，（1）～（4）の問いに答えなさい。

（1）日本は，周りを海で囲まれているため特徴的な海岸地形が多い。砂の堆積によってできた地形ではないものをア～エから1つ選び，記号で答えよ。
　　ア．弓ヶ浜　　　イ．志賀島　　　ウ．九十九里浜　　　エ．函館市街地

（2）環境と自動車の関わりについて述べた文のうち誤っているものをア～エから1つ選び，記号で答えよ。
　ア．水素と酸素から電気をつくり走る燃料電池車の開発が進められており，有害な排気ガスを全く出さない自動車として期待されている。
　イ．部品をリサイクルしやすいようにして，可能な限り廃棄物を出さない自動車づくりが進められており，現在では自動車の部品のリサイクル率は90％以上である。
　ウ．家庭用の電源から電気をためて，ガソリンと併用して走ることのできるハイブリッドカーが普及しており，排出ガスの削減が進んでいる。
　エ．渋滞や大気汚染の防止を目的として，また，自家用車の維持にかかる費用を節約するために，自動車を会員制で共同利用するカーシェアリングが増えている。

（注意）　解答はすべて解答用紙に記入しなさい。解答用紙のみ提出しなさい。

（３）災害を防ぐくふうについて，①・②の問いに答えよ。

　　①右の写真は，土石流を防ぐために山間部につくられたダムである。
　　このようなダムを何というか，解答らんにしたがって答えよ。

　　②東日本大震災以降，防災に対する考え方が変化しつつある。災害を
　　「必ずいつかやってくるもの」として，日ごろから備えをしておく
　　ことで被害を最小限に抑えるという考え方を，漢字２字で答えよ。

（４）我々の暮らしと密接に結び付いている，さまざまなネットワークの
　　活用について述べた文中の空らん（　①　）・（　②　）に当てはまる語
　　を答えよ。

　　『災害時の緊急情報や大気汚染情報などを携帯電話やスマートフォンのメールで知らせるサービスが，市町村単位など
　　で行われている。特に，空気の循環が悪くなりやすい地域では晴天時に（　①　）やＰＭ２．５の警戒情報が配信され
　　る。医療の現場においてもネットワークが活用されており，各病院のコンピュータで（　②　）に患者の情報を入力して，
　　インターネットを通じて複数の医療機関が（　②　）を共有できるシステムなどがみられる。』

③　日本の歴史に関わる（１）～（６）の問いに答えなさい。

（１）文字やその使用の歴史について述べた文として誤っているものをア～エから１つ選び，記号で答えよ。

　　ア．古墳時代の渡来人の中には，大王に仕えて記録をつけたり，外国への手紙を書いたりする者もいた。

　　イ．稲荷山古墳から出土した鉄剣に刻まれた文により，地方の豪族がワカタケル大王に仕えていたことがわかる。

　　ウ．奈良時代，ひらがなや漢字を用いて『古事記』や『日本書紀』などの歴史書が作られた。

　　エ．律令で定められた税の一つである調の品物は，産地と荷物の内容が書かれた木簡が付けられて都に届けられた。

（２）武器の歴史について述べた文として誤っているものをア～エから１つ選び，記号で答えよ。

　　ア．古墳に納められた豪族のひつぎからは，鉄製のよろい・かぶとや刀剣が出土することが多い。

　　イ．２度にわたる元寇の時に，日本軍は火薬を使った「てつはう」という武器を用いて，集団戦法で戦った。

　　ウ．16世紀中ごろに伝わった鉄砲は，その後国産化も進み，戦国大名たちの築城術や戦術に大きな影響を与えた。

　　エ．豊臣秀吉は「新しく大仏をつくるためのくぎなどに役立てる」として，農民から多くの武器を没収した。

（３）戦いの歴史について述べた文として誤っているものをア～エから１つ選び，記号で答えよ。

　　ア．平安時代後期に東北地方でおこった戦いでは，それをおさめるために源氏などの武士たちが大きな役割をはたした。

　　イ．平治の乱に敗れて伊豆国に流されていた源頼朝は，豪族の北条氏らと兵をあげ，1185年に平氏を滅ぼした。

　　ウ．室町幕府の８代将軍足利義政の後継ぎをめぐって応仁の乱が始まり，京都は焼け野原となった。

　　エ．1600年，徳川家康は天下分け目の戦いといわれる関ヶ原の戦いで，豊臣氏を滅ぼして全国支配を確実にした。

（４）織田信長について述べた文として誤っているものをア～エから１つ選び，記号で答えよ。

　　ア．全国統一を進める中で，「天下布武」の印を使用するようになり，武力で天下を統一するという意思を示した。

　　イ．長篠の戦いでは織田信長・徳川家康の連合軍が鉄砲を効果的に使用して，武田氏の軍を破った。

　　ウ．商工業で栄えていた堺を直接支配し，さらに天台宗の延暦寺や一向宗の石山本願寺を武力でおさえこんだ。

　　エ．琵琶湖に面し交通の便の良い安土に城を築いた後，京都から足利義昭を追放して室町幕府を滅ぼした。

（注意）　解答はすべて解答用紙に記入しなさい。解答用紙のみ提出しなさい。

（５）江戸時代の社会について述べた文として誤っているものをア〜オから２つ選び，記号で答えよ。

ア．新田開発が盛んに行われ，深く耕すための千歯こきや脱穀用のとうみなどの新しい農具が普及した。

イ．米のほかに綿花・なたね・茶・藍などの商品作物を栽培し，現金収入を増やす農民も増えた。

ウ．江戸には，灰買いや古着屋など，不要なものを回収して再利用につなげる業者がいた。

エ．京都は全国の米や特産物が運びこまれて商業の中心地となり，蔵屋敷も多くおかれ，天下の台所と呼ばれた。

オ．織物・焼き物・漆器などの手工業がさかんになり，久留米では井上伝が久留米がすりを発明した。

（６）江戸時代の文化・学問について述べた文として誤っているものをア〜オから２つ選び，記号で答えよ。

ア．人形浄瑠璃や歌舞伎が人々の人気を集め，近松門左衛門は『曽根崎心中』など多くの脚本を残した。

イ．藩校では儒学を中心とした学問と武芸が教えられた。その中でも会津藩の明倫館は，文武両道で有名であった。

ウ．シーボルトが長崎で鳴滝塾を，吉田松陰が萩で松下村塾を開き，弟子たちを数多く育成した。

エ．本居宣長が大成した国学は，君臣などの上下秩序を大切にしたので幕府や藩に重んじられた。

オ．オランダ語の書物を通してヨーロッパの学問の研究が行われ，大坂では緒方洪庵が適塾を開いた。

4　次の（１）・（２）の問いに答えなさい。

（１）次のＡ・Ｂは誰が言ったものか，人物名を漢字で答えよ。

Ａ．皆心を一つにして聞きなさい。平氏を倒して幕府を開いてからの御恩は山よりも高く，海よりも深いものです。お前たちも御恩に報いる気持ちがあるでしょう。名誉を大切にする者は，京都に出陣しなさい。

Ｂ．祖父や父は，もとは皆と同じ大名であった。だが私は，生まれながらの将軍である。今後は皆を家来として扱うつもりであるが，これがいやなら，すぐ領地へ帰っていくさの支度をするが良い。私が相手をしよう。

（２）鎌倉時代の武士は，一族とともに領地に住み，農民や家来を使って農業を営んだ。また戦いに備えて日ごろから武芸に励み，自分の領地を守ることも大事な仕事としていた。この時代の「領地を守るために命をかけて戦う」という意味を表す言葉を漢字４字で答えよ。

5　江戸時代末期以降の歴史に関する，（１）〜（４）の問いに答えなさい。

（１）江戸幕府が1858年にアメリカやイギリスなど５か国と結んだ通商条約について，①・②の問いに答えよ。

①この条約は，関税自主権を日本に認めないことが決められた不平等なものだった。関税自主権について述べた文として正しいものをア〜エから１つ選び，記号で答えよ。

ア．関税自主権とは，輸出品に自由に税金をかけることができる権利のことである。

イ．関税自主権が認められないと，政府の税収入が減少する点で不平等であった。

ウ．関税自主権が認められないと，安い外国製品におされて日本製のものが国内で売れなくなるおそれがあった。

エ．関税自主権が認められないと，安い日本製品を外国に売ることができなくなるおそれがあった。

②右の年表は条約改正までのあゆみをまとめたものである。条約改正の交渉に関係するできごととして誤っているものを年表中のア〜カからすべて選び，記号で答えよ。

年	おもなできごと
1858年	江戸幕府が欧米諸国と不平等な条約を結ぶ
1869年	首都が東京に移される……（ア）
1872年	岩倉使節団が派遣される
1877年	西南戦争がおこる……（イ）
1883年	鹿鳴館を建てる……（ウ）
1886年	ノルマントン号事件がおこる……（エ）
1889年	大日本帝国憲法が発布される……（オ）
1894年	イギリスとの間で治外法権の廃止を決める
〃	日清戦争がおこる
1904年	日露戦争がおこる……（カ）
1911年	アメリカとの間で関税自主権の回復を決める

（注意）　解答はすべて解答用紙に記入しなさい。解答用紙のみ提出しなさい。

（２）勝海舟に関係することがらの組合せとして正しいものをア～カから１つ選び，記号で答えよ。

①江戸出身　　　②長州出身　　　③西南戦争　　　④薩長同盟　　　⑤海軍操練所　　　⑥岩倉使節団　　　⑦江戸城開城

ア．①・③・⑤　　　　　イ．①・④・⑥　　　　　ウ．①・⑤・⑦

エ．②・③・⑦　　　　　オ．②・④・⑤　　　　　カ．②・④・⑥

（３）ポーツマス条約では日本とロシアの国境が定められた。そのときに定められた国境線を表す地図として正しいものをア～エから１つ選び，記号で答えよ。

ア	イ	ウ	エ

 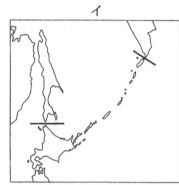 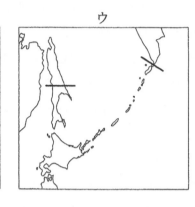 

は日本とロシア両国民の混住の地　　　　　　　　　　　　　　　　　　　　　　　　　　　は帰属未定の地域

（４）下の写真Ａ～Ｃは1971年から72年にかけて沖縄で撮影されたものである。写真Ｂ・Ｃを参考に，写真Ａが示していることがらを30字以上，40字以内で説明せよ。

銀行の前に並ぶ人びと（1972年）

国際通りの商店（1972年）

セールに集まる人びと（1971年）

6　（１）～（４）の問いに答えなさい。

（１）国際連合に関する文のうち誤りを含むものをア～エから１つ選び，記号で答えよ。

ア．1945年に51か国が加盟してつくられた国際連合に日本が加盟したのは，1956年のことである。その運営のための分担金の多い国は，アメリカ，日本，ドイツなどである。

イ．ユネスコは，教育や科学・文化の協力や交流を通して世界の平和に役立つことを目的としている。そのために，識字教育や世界的な文化遺産・自然遺産などを守る活動を展開している。

ウ．国連世界食糧計画（ＷＦＰ）は，飢えや貧困とたたかうために食糧支援を行っており，学校給食の提供もその取り組みの一つである。

エ．青年海外協力隊はユニセフの下部組織であり，貧しい国や戦争・災害に苦しんでいる子どもたちに，薬や食糧援助などを行っている。

（注意）　解答はすべて解答用紙に記入しなさい。解答用紙のみ提出しなさい。

（２）ブラジル，ＥＵ，サウジアラビアについての説明として正しいものはどれか。その組み合わせとして最も適当なものを
　　ア〜クから１つ選び，記号で答えよ。

　　Ａ．ブラジルには，先住民の他，ヨーロッパやアフリカ・アジアなどの地域から移住した人びとの子孫が暮らす。おもな
　　　言語はポルトガル語であり，首都はリオデジャネイロである。

　　Ｂ．ＥＵの前身は，1958年にできたヨーロッパ共同体である。その時の加盟国は，フランス・西ドイツをはじめとする６
　　　か国だったが，現在のＥＵ加盟国は28か国である。

　　Ｃ．サウジアラビアのおもな言語はアラビア語で，首都はリヤドである。イスラム教を国の宗教に定めていて，イスラム
　　　の教えを中心に暮らしている。イスラム教徒はアッラーを信じ，メッカに向かって１日５回礼拝する。

　　　　　ア．Ａ　　　イ．Ｂ　　　ウ．Ｃ　　　エ．Ａ・Ｂ　　　オ．Ａ・Ｃ

　　　　　カ．Ｂ・Ｃ　　　キ．Ａ・Ｂ・Ｃ　　　ク．正しいものはない

（３）下の文は，日本国憲法前文の一部である。空らん（　Ｘ　）・（　Ｙ　）に適切な語句を答えよ。

　　　日本国民は，恒久の平和を念願し，人間相互の関係を支配する崇高な理想を深く自覚するのであって，平和を愛する
　　諸国民の公正と（　Ｘ　）に信頼して，われらの安全と生存を保持しようと決意した。われらは，平和を維持し，（　Ｙ　）
　　と隷従，圧迫と偏狭を地上から永遠に除去しようと努めている国際社会において，名誉ある地位を占めたいと思う。わ
　　れらは，全世界の国民が，ひとしく恐怖と欠乏から免れ，平和のうちに生存する権利を有することを確認する。

（４）下のＡ〜Ｄの文にはそれぞれ誤りが１か所ある。解答らんに誤っている部分の番号を示し，正しい語句に書きかえよ。

　　Ａ．内閣は①国会の解散を決め，最高裁判所の長官を②指名する。一方，国会は③内閣総理大臣を指名し，裁判所は国
　　　や都道府県などの処分が④憲法に違反していないかを審査する。

　　Ｂ．裁判員制度は，①20才以上の国民の中から②くじで選ばれた人が裁判官とともに，③地方裁判所で行われる④民事
　　　裁判で有罪・無罪の判断や刑罰の決定に従事する仕組みである。

　　Ｃ．国民主権を現実化するために，地方政治では①首長・議員を選挙する権利，彼らをやめさせることを②請求する
　　　権利，さらに③法律を制定・改正することを請求する権利ばかりでなく，④情報を知る権利が保障されている。

　　Ｄ．国民統合の象徴としての天皇の①統治行為は，内閣の②助言と承認にもとづいておこなわれる。その例として，
　　　③法律を公布すること，④国会を召集することなどがある。

（中）**算数**

受験番号

1

(1)		(2)		通り	(3)		円

(4)	(ア)		(イ)	

(5)		cm²

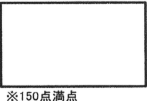

※150点満点
（配点非公表）

2

Aの段数	1段	2段	3段	4段	5段	Bの段数	6段
タイルの枚数	枚	枚	枚	枚	枚	タイルの枚数	枚

(2)	枚	(3)	A　　段、B　　段	(4)	A　　段、B　　段

3

(1)		(2)	分　　秒後	(3)	時間　　分後	(4)	分速　　m

4

(1)	
(2)	cm

(4)	cm²

(3)

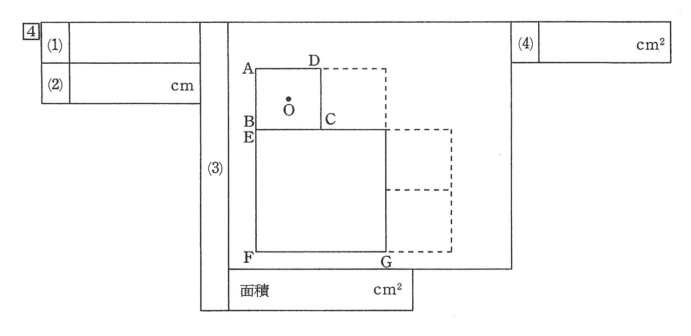

面積　　　　cm²

5

(1)

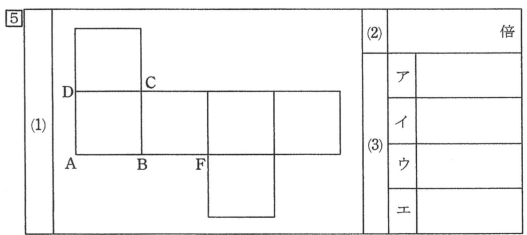

(2)	倍

(3)	ア	
	イ	
	ウ	
	エ	

平成29年度久留米大学附設中学校入学試験解答用紙

中　理科　　　　　　　　　　　　　　　　　　受験番号 [　　　]

※100点満点
（配点非公表）

1

問1	X	Y	Z

問2	cm³

問3	物体AとB	物体BとC	物体CとA

問4	cm³	問5	g	問6	g

2

問1		問2		問3		問4	
問5		問6		問7		問8	

3

問1	目	耳

問2	1	2	3	4

問3		問4	ミラクリン	ギムネマ酸

問5	ミラクリン	ギムネマ酸	

問6	5	6	7	8

4

問1	1	2	3	4

問2	1	2

問3	1			2		問4	種類

問5	あ	い	う

H29.久留米大学附設中

K 教英出版

平成２９年度　久留米大学附設中学校　入学試験問題

解答用紙

中学社会

※100 点満点
（配点非公表）

受験番号

（注意）　解答はすべて解答用紙に記入しなさい。解答用紙のみ提出しなさい。

（この欄には記入しない）

*

1

（1）	（2）	（3）	（4）

（5）		
①	②	③
	のふちを通る。	

2

（1）	（2）	（3）		（4）	
		①	②	①	②
		ダム			

3

（1）	（2）	（3）	（4）	（5）	（6）

4

（1）		（2）
A	B	

5

（1）		（2）	（3）
①	②		

（4）

6

（1）	（2）	（3）	
		X	Y

（4）							
A		B		C		D	
番号	正しい語句	番号	正しい語句	番号	正しい語句	番号	正しい語句

（注意）解答はすべて解答用紙に記入しなさい。解答用紙のみ提出しなさい。

(1) 円周率は 3.14 とします。

(2) 角すいの体積は（底面積×高さ）÷ 3 として計算します。（高さとは、頂点から底面に引いた垂線の長さのこと）

（60分）

1　次の各問いに答えなさい。

(1) $46 \times 0.625 + 69 \times 0.25 - 23 \times 1.5$ を計算し、小数で答えなさい。

(2) 2 km 離れた 2 地点間を往復します。帰りは行きの 3 倍の速さで移動すると、往復で 40 分かかりました。帰りの速さは時速何 km ですか。

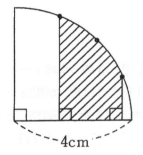

(3) 右図のおうぎ形の斜線を引いた部分の面積は何 cm² ですか。ただし、弧の上の
3 つの点は、弧の長さを 4 等分しています。

(4) 3 けたの整数で、約数の個数が 2 個である数を小さいものから順に 6 つ答えなさい。

(5) 一昨日 1 月 21 日夜 10 時に 10 時 1 分 10 秒を指していた時計があります。この時計はやや遅れがちで、今朝 23 日の午前 6 時 30 分には 6 時 29 分 0 秒を指していました。この時計が、今日午前 11 時 30 分に正しい時刻を指すようにするには、今朝 7 時の時点で何時何分何秒を指すようにすればよいですか。

2　1 個 70 円の商品 A、1 個 120 円の商品 B、1 個 200 円の商品 C があります。これらの商品をいくつかずつ買うことを考えます。次の問いに答えなさい。
　　答え方は、例えば、A を 1 個と B を 2 個買う場合は、(A , B) = (1 , 2) と書きなさい。

(1) A と B を合わせて 15 個買ったとき、代金が 1250 円になりました。A と B をそれぞれ何個ずつ買いましたか。

(2) B と C をいくつかずつ買ったとき、代金が 1760 円になりました。B と C をそれぞれ何個ずつ買いましたか。考えられる組をすべて答えなさい。

(3) A と B と C をいくつかずつ買ったとき、代金が 790 円になりました。A と B と C をそれぞれ何個ずつ買いましたか。考えられる組をすべて答えなさい。ただし、どの商品も 1 個は買ったものとします。

3　右図のように正五角形 ABCDE が、同じ大きさの正五角形 P と辺 CD を共有しています。この状態から正五角形 ABCDE が正五角形 P の周りをすべることなく回転して、元の位置に戻るまで 1 周します。次の問いに答えなさい。

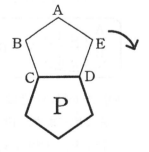

(1) 頂点 A が動いて描く図形を解答用紙の図に描きなさい。また、このとき、頂点 A が動いた図形は、半径の長さが AD で中心角が ［ ア ］° のおうぎ形の弧と、半径が AE と同じ長さで中心角が ［ イ ］° のおうぎ形の弧を、2 つずつつなげたものになります。アとイにあてはまる数字を答えなさい。

(2) 正五角形 ABCDE が通過する部分を解答用紙の図に斜線で描きなさい。
このとき、正五角形 ABCDE が通過する部分の面積は、半径の長さが ［ ウ ］ と同じ長さで、中心角が ［ エ ］° の
おうぎ形を ［ オ ］ 個と、三角形 ［ カ ］ が ［ キ ］ 個の面積の和となります。ウとカはアルファベットを用いて、エとオとキは数字で答えなさい。

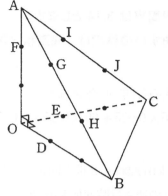

4　図のように、頂点Oにあつまる角がすべて90°の三角すいA－OBCがあります。OAは3cmで、三角形OAB，OBC，OCAはすべて直角二等辺三角形で、三角形ABCは正三角形です。辺OB、辺OCを3等分する点のうち、頂点Oに近い点をそれぞれD，Eとします。また、辺OAを3等分する点のうち、頂点Aに近い点をFとします。さらに、辺AB、辺ACを3等分する点を頂点Aに近い方から順に、それぞれ、G，HとI，Jとします。

　　この三角すいを次の各平面で2つに切り分けるとき、2つの体積比

　　　（頂点Oを含む立体の体積）：（頂点Oを含まない立体の体積）

を最も簡単な整数比で答えなさい。

(1)　3点D，E，Fを通る平面。　　　(2)　4点D，E，I，Gを通る平面。　　　(3)　4点D，E，J，Hを通る平面。

5　(1)　3個の卓球ボールがあり、それらを区別して1，2，3と表します。このうちの2個は規格通りの重さですが、1個だけは重さが規格からはずれています。以下、規格通りの重さであることを「適格」、規格からはずれた重さであることを「不適格」と言います。

　　今、てんびんを2回だけ使って、不適格のボールを発見し、それが軽いのか重いのかを調べます。

　　まず、1，2，3を3枚の同じ重さの皿A，B，Cにそれぞれ乗せます。1回目はAとBをてんびんで比べます。AとBが同じ重さのときは、1と2は適格で、3が不適格です。2回目にAとCをてんびんで比べると、下図のように、3が軽いのか重いのかが分かります。Aが軽いとき、2回目のてんびんの使い方が解答らんにあります。結果について、「AとBが同じ」場合と同じようにして（ア）の部分を完成させなさい。なお、適格であることが分かった場合、数字に○をつけています。

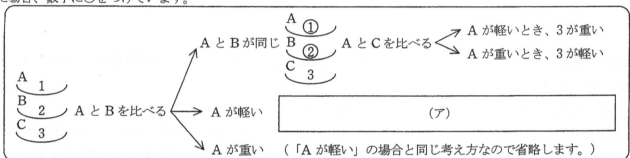

(2)　8個の卓球ボールのうち、7個は適格で1個だけが不適格です。これらを1，2，3，4，5，6，7，8とし、てんびんを3回だけ使って、不適格のボールを発見し、それが軽いのか重いのかを調べます。

　　まず、1回目は、1，2，3をAの皿に、4，5，6をBの皿に乗せてAとBをてんびんで比べます。

あ）AとBが同じ重さのときは、1，2，3，4，5，6は適格です。次に、1，7，8をそれぞれA，B，Cの皿に乗せます。

　　この後、2回目と3回目のてんびんの使い方と結果について、(1)と同じように下の（イ）の部分を完成させなさい。

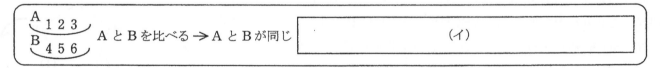

い）Aが軽いときは、7，8は適格です。2回目は1，2，4をAの皿に、5，7，8をBの皿に乗せてAとBをてんびんで比べます。下図の（ウ）と（エ）の部分には3回目のてんびんで比べる皿A，Bに乗せるボールの数字とその結果を、（オ）には結果だけを述べて完成させなさい。

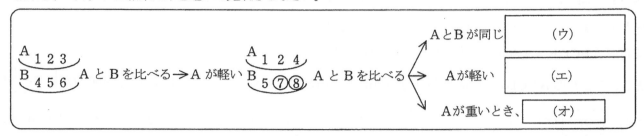

う）Aが重いときは、い）と同じ考え方なので省略します。

（注意）　解答はすべて解答用紙に記入しなさい。解答用紙のみ提出しなさい。

（40分）

1　問1〜問5のア〜オの文で誤りがあるものをすべて選び，その記号を解答らんに記入せよ。ただし，すべての文が正しければ，「○」を解答らんに記入せよ。

問1　ア．地面の温度を温度計で測るときは，温度計で地面をほって，えきだめを地面にうめる必要がある。
　　　イ．方位磁針を使うときには，色がぬってある針の先を「北」の文字に合わせるようにするとよい。
　　　ウ．太陽を観察するときは，目をいためないように，しゃ光板を使わなければならない。
　　　エ．温度計の目もりを読むときは，温度計の真横からでなくとも，自分の見やすい方向から目もりを読んでよい。
　　　オ．日なたの地面の温度を測るときには，温度計全体が太陽の光で温まらないように温度計に，おおいをしたほうがよい。

問2　ア．星座早見は，調べたい方位の文字が手前になるように持たなければならない。
　　　イ．同じ時間の月の見える方位が日にちによって変わるかどうかを観察するときには，同じ時間であれば，場所はどこでもよい。
　　　ウ．星座早見を使って月や星の観察をするときには，観察したい日にちの目もりと観察したい時間の目もりを合わせなければならない。
　　　エ．月や星の観察をするときには，記録用紙に月が空のどの位置に見えたかが分かるように，電線や建物を記入する必要がある。
　　　オ．星の観察をするときには，星座早見がよく見えるようにできるだけ明るい場所で観察するとよい。

問3　ア．運動場で水を流して流れる水の速さを観察するには，水の速さをわかりやすくするために，食塩水を混ぜて流すとよい。
　　　イ．台風が通過しているときは，風向きや雨のふり方の変化のようすを観察することができるよい機会なので，外に出てしっかりと観察するとよい。
　　　ウ．台風の雲画像を集めてその動き方を調べるには，雲画像が記録された月日，時刻を記録し，順番に並べてみるとよい。
　　　エ．日本の川は，山から海までのきょりが長く，かたむきがなだらかで流れが遅いことが多いので，短時間に多量の雨がふっても，川の水があふれて洪水になることが少ない。
　　　オ．家族で川の中流に釣りに行くときには，釣りをする場所だけでなく，その川の上流の天気に気を配っておく必要がある。

問4　ア．砂と泥を流し水の中で地層がどのようにできるかを調べる実験では，砂と泥を分けて，順番に流していくとよい。
　　　イ．がけに地層を観察に行ったときには，地層に化石が含まれているかもしれないので，スコップでなるべく深くまでほっていくとよい。
　　　ウ．火山灰の中には，角ばったり，とがったりしているつぶが多く含まれているので，火山灰が目に入ったときには，目をこすらないほうがよい。
　　　エ．れき岩，砂岩，でい岩を見分けるには，ルーペを使って，岩をつくっているつぶの大きさを比べてみるとよい。
　　　オ．火山活動を調べるためには，注意情報が出ていても，火山活動が活発になっているところに行った方がよい。

問5　ア．空気を入れてしっかりと閉じたビニール袋を氷水にしばらくひたしておくと，ビニール袋の内側に水滴が付き始める。
　　　イ．盆地の中にたまった雲や霧を山から見下ろしたときに海のように広がって見えるものは「雲海」と呼ばれ，風の強い早朝に発生しやすい。
　　　ウ．夏の暑い日の夕方に地面と上空との気温差が小さくなると，その場所に雲が発生して短い時間に強い雨が降ることがある。
　　　エ．晴れた日の海岸付近で真夜中に吹く風は，海よりも陸の方で気温が下がるため，陸から海に向かって吹く。
　　　オ．「霜」は気温が下がった時に空気中の水蒸気が氷になり物の表面につく現象で，冬のくもった日の早朝に発生しやすい。

（注意）　解答はすべて解答用紙に記入しなさい。解答用紙のみ提出しなさい。

2　次の文を読み，以下の各問いに答えよ。

[I] 私たちは，いろいろな種類の液体を使って生活をしている。例えば，台所では，水，油，牛乳，お茶，しょう油，酢，液体洗剤などの液体をみかける。また，理科の授業においても，様々な液体を利用した実験が行われており，そこでは，①砂糖水，塩酸，アンモニア水，水酸化ナトリウム水溶液，②食塩水などが用いられている。

問1　下線部①について，次の2つの水溶液を見分ける方法を下のア〜カからすべて選び，記号で答えよ。ただし，同じ記号を何度選んでもよい。
（ⅰ）砂糖水と塩酸　　（ⅱ）塩酸と水酸化ナトリウム水溶液　　（ⅲ）塩酸とアンモニア水
（ⅳ）アンモニア水と水酸化ナトリウム水溶液
【水溶液の見分け方】
ア．においをかぐ。　　イ．色を見る。　　ウ．蒸発皿に入れて加熱する。　　エ．赤色リトマス紙につける。
オ．青色リトマス紙につける。　　カ．鉄くぎを入れる。

問2　下線部①について，問1の実験が終わった後，これらの水溶液をどのように片付ければよいか。もっとも適当なものを1つ選び，記号で答えよ。
ア．それぞれ別々に，そのまま流しに捨てる。
イ．全部混ぜた後，そのまま流しに捨てる。
ウ．砂糖水だけそのまま流しに捨て，他は混ぜてから，そのまま流しに捨てる。
エ．砂糖水だけそのまま流しに捨て，他は別々に集めておく。
オ．砂糖水と塩酸だけそのまま流しに捨て，他は別々に集めておく。

問3　下線部②について，食塩水は，生活の中では，海水と同じ濃度のものをつくり，貝の砂抜きに利用されている。いま，海水と同じ濃度の食塩水を 500 cm³ つくりたい。このときに必要な食塩を小さじで計ると小さじ何杯分が必要になるか。海水の濃度を 3.5 %，海水 1 cm³ の重さを 1.02 g，小さじ1杯で食塩を 6 g 計りとれるものとし，答は小数第1位を四捨五入して，整数で答えること。

[II] 木炭は空気中で燃えると，無色の気体の物質 A になる。物質 A の固体は（　あ　）とよばれる。マグネシウムは空気中で燃えて白い物質 B になる。これはマグネシウムが（　い　）と結びついたものである。木炭の成分は炭素といい，記号○で表し，マグネシウムの成分を記号◎で表し，これらの記号を用いて，ここでは物質 A を ○●，物質 B を ◎●と表すものとする。

図1

　燃えているマグネシウムを物質 A の入った集気ビン（図1）の中に入れると，③パチパチ音をたてながら燃えつづけ，白い物質と黒い物質ができた。

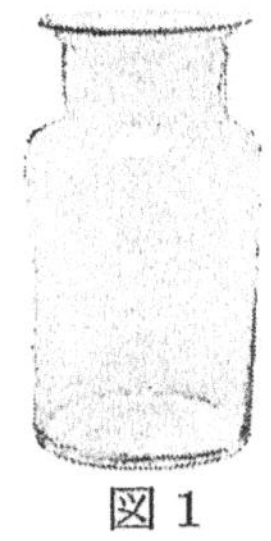

問4　上の（　あ　），（　い　）に適する物質名を答えよ。

問5　下線部③でできた黒い物質を表す記号としてもっとも適するものを1つ選び，記号で答えよ。
ア．●　イ．○　ウ．◎　エ．●○　オ．●◎　カ．○○　キ．◎●○

　附設の学校祭で「時計皿」というガラス器具（図2）に銀の「鏡」をつくる実験をおこなった。この実験は，簡単に説明すると次の(1)〜(3)のようになる。
(1) 試験管に硝酸銀水溶液をとり，これにアンモニア水を加えると，にごりを生じる。
(2) (1)の水溶液をよく振り混ぜながら少量のアンモニア水をさらに加えると，にごりがうすくなるか消える。この溶液を「アンモニア性硝酸銀水溶液」という。
(3) (2)の溶液にブドウ糖（グルコースともいう）水溶液を加え，よくかきまぜてから時計皿に注ぐ。しばらくすると銀が鏡（銀鏡）になって現れる。

図2

問6　(1)の硝酸銀水溶液は，無色透明の溶液で，茶色の試薬びんに入っていた。その理由をのべた次の文の　　　に適するものを漢字で答えよ。
「中の薬品が　　　によって変化しやすいから。」

問7　実験で溶液をとって加えるときに，図3のような「こまごめピペット」という器具を用いた。次の文は，その持ち方と使い方についての説明の一部である。文中の　　　に適する指を，ア〜オから選び，それぞれ記号で答えよ。
「ガラス部分を　1　と　2　でしっかりにぎる。ゴム球を　3　と　4　で押し空気を抜く。」
ア．親指　　イ．人差し指　　ウ．中指　　エ．薬指　　オ．小指

問8　下線部③の変化において，(1)〜(3)の変化における銀と同じように変化しているものはどれか，もっとも適するものを1つ選び，記号で答えよ。
ア．酸素　イ．ちっ素　ウ．炭素　エ．マグネシウム　オ．物質 A　カ．物質 B

図3

（注意）　解答はすべて解答用紙に記入しなさい。解答用紙のみ提出しなさい。

3　次の文を読み，以下の各問いに答えよ。

[I]　水平な床から高さ 80 cm の地点から水平方向に，100 cm/秒（1秒間に 100 cm 進む速さ）でボールを投げ出したところ図1のグラフで示したような軌道（きどう）を描（えが）いて落下した。投げ出した瞬間（しゅんかん）から 0.1 秒ごとのボールの位置を ● で示している。また ● の横に示した数字は，投げ出してからの時間（秒）である。このグラフは縦軸は床からの高さを表し，横軸は，投げ出した地点の真下の床の位置（O点とする）からの距離（きょり）を示している。

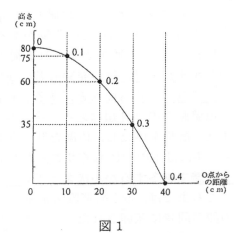

図1

　ボールの速さは水平方向と鉛直方向（えんちょく）（床の面に直角な方向のこと）に分けて考えることができる。水平方向の速さを「ヨコの速さ」と表し，鉛直方向の速さを「タテの速さ」と表すと，「ヨコの速さ」は投げ出してから変化しないことがグラフから分かる。「タテの速さ」については，0.1 秒間に 100 cm/秒ずつ速さが増してゆく。

問1　ボールを投げ出した瞬間の「タテの速さ」は何 cm/秒か。
問2　このボールが床に衝突（しょうとつ）する直前の「タテの速さ」は何 cm/秒か。

[II]　高さ 80 cm から，[I] の実験の時と同じボールを水平方向に速さ 100 cm/秒で投げ出したところ，図2のように，ボールは何度もはね返りをくりかえしながら進んでいった。ボールは床とA点でぶつかり，すぐはね返った。この時，衝突直後の上向きの「タテの速さ」は衝突直前の下向きの「タテの速さ」の2分の1になっていた。「ヨコの速さ」は衝突の前後で変わらなかった。A点ではね返って最高点Hに達した後，ボールはB点で再び床と衝突し，さらにはね返ってC点で床と衝突し，このように床との衝突をくりかえして，5回目の衝突直後から転がり始めた。その際，どの衝突の時も，A点での衝突のように，衝突直後の上向きの「タテの速さ」は衝突直前の下向きの「タテの速さ」の2分の1になっており，「ヨコの速さ」は変わらない。また，どの衝突の際も，はね返った直後の上向きの「タテの速さ」と，次の衝突が起こる直前の下向きの「タテの速さ」は等しくなる。また，はね返ってから最高点に達するまでの時間と，最高点から次の衝突が起こるまでの時間は等しい。なお，図2は，はね返りの様子を正確に描いたものとは限らない。

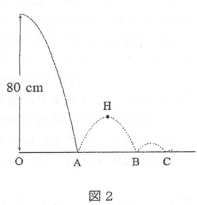

図2

問3　H点の床からの高さは何 cm か。
問4　A点ではね返ってからB点で再び床に衝突するまでの，ボールが空中にある時間は何秒か。
問5　床上のA点とB点の間の距離は何 cm か。
問6　ボールを投げ出してから何秒後に転がりはじめるか。
問7　転がりはじめた地点とO点との間の距離は何 cm か。

[III]　図3のように，同じ高さと同じ幅（はば）の階段が限りなく続いている。
　高さ 80cm から，水平方向に「ヨコの速さ」100 cm/秒でボールを投げ出して，それぞれの段に同じ速さで衝突しながら同じ段に二度衝突することなく，また，ボールが衝突しない段が一段もないようにどこまでも下っていくようにしたい。
　ただし，ここでも，[II] の実験と同じボールを使用し，床や階段の段も [II] の実験の時と同じ材質のものであるとする。図3は，正確に描いたものとは限らない。

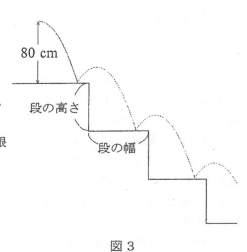

図3

問8　段の高さを何 cm にすればいいか。
問9　段の幅を何 cm にすればいいか。

（注意）　解答はすべて解答用紙に記入しなさい。解答用紙のみ提出しなさい。

4　次の文を読み，以下の各問いに答えよ。

　多くの生物にとって冬は厳しい季節であり，生物が冬を乗り切ることを越冬という。日本のような四季のある地域では，越冬できるかどうかが，その生物がある特定の地域に生息できるかを決める重要なかぎとなる。

　植物のうち，落葉樹とよばれる樹木は，葉を落とし，春先に芽吹く新芽をかたい皮や毛で保護して越冬する。①一方，草本（草のなかま）では，秋に発芽し若い植物の状態で越冬するもの，地上部は枯れてしまうが地下茎や球根が残るものや，種子をつくって越冬するものなどがある。越冬の際，からだの一部を切り捨てたり，枯れさせたりしない植物は常緑植物とよばれる。

　恒温動物のほ乳類はえさを多く食べることによって栄養をたくわえたり，温かい冬毛に生えかわることによって越冬する。また，活動を停止し，体温を低下させて冬眠をする動物も知られている。一方，変温動物は体温を一定に保つしくみがないため，冬には土の中にもぐりこんだりしてほとんど活動しないものが多い。②こん虫は種ごとに卵，幼虫，さなぎ，成虫のどの発育段階で越冬するかが決まっている。

　こん虫では，ある発育段階を完了するまでに必要な時間が，温度が高いと短くなり，温度が低いと長くなる。つまり，同じ種の卵が同時に産卵されたとしても，地域によって気温が異なれば，ふ化する日数に違いが出ることになる。また，発育に最低必要な限界温度があり，これを発育零点とよぶ。発育零点より低い温度では発育が進まないが，気温が発育零点を上回ると，1日の平均気温と発育零点との温度差が発育に有効な温量となり，各日ごとの温量を足し合わせていった値が一定値を超えると発育が完了する。この値を有効積算温度とよび，単位（日度）で表す。

　右の表は，モンシロチョウの発育零点と有効積算温度を発育段階ごとに示したものである。モンシロチョウの卵の発育零点は10.0℃，有効積算温度は44（日度）であるため，モンシロチョウの卵を25.0℃で飼育すると，発育零点との差，15.0℃が「発育に有効な温量」となる。この温量を，1日目，2日目，3日目と足し合わせていくと，15.0 + 15.0 + 15.0 = 45.0となり，3日目に有効積算温度の44（日度）を超え，ふ化して幼虫になる。よって，20.0℃で飼育すると（　ア　）日目に幼虫になると予想される。

	発育零点	有効積算温度
卵	10.0℃	44（日度）
幼虫	8.2℃	x（日度）
さなぎ	11.2℃	99（日度）

　また，ふ化したばかりの幼虫を20.0℃で飼育すると18日目，25.0℃で飼育すると13日目にさなぎになった。20.0℃で飼育した場合，17日目までの発育に有効な温量の和は（　イ　）となり，（イ）では有効積算温度には達しなかったが，18日目までの発育に有効な温量の和は（　ウ　）となり，（ウ）は有効積算温度を上回ったものと考えられる。同様に25.0℃で飼育した場合についても計算することができる。20.0℃および25.0℃での飼育結果を考え合わせると，モンシロチョウ幼虫の有効積算温度xは（　エ　）〜（　オ　）日度の間の値であることが予想される。

問1　下線部①について，以下の植物はどの状態で越冬するか，A.若い植物，B.球根や地下茎など，C.種子　より選び，記号で答えよ。
　　1. アブラナ　　　2. アサガオ　　　3. ユリ　　　4. ススキ　　　5. エンドウ

問2　下線部②について，以下のこん虫が通常どの発育段階で越冬するか，A.卵，B.幼虫，C.さなぎ，D.成虫　より選び記号で答えよ。ただし，解答が2つ以上ある場合にはそのすべてを記せ。
　　1. ナミアゲハ　　　2. ミノガ　　　3. ナナホシテントウ　　　4. トノサマバッタ　　　5. アブラゼミ

問3　文中の空らん，（ア）〜（オ）に適切な数値を答えよ。ただし，（ア）・（エ）・（オ）は整数で，（イ）・（ウ）は小数第1位まで記せ。

問4　右の表は日本各地の日平均気温（℃）の平年値（1981〜2010年の平均値）を示したものである。表に示した期間の日平均気温は毎日同じであると仮定して以下の問い(a)〜(c)に答えよ。ただし，2月の日平均気温はいずれの日でも3月1〜10日のものを下回りモンシロチョウは2月末日時点でさなぎであり，発育に有効な温量の和は0であるものとする。

	仙台	東京	大阪	福岡	鹿児島
3月1〜10日	3.5	7.3	7.9	8.8	10.8
3月11〜20日	5.0	8.9	9.5	10.5	12.7
3月21〜31日	6.1	9.8	10.8	11.6	13.8
4月1〜10日	8.6	12.2	13.2	13.6	15.7
4月11〜20日	10.2	13.9	15.2	15.1	16.6
4月21〜30日	12.2	15.7	16.9	16.8	18.4

(a)　福岡においてさなぎがう化するのは何月何日と予想されるか。

(b)　4月28日にう化していると予想される表中の地点をすべて答えよ。

(c)　鹿児島において4月8日までにう化するためには，3月11日以降の日平均気温が平年値より何℃以上高い必要があるか。小数第1位まで求めよ。

（注意）　解答はすべて解答用紙に記入しなさい。解答用紙のみ提出しなさい。

（40分）

1 日本の工業全般に関連する（1）～（7）の問いに答えなさい。

（1）次の文は，各地域の工業地帯や工業地域の特徴をまとめたものである。ア～ウに当てはまる工業地帯（もしくは地区）名を答え，さらに対応する地域を，右地図中のＡ～Ｇの記号で答えよ。（なお，名称には「工業地帯・地域」は必要ない。）

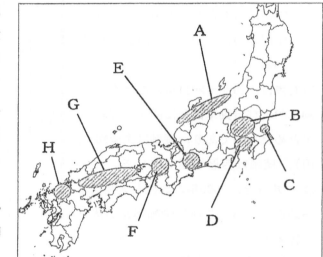

ア．第二次世界大戦前から陶磁器などの軽工業や毛織物工業・機械工業がさかんだったが，戦後は港湾部に大規模な重化学工業が数多く建設された。また，日本で最大の自動車会社の本社や工場があるなど，輸送機械の生産がこの工業地帯の最大の特徴である。

イ．古くから絹織物工業や製薬業が発達していたが，山地から流れる水力発電の活用が有利な条件となり，アルミニウムなどの金属加工業や，肥料工業などが発展した。石油化学工業なども展開している。

ウ．かつては漁村であったが1960年代から開発が進み，1970年代から本格的な臨海コンビナートとして操業が始まった。石油・鉄鋼・火力発電などが集中する典型的な臨海工業地域である。

（2）下の表は，上の地図中Ｂ・Ｅ・Ｆ・Ｇの工業地帯・工業地域の業種別出荷額割合（2012年，％）を示している。このうち，Ｆに当てはまるものをア～エから１つ選び，記号で答えよ。

	金属	電気機械	輸送機械	その他機械	化学	食料品	繊維	その他
ア	18.5	6.6	15.4	8.7	28.2	7.3	2.0	13.3
イ	20.9	12.0	6.6	15.2	20.6	10.8	1.5	12.4
ウ	11.9	10.4	38.4	10.6	8.3	6.1	1.1	13.2
エ	14.1	12.4	16.9	16.2	9.4	15.2	0.6	15.2

（3）下の雨温図は，上の地図中Ａ～Ｈの工業地帯・地域に含まれる都府県の県庁所在地のいずれかを示したものである。このうち，Ｇ工業地域に当てはまる雨温図として最も適切なものをア～エから１つ選び，記号で答えよ。

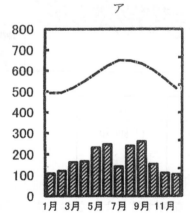
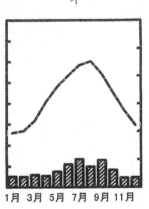
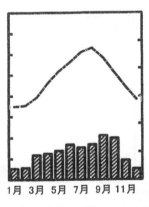
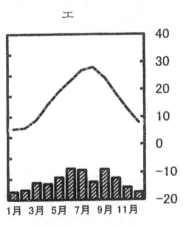

（4）日本の貿易は戦後大きな変化をとげた。日本の輸出入に関する文のうち，誤っているものをア～エから１つ選び，記号で答えよ。なお，すべて正しい場合はオと答えよ。

ア．かつて日本は多くの資源を輸入し製品を輸出する加工貿易型であったが，東アジアや東南アジア地域が経済発展したことにともない，部品類や製品も多く輸入するようになった。

イ．2011年以降，日本は貿易赤字国へと転落した。これは東日本大震災によって生産ラインが打撃を受け，工業生産における影響が今なお続いているからである。

（注意）　解答はすべて解答用紙に記入しなさい。解答用紙のみ提出しなさい。

　　ウ．第二次世界大戦後，繊維品は輸出において大きな割合を占めていたが，国内繊維業の衰退を受け，現在では輸出の
　　　　割合は１％程度しかない。

　　エ．かつてアメリカ合衆国との貿易
　　　　額が最も大きかったが，現在では
　　　　中国との貿易額のほうが上回って
　　　　いる。

（５）右表は，1996～2011年における，自
　　動車および自動車部品に関する統計を
　　まとめたものであり，縦軸は生産額（兆
　　円），横軸は西暦を示している。この
　　表を見ると，2009年の数値が大幅に落

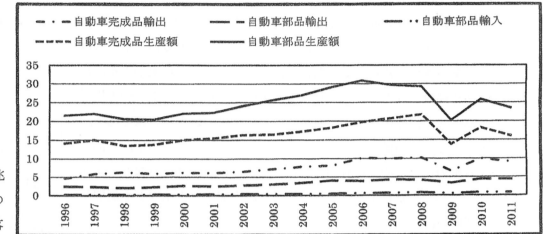

ち込んでいる。生産額や輸出額が落ち込んだ原因は何だと考えられるか。最も適切なものをア～エから１つ選び，記号
で答えよ。

　　ア．アジア通貨危機による不況　　　　　　　　イ．兵庫県南部地震による生産力の低下
　　ウ．世界同時不況による需要の低迷　　　　　　エ．イラク戦争による景気の悪化

（６）下の３つの日本地図①～③は，自動車工場（組み立て工場のみ，二輪車を含む），半導体工場，セメント工場のいずれか
　　の分布を示している。正しい組み合わせをア～カから１つ選び，記号で答えよ。

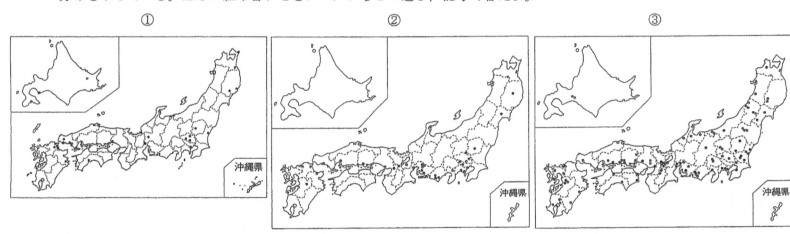

	ア	イ	ウ	エ	オ	カ
①	セメント	セメント	半導体	半導体	自動車	自動車
②	自動車	半導体	セメント	自動車	半導体	セメント
③	半導体	自動車	自動車	セメント	セメント	半導体

（７）日本と世界の鉄鋼業の特色に関する文のうち，誤っているものをア～エから１つ選び，記号で答えよ。なお，すべて正
　　しい場合にはオと答えよ。

　　ア．高炉に入れた鉄鉱石・コークス・石灰石を高温で溶かし，その後余分な成分を取り除き，鋼を作る。

　　イ．日本は，鉄鉱石・石炭ともに，オーストラリアから最も多く輸入している。

　　ウ．鉄鋼の生産・輸出とも，中国が世界第１位である。特に生産量は世界生産の半分近くを占めている。

　　エ．日本国内の主な製鉄所をみると，その大部分は太平洋ベルト地帯にあり，それ以外の地域にはみられない。

（注意）　解答はすべて解答用紙に記入しなさい。解答用紙のみ提出しなさい。

2　国際交流の広がりにより，姉妹都市の関係を結ぶ自治体が増加している。次のA～D群の姉妹都市では，どのような共通点を持っていると考えられるか。最もあてはまる理由をア～カから１つずつ選び，記号で答えよ。

> A群・・・岐阜市とフィレンツェ市（イタリア），金沢市とヘント市（ベルギー）
> B群・・・東京都大島町とヒロ市（アメリカ合衆国ハワイ州），鹿児島市とナポリ市（イタリア）
> C群・・・瀬戸市とリモージュ市（フランス），佐賀県有田町とマイセン市（ドイツ）と景徳鎮市（中国江西省）
> D群・・・小樽市とナホトカ市（ロシア），下関市と青島市（中国山東省）

【理由】　ア．繊維業がさかんである。　　　　　　　　　イ．重要な港として発展してきた。
　　　　　ウ．窯業（陶磁器や瓦の生産）がさかんである。　エ．小麦やオリーブ生産がさかんである。
　　　　　オ．火山を有する町として有名である。　　　　カ．林業がさかんである。

3　世界遺産の１つ屋久島の歴史について述べた次の文章を読み，（１）～（８）の問いに答えなさい。

　屋久島は，白神山地とならび日本で最初に①世界遺産に登録された。遺産登録以前から，この島は手つかずの自然が残された秘境のイメージで知られるが，歴史的にはどうだろうか。

　7世紀の中国の歴史書『隋書』によると，②607年に中国へ渡った倭国の使者は，すでに当時の屋久島を「夷邪久」国とよんで紹介している。753年には奈良時代の渡来僧である③鑑真を乗せた遣唐使船が屋久島に寄港し，都をめざして薩摩半島の坊津へ向かった。

　貴族文化が花開いた平安時代には，屋久島をはじめ南西諸島でとれる屋久貝（夜光貝）が都の貴族に大いに珍重された。屋久貝は，サザエに似た大きな巻き貝で，殻の内面は光沢があり，宮廷での装身具や④工芸細工の材料に用いられた。

　このように，屋久島は古代からその所在が知られており，戦国時代には戦場にもなった。鉄砲が伝来した1543年には，大隅の領主と種子島の領主が屋久島の領有権をめぐって争い，⑤火縄銃が初めて使用された。またこの時代には全国規模で築城がすすみ，建築資材が不足するようになると，屋久島は新たな杉の群生地として注目されることとなる。

　16世紀後半，天下統一を果たした豊臣秀吉は1586年に京都の東山に⑥大仏殿を建てるという名目で，⑦当時の薩摩藩主に建材の調達を命じた。このとき初めて「屋久杉」という名が歴史に登場する。これ以前，屋久杉は神宿る御神木として古くから島民の信仰対象とされ，島の巨木を伐採するものはいなかった。樹齢1000年を超える杉の大木を建材として一般的に活用するようになったのは江戸時代からである。

　屋久杉は油脂を多く含んで腐らず，屋根板などの平木（建材）として都では大変重宝された。平木は米などと交換され，また⑧年貢にかわる役割も果たした。島から送られた平木は，いったん鹿児島で保管され，藩の建造物にも使われたほか，薩摩藩から大坂や京都方面に売られて藩の財政建て直しにも貢献することとなった。

（１）下線部①に関連して，昨年７月，九州・山口をはじめとする「近代化産業遺産群」が世界遺産に登録された。2007年に世界遺産に登録された日本最初の産業遺産は何か。

（２）下線部②の使者として適当な人物を，ア～カから１つ選び，記号で答えよ。
　　　ア．行基　　イ．犬上御田鍬　　ウ．阿倍仲麻呂　　エ．小野妹子　　オ．吉備真備　　カ．菅原道真

（３）下線部③に乗船していた使者で，鑑真とともに日本に帰国した学者・政治家として適当な人物を，（２）のア～カから１つ選び，記号で答えよ。

（注意）　解答はすべて解答用紙に記入しなさい。解答用紙のみ提出しなさい。

（４）下線部④の一例として岩手県平泉の中尊寺金色堂の巻柱（まきばしら）があげられる。中尊寺金色堂に関して述べた文として正しいものをア〜エから１つ選び，記号で答えよ。

　ア．この建物は藤原道長の栄華（えいが）を反映した建物である。

　イ．この建物が築かれた平泉は平清盛ゆかりの地でもある。

　ウ．この建物は宇治の平等院鳳凰堂（ほうおう）と同じく，極楽浄土を象徴（しょうちょう）した建物である。

　エ．この建物は屋久島の遺産登録が行われたのと同じ年に世界遺産に登録された。

（５）下線部⑤の火縄銃が使われた戦いとして誤っているものを，ア〜エから１つ選び，記号で答えよ。

　ア．長篠の戦い　　　イ．桶狭間の戦い　　　ウ．屋島の戦い　　　エ．関ヶ原の戦い

（６）下線部⑥にある大仏の建立を口実として，豊臣秀吉が1588年に出した次の法令の名称を答えよ。

| 一，…＜中略＞…農民が不要な道具を持っていると，年貢を出ししぶり，いくさをくわだて，大名によくないことをするようになる。 |
| 一，…＜中略＞…大仏をつくるくぎなどに使うのだから，今の世だけでなく，あの世でも農民は救われる … |

（７）下線部⑦にあたる当時の薩摩藩主の名前を答えよ。

（８）下線部⑧に関して，江戸時代の年貢について述べた文として誤っているものを，ア〜エから１つ選び，記号で答えよ。

　ア．幕府は，全国の米の収穫（しゅうかく）高の４分の１を占める領地をもっていた。

　イ．江戸中期の新田開発の結果，日本の耕地面積は約300万町歩にまで達し，収穫高も増えた。

　ウ．藩で残った年貢米は，おもに江戸へいったん運ばれてお金にかえられた。

　エ．アイヌの人たちは，海でとれたサケやコンブなどを，米や酒などと取引した。

４　次の（１）〜（５）の問いに答えなさい。

（１）明治政府は，江戸幕府が欧米諸国と結んだ不平等条約を改正しようと交渉を続けたが，諸外国は改正に応じなかった。その後，1886年におこった事件をきっかけに条約改正を求める国内の声が高まった。この事件名を答えよ。

（２）明治政府は，近代的な産業をおこすために国家予算で官営工場をつくった。進んだ技術や知識を学ぶために，外国から招かれた各分野の技術者や学者について述べた文として，正しいものをア〜エから１つ選び，記号で答えよ。

　ア．モースは大学で建築を教え，日本の洋風建築の発展に貢献した。

　イ．ブリューナの指導のもと，官営の富岡製糸場が作られた。

　ウ．モレルは大学で動物学を教えるとともに，大森貝塚を発見した。

　エ．コンドルの指導のもと，日本で初めての鉄道が建設された。

（３）次の説明①・②に適する人物をそれぞれア〜エから１つ選び，記号で答えよ。

①札幌農学校や東京帝国大学で学び，アメリカやドイツに留学した。帰国後，全ての人が国民として必要な知識を得られるように，授業料を無料にし，貧しい人びとも学べる場として遠友夜学校を設立した。また，国際連盟の事務次長として，国際舞台でも活躍（かつやく）した。

　ア．新渡戸稲造　　　イ．大隈重信　　　ウ．小村寿太郎　　　エ．渋沢栄一

②東京大学時代の師であるフェノロサと親交を結び日本美術を調査し，東京美術学校設立に貢献した。また，日本美術院を創設して日本美術運動を展開した。

　ア．与謝野晶子　　　イ．横山大観　　　ウ．岡倉天心　　　エ．柳宗悦

（注意）　解答はすべて解答用紙に記入しなさい。解答用紙のみ提出しなさい。

（４）第二次世界大戦後の改革について述べた文として，誤っているものをア～エから１つ選び，記号で答えよ。

　　ア．教育制度の改革により義務教育が９年となり，男女共学が原則となった。

　　イ．新しい日本の社会をつくるという目的のもと，新たに家庭科や社会科が授業で行われるようになった。

　　ウ．政治に影響を与えていた大会社を解体し，また，労働組合の結成をすすめた。

　　エ．日本国憲法のもとで戦後初めて行われた衆議院議員選挙では，初めて女性議員が誕生した。

（５）第二次世界大戦後の日本と世界との関わりについて述べた文として，誤っているものをア～エから１つ選び，記号で答えよ。

　　ア．1954年にソ連が水爆実験を行い，日本の漁船が被爆（ひばく）する事件がおこった。

　　イ．1997年に京都で開かれた地球温暖化防止会議では，世界各国が協力し，温暖化防止に取り組むことを確認した。

　　ウ．2002年に初めて日朝首脳会談が開催されたが，現在も日本と朝鮮民主主義人民共和国との間には国交がない。

　　エ．現在，日本・アメリカ・ロシアなどの15か国が協力し，国際宇宙ステーションの建設が進められている。

5　次の（１）と（２）の問いに答えなさい。

（１）次の文は，それぞれ日本とつながりの深い国について述べたものである。文中の空欄（らん）　Ａ　と　Ｂ　に適する語を答えよ。

　　Ａ．中華人民共和国は人口が世界の総人口のおよそ５分の１をしめ，面積は日本の約25倍の大国である。近年，中国の経済は急速な発展を続け，日本との貿易も活発に行われている。また，　Ａ　とよばれる地区を中心に，日本の企業が進出したり，中国の企業と共同開発を行ったりするなど，結びつきを深めている。

　　Ｂ．サウジアラビアは，雨がほとんど降らない砂漠の国である。輸出の約90％は石油に関連したもので，日本が最も多く石油を輸入している国でもある。サウジアラビアでは，イスラム教が国の宗教(国教)とされ，イスラム教徒は１日５回聖地　Ｂ　に向かって祈りをささげるなど，生活のいたるところでその教えによるものが見られる。

（２）次の①～⑥の文について，各文中の空欄　ア　～　カ　に最も適する語をそれぞれの解答欄に書き入れよ。また，各文中の波線をつけた部分の内容が正しければ○を，間違っていれば×を解答欄に書け。

　　①Ａ子さんは，Ｂ君から「日本では昔から男は女より偉いことになっている。その証拠に，今は代々，男が天皇になると決まっているじゃないか。」と言われ，「そんなことはない。男がなるか女がなるかは，　ア　が法律で決めることになっている。」と反論した。

　　②以前，昭和天皇は福岡県で行われた国民体育大会に出席したが，これは憲法上の象徴としての地位にもとづく公的行為であり，生物学の研究のような私的行為ではないので，天皇の　イ　と同じように内閣の助言と承認が必要とされている。

　　③中学生のＣ子さんは，高校生の兄Ｄ君に「Ｄ兄さんには，憲法上は学習する義務はないのでしょう。いいなぁ。」と言ったところ，兄は「Ｃ子には教育を受ける　ウ　があるんだよ。」と答えた。

　　④Ｅ君の母親は，参議院議員のＸ氏を支持していて「次の衆議院　エ　の時は，任期途中でも衆議院にかわって総理大臣を目指してほしい。」と言った。Ｅ君は「Ｘさんはこのままでは総理大臣にはなれないの？」と聞いた。

　　⑤Ｆ君の姉のＧ子さんは，　オ　歳になるので2016年参議院選挙の選挙権があるが，投票の際，候補者の顔立ちや体型が素敵な人から選ぶと言う。Ｆ君は，このような判断は憲法上許されないと思った。

　　⑥Ｈ子さんは，北海道を旅行してアイヌ民族の歴史と伝統を学び，日本にもアメリカのように長年にわたって差別と偏見で苦しんできた　カ　がいたことに驚いた。2007年にはユネスコ(世界文化教育機関)で彼らの権利を守ることを目ざす宣言が採択された。

㊥ 算数

受験番号 ☐

1
| (1) | | (2) 時速 | km | (3) | cm² |

| (4) | | ┆ | ┆ | ┆ | ┆ |

| (5) | 時 | 分 | 秒 |

※150点満点
(配点非公表)

2
| (1) | (A , B) = |

| (2) | (B , C) = |

| (3) | (A , B , C) = |

3
| (1) | | ア | ° |
| | | イ | ° |

(2)		ウ	
		エ	°
		オ	個
		カ	
		キ	個

4
| (1) | ： | (2) | ： | (3) | ： |

5
(1)	(ア)	A 1 B 2 C ③	AとCを比べる
(2)	(イ)	A ① B 7 C 8	AとBを比べる
	(ウ)	A B	AとBを比べる
	(エ)	A B	AとBを比べる	(オ)

平成28年度久留米大学附設中学校入学試験解答用紙

㊥　理科

受験番号 ☐

※100 点満点
（配点非公表）

1

問1		問2		問3	
問4		問5			

2

問1	i		ii		iii		iv	
問2			問3	杯分				
問4	（あ）		（い）		問5		問6	
問7	1	2	3	4	問8			

3

問1	cm/秒	問2	cm/秒	問3	cm
問4	秒	問5	cm	問6	秒後
問7	cm	問8	cm	問9	cm

4

問1	1	2	3	4	5
問2	1	2	3	4	5
問3	（ア）	（イ）	（ウ）	（エ）	（オ）
問4	(a) 月 日	(b)		(c)	℃以上

解 答 用 紙

受験番号	

中学社会

（注意）　解答はすべて解答用紙に記入しなさい。解答用紙のみ提出しなさい。

（この欄には記入しない）

1

（1）					
ア名称	ア記号	イ名称	イ記号	ウ名称	ウ記号

（2）	（3）	（4）	（5）	（6）	（7）

＊

※100 点満点
（配点非公表）

2

A群	B群	C群	D群

3

（1）	（2）	（3）	（4）	（5）

（6）	（7）	（8）

4

（1）	（2）	（3）		（4）	（5）
		①	②		

5

（1）	
A	B

（2）					
①語句	①記号	②語句	②記号	③語句	③記号

（2）					
④語句	④記号	⑤語句	⑤記号	⑥語句	⑥記号

K 教英出版

（注意）解答はすべて解答用紙に記入しなさい。解答用紙のみ提出しなさい。

（60分）

1 次の各問いに答えなさい。

(1) □ に当てはまる小数を求めなさい。

(ア) $87 \times 23 + 180 \times 8.7 + 870 \times \boxed{} = 4350$

(イ) $1\dfrac{5}{7} \times 4\dfrac{2}{3} - \left(12 + \boxed{} \times 6\right) \div 3 = 3$

(2) A君の家から学校まで728 m あります。A君は家を出発し、分速60 m で学校に向かいましたが、途中で友達に会い、そこからは分速40 m で歩いたところ、家を出発してからちょうど14分後に学校に着きました。A君が友達に出会ったのは家から何 m のところですか。

(3) 図のように、1辺の長さが2 cm の大きな正六角形と1辺の長さが1 cm の小さな正六角形 ABCDEF があります。小さな正六角形の対角線の交点を M とします。

　最初、2つの正六角形は図のような位置にあり、まず F が G に重なるように小さな正六角形が回転し、大きな正六角形の辺に沿って最初の位置に戻るまで同じように回転していきます。

　このとき、次の点が描く図形を解答用紙の図に描きなさい。

(ア) 点 M　　　(イ) 点 C

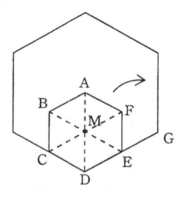

2 「各けたの数字を並べかえてできる最大の数と最小の数の差をとる」という操作をくり返し行い、計算の結果が変わらなくなるか、あるいは0になったとき終了とします。

　数字を並びかえるとき、先頭に0がきて01, 012, 001, 0034 となるようなものはそれぞれ 1, 12, 1, 34 として計算します。

　例えば100から始めると　$100 - 001 = 99$, $99 - 99 = 0$ となり、100 の終了となる値は0で、操作の回数は2です。

　102から始めると　$210 - 012 = 198$, $981 - 189 = 792$, $972 - 279 = 693$, $963 - 369 = 594$,
　　　　　　　　　$954 - 459 = 495$, $954 - 459 = 495$ となり、102 の終了となる値は 495 で、操作の回数は6です。

(1) 144 の終了となる値と操作の回数を答えなさい。

(2) 1234 の終了となる値と操作の回数を答えなさい。

(3) 2015 の終了となる値と操作の回数を答えなさい。

(4) 100 以外の3けたの数のうち、この操作をくり返し行ったときに終了となる値が0であるものを2つ探しなさい。ただし、111や222のように1回の操作で0になるものは除きます。

3 図のように、すべての辺の長さが等しく、体積が10 cm³ の正四角すいA−BCDE があります。辺 AB, AC, AD, AE の中点をそれぞれ P, Q, R, S とし、辺 BC, CD, DE, EB の中点をそれぞれ F, G, H, I とします。また、底面の正方形の対角線の交点を M とします。この立体から正四角すい A−PQRS, P−BFMI, Q−CGMF, R−DHMG, S−EIMH を取り除きます。

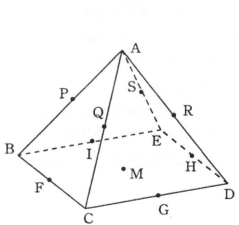

(1) 残った立体を真上から見た図を解答用紙の図に描きなさい。

(2) 残った立体の体積を求めなさい。

(3) 残った立体の面は、正三角形が ア 枚と正方形が イ 枚でできています。

　アとイに当てはまる数字を答えなさい。

(4) 残った立体からさらに正四角すい M−PQRS を取り除きます。この立体を辺 PF の中点を通って底面に平行な平面で切った切り口は、真上からどう見えますか。切り口になる部分を解答用紙の図に斜線で描きなさい。

4　図1のように、十分な高さの円柱の容器の中に、底面積が 91 cm² である円柱の 　　　　　図1
容器アが入っています。また、容積が 1 L のペットボトルがあり、このペットボトル
で容器アの中に 1 L ずつ水を入れていき、初めて水があふれたときのことを考えます。
ただし、容器の厚みは考えないものとします。

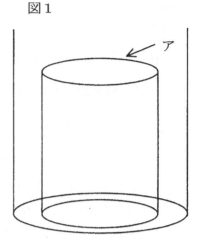

　容器アの高さが 43 cm のとき、図2のように、4 L 入れたとき初めて水があふれ、
あふれ出た水の水面の高さは 3 cm でした。

(1)　外側の円柱の底面積を求めなさい。

(2)　容器アの高さがそれぞれ次のとき、あふれ出た水の水面の高さは何 cm になりま
　　すか。ただし、割り切れない場合は四捨五入して小数第1位まで求めなさい。

　　（ア）　86 cm　　　（イ）　25 cm　　　（ウ）　22 cm　　　（エ）　20 cm

図2

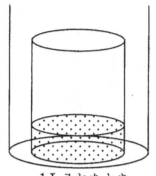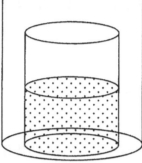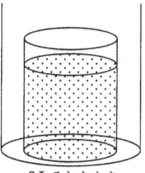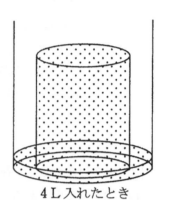

　　1 L 入れたとき　　　　　2 L 入れたとき　　　　　3 L 入れたとき　　　　　4 L 入れたとき

5　あるスーパーでは、商品の販売価格を、その商品の本体価格に消費税分を上乗せして、小数点以下の数が出た場合
には小数第1位を四捨五入することにしています。例えば、本体価格が 980 円の商品で消費税が 8 ％のときは、980 円
にその 8 ％の 980×0.08＝78.4 円を上乗せし、980＋78.4＝1058.4 円となりますが、小数第1位を四捨五入し、販売価
格は 1058 円となります。

　また、商品の本体価格は整数であるとします。

(1)　このスーパーで、消費税が 8 ％のとき、次の本体価格の商品について、販売価格はそれぞれいくらになりますか。

　　（ア）　205 円, 206 円, 207 円　　　　（イ）　230 円, 231 円, 232 円

(2)　このスーパーで、商品 A の本体価格を 200 円、201 円、202 円、…、250 円と 1 円ずつ値上げしたときに販売価格
　　がいくらになるか試してみました。その結果、消費税が 8 ％のとき、販売価格は 216 円、217 円、218 円、…、270 円
　　となりました。

　　　このとき、216 円から 270 円のうち、販売価格にならないものが 4 つあります。これらをすべて答えなさい。

(3)　このスーパーで、商品 B を購入すると、消費税が 5 ％の時に比べて消費税が 8 ％のとき、6 円余分に支払わなけれ
　　ばなりませんでした。この商品の本体価格として考えられる値段のうち、一番高い値段はいくらですか。

（注意）　解答はすべて解答用紙に記入しなさい。解答用紙のみ提出しなさい。

（40分）

1　昨年報じられた次のA，Bのニュースについて，以下の各問いに答えよ。

A．絶食6年目に入り話題となっていた三重・鳥羽水族館の深海生物(a)ダイオウグソクムシの「No.1」が昨年の2月14日に死んだ。2007年9月にメキシコ湾から来た体長約29センチ，体重約1キロの雄で，2009年1月以来，(b)えさをとらずに生きていることで注目されていた。

B．南米アルゼンチンのパタゴニア地方で，これまでに発掘された恐竜としては世界最大とみられる恐竜の化石が見つかった。約1億年前の白亜紀に生息していたチタノサウルスと呼ばれる首長の(c)大型草食恐竜の新種とみられ，頭から尾までの全長は約40メートル，体重は約80トンに達していたのではないかと推定されている。

問1　下線部(a)について，以下の文を読み，ⅰ），ⅱ）の問いに答えよ。

　ダイオウグソクムシはダンゴムシと同様，あしを14本もち，ダンゴムシのなかまでは世界最大といわれる。ダンゴムシのなかまは（　1　）のなかまと同じ甲殻類に属し，（　2　）などの昆虫類，（　3　）などの多足類，（　4　）などのクモ類などと合わせて（　5　）動物とよばれる。

　（　5　）動物は約110万種も存在する動物界最大のグループである。（　6　）とよばれる固い殻（体表）をもち，（　6　）内部にある筋肉で（　6　）でできたあしを動かし，歩行するのが特ちょうで，（　7　）をするたびに成長する。

ⅰ）（　1　）～（　4　）に適する生物を次のあ～けの中からそれぞれ1つずつ選び，記号で答えよ。

　　あ．ダニやサソリ　　い．サソリやザリガニ　　　う．ザリガニやミジンコ　　え．ミジンコやゾウリムシ

　　お．ダニやノミ　　か．ノミやシラミ　　き．シラミやヤスデ　　く．ヤスデやゲジ　　け．ゲジやゾウリムシ

ⅱ）（　5　），（　6　），（　7　）に適する語をそれぞれ答えよ。ただし，（　6　）は漢字3文字で答えよ。

問2　下線部(b)について，成虫では口器が退化しているため，成虫になるとえさをとらなくなる昆虫を次のあ～この中から3つ選び，記号で答えよ。

　　あ．アブラゼミ　　い．ヒラタクワガタ　　う．カイコガ　　え．ナナホシテントウ　　お．ゲンゴロウ

　　か．アブラムシ　　き．ヒラタカゲロウ　　く．カブトムシ　　け．エンマコオロギ　　こ．ゲンジボタル

問3　下線部(c)について，以下の文を読み，ⅰ）～ⅳ）の問いに答えよ。

　大型草食恐竜は4本のあしで歩行（四足歩行）していたが，多くの恐竜は2本のあしで歩行（二足歩行）していたと考えられている。二足歩行は四足歩行に比べてバランスをとるのがはるかに難しく，は虫類においては恐竜を除けば原則四足歩行であり，ほ乳類においてもヒトを除けば原則四足歩行である。

　4本のあしをもつほ乳類の歩き方には，なみあし，はやあし，かけあしなどがある。なみあしは，右前あし→左うしろあし→左前あし→右うしろあしというように一度に1つのあしを動かす歩き方である。一方，はやあしは，一度に2つのあしを動かす歩き方であるが，これには2種類あり，一般に多くのほ乳類は斜対歩とよばれる歩き方であるのに対し，ゾウやキリンなどの大型のほ乳類や砂漠のような乾燥した環境に適応したラクダは側対歩とよばれる歩き方で歩行する。

ⅰ）斜対歩と側対歩のあしの動かし方として適当なものを次のあ～うの中からそれぞれ1つずつ選び，記号で答えよ。

　　あ．右前あしと右うしろあしを同時に動かし，次に左前あしと左うしろあしを同時に動かす。

　　い．右前あしと左うしろあしを同時に動かし，次に左前あしと右うしろあしを同時に動かす。

　　う．右前あしと左前あしを同時に動かし，次に右うしろあしと左うしろあしを同時に動かす。

ⅱ）斜対歩に対する側対歩の特ちょうとして正しいと考えられるものを次のあ～えの中から1つ選び，記号で答えよ。

　　あ．からだの重心の上下の動きは大きいが，左右の動きは小さいため，エネルギーを消費しにくく疲れにくい。

　　い．からだの重心の上下の動きは小さいが，左右の動きは大きいため，エネルギーを消費しやすく疲れやすい。

　　う．からだの重心の左右の動きは大きいが，上下の動きは小さいため，エネルギーを消費しにくく疲れにくい。

　　え．からだの重心の左右の動きは小さいが，上下の動きは大きいため，エネルギーを消費しやすく疲れやすい。

ⅲ）6本あしの昆虫は，一度に3つのあしを動かす歩き方で，残りの3つのあしでからだを支えて歩く，バランスのとりやすい安定した歩き方をする。右図のカブトムシにおいて，①のあしと同時に動かすあしの組み合わせとして正しいと考えられるものを，次のあ～この中から1つ選べ。

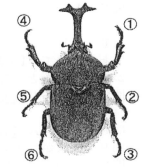

　　あ．②③　　い．②④　　う．②⑤　　え．②⑥　　お．③④

　　か．③⑤　　き．③⑥　　く．④⑤　　け．④⑥　　こ．⑤⑥

ⅳ）恐竜と恐竜以外のは虫類の違いは，あしのつき方にある。恐竜と同じあしのつき方をしている動物を次のあ～きの中から2つ選べ。

　　あ．ほ乳類　　い．鳥類　　う．両生類　　え．甲殻類　　お．昆虫類　　か．多足類　　き．クモ類

（注意）　解答はすべて解答用紙に記入しなさい。解答用紙のみ提出しなさい。

2 次の文を読み，以下の各問いに答えよ。
図1は，浅く大きな水路を上から見た図で，水路には，左から右の向きに水を流すことができる。

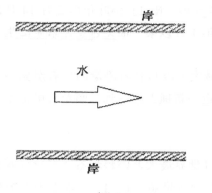

図1

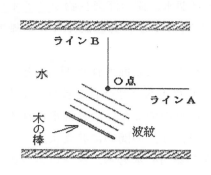

図2

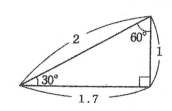

【Ⅰ】
　まず，この水路に水の流れはないものとして考える。図2のように水面に長い木の棒を置き，その場所で 0.5 秒間隔で棒を水面に対して上下に動かしたところ，0.5秒ごとに1つのまっすぐな波（波紋）が生まれ，等間隔で水面上を伝わっていった。図2のように水路を上から見て真ん中にO点をとり，O点を通り水路の底にラインA，ラインBが引いてある。図3のように，水の波紋を斜めの平行線で表し，波紋全体の進む向きを矢印（右上向き）で示す。波紋は，静止した水に対して速さ毎秒 1.0 mで水面を伝わる。ラインAと波紋のなす角度は 30°であった。また，水路の中で速さが毎秒 1.0 mでラインAに沿って右向きに歩いているK君が，この波紋を観測している（図3中ではK君を・で表している）。
　水路の岸で反射して，新しくできる波紋は考えなくてよい。
また必要なら右上の図の直角三角形の辺の長さの比を使っても良い。

問1　水面上を伝わる波紋の間隔（図3のa）は何mか。
問2　ラインAに沿ってとなり合う波紋と波紋の間隔
　　　（図3のb）は何mか。
問3　波紋がラインAに沿って進む速さは毎秒何mか。
問4　動いているK君に一つの波紋が届いてから，次の波紋が
　　　届くまでの時間は何秒か。

【Ⅱ】
　次に水路に左から右の向きに水を流す。この水の流れる速さ（以下水流という）は水路のすべての場所で毎秒 4 mである。
　水路の中に水流があると，波紋の速さはその水流の速さの分だけ増えたり減ったりするが，波紋ができた後に水流をつくる場合と，水流が最初からある中で波紋をつくるのとでは，様子が変わる。木の棒は【Ⅰ】と同じ場所，同じタイミングで上下に動かすものとする。

（Ⅱ-1）
　いま【Ⅰ】と同じ場所で木の棒を動かし始めてたくさんの波紋ができた後，ある時刻から，水路全体にラインAに沿って左から右向きに速さ毎秒 4 mの水流をつくった。すると水流によって波紋全体が，水流の方向に移動した（押し流された）。水流によってK君の歩く速さは変わらない。また，木の棒の位置が水流で変わることはない。水流をつくった時刻以降について答えよ。水流が発生した後に木の棒からできた波紋は考えない。

問5　ラインAに沿ってとなり合う波紋と波紋の間隔は何mか。
問6　波紋がラインAに沿って進む速さは毎秒何mか。
問7　動いているK君に一つの波紋が届いてから，次の波紋が届くまでの時間は何秒か。

（Ⅱ-2）
　あらためて，【Ⅰ】と同じ場所で木の棒を動かす前から，ラインAに沿って左から右向きに水路全体に速さ毎秒 4 mの水流ができていたとする。この水流の中で木の棒を動かしはじめて波紋をつくった。すると波紋どうしの間隔は【Ⅰ】のときの間隔よりひろがっていた。水流によってK君の歩く速さは変わらない。また，木の棒の位置が水流で変わることはない。

問8　ラインAに沿ってとなり合う波紋と波紋の間隔は何mか。
問9　波紋がラインAに沿って進む速さは毎秒何mか。
問10　動いているK君に一つの波紋が届いてから，次の波紋が届くまでの時間は何秒か。

（図3右側）
ラインB
毎秒1.0 m
a
波紋
30°
O
K君
ラインA
毎秒1.0 m
b
水面を真横から見た様子

図3

（注意） 解答はすべて解答用紙に記入しなさい。解答用紙のみ提出しなさい。

3 次の文を読み，以下の各問いに答えよ。

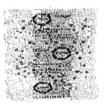

　お菓子が入っている袋をあけたら「食べられません」「シリカゲル」と表示された透明の小さな袋が出てきた。中には透き通った粒と青い色をした粒がまじって入っていた。青い色をした粒は，無色透明のシリカゲルに塩化コバルトという薬品がまぜてある。この小さい袋を外に出してしばらくすると，青い色をしていた粒がうすいピンク色に変化した。

問1　小さい袋を外に出してしばらくしたときの青い色をしていた粒の色の変化は，塩化コバルトという薬品の色の変化である。

　(1) この色の変化がおこったのはなぜか。

　(2) シリカゲルの袋の中に，この青い粒がまぜてある目的は何か。

問2　シリカゲルの粒が入っている袋の膜にはどういう性質があるか。

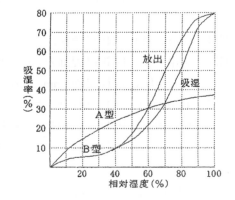

　シリカゲルについてインターネットで調べたところ，右のようなグラフが示されていた。グラフの横軸は「相対湿度(%)」で，空気中の水分(湿気)の多い・少ないを表わし，縦軸の「吸湿率(%)」は，乾燥剤の量(重さ)に対して，その温度で空気中に含まれる水分(湿気)を吸っている量(重さ)の割合を表したもので，吸湿率(%)が大きいほど水分(湿気)を多く吸収している。シリカゲルにはグラフのように特性の異なるA型とB型とよばれるものがある。図中のB型の「吸湿」とは，相対湿度が高くなって水分(湿気)を吸収するときの吸湿率(%)，「放出」とは相対湿度が下がって水分(湿気)を放出するときの吸湿率(%)を表わしている。

問3　さきいかやもちなど，比較的水分を含むものを保存するのに適するシリカゲルを次の中から選び記号で答えよ。

　　　ア．A型　　　イ．B型　　　ウ．A型でもB型でもよい

問4　シリカゲルは再生して繰り返し使うことができる。A型は，例えばフライパンで150℃〜180℃に加熱して再生することができ，B型は天日に干すことで再生できる。シリカゲルと水分がより強く結びついているのはA型，B型のいずれか。

問5　シリカゲル1.0gは0.54gの水分を吸収し，シリカゲルの表面積1.0cm²あたり10万分の1.0gの水分を吸着するものとする。このシリカゲル1.0gの表面積は何m²になるか。小数第1位まで答えよ。

　乾燥した海苔(のり)を入れた容器や袋には「食べられません」「生石灰」という袋が入っている。「生石灰（酸化カルシウム）」は相対湿度が小さいときでも強力な乾燥剤として働く。①生石灰は水蒸気と化学的に結びついて「消石灰（水酸化カルシウム）」という別の物質に変化する。②生石灰は二酸化炭素とも化学的に結びついて吸収し「炭酸カルシウム」に変化する。③消石灰も二酸化炭素と化学的に結びついて吸収し「炭酸カルシウム」に変化するが，同時に生石灰が消石灰になるときに結びついていた分に相当する水を失う。下の表は，これらの変化にともなう物質の重さの関係を示したものである。

下線部①	生石灰 56 g	水蒸気 18 g	消石灰 74 g	
下線部②	生石灰 56 g	二酸化炭素 44 g	炭酸カルシウム 100 g	
下線部③	消石灰 74 g	二酸化炭素 44 g	炭酸カルシウム 100 g	水 18 g

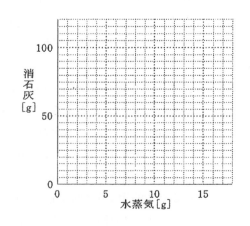

問6　56gの生石灰が下線部①の変化だけをするとき，吸収する水蒸気の重さと生じる消石灰の重さの関係を解答欄のグラフに表せ。

問7　56gの生石灰に，最初に9gの水蒸気を吸収させたあと，二酸化炭素を完全に吸収させると何gの炭酸カルシウムが得られるか。

（注意）　解答はすべて解答用紙に記入しなさい。解答用紙のみ提出しなさい。

4　地面の上がり下がりと氷の厚さに関する以下の各問いに答えよ。ただし，<u>分数で答えてはならない</u>。

（A）　1923年に関東大地震が発生した。関東におけるこのレベルの地震は，約200年に1回のペースで発生していることが，過去の記録から確認されている。あわせて，1回の地震で地面の高さは大きく上がり，それ以外の時期では，少しずつ地面の高さが下がっていることも測量などから確認されている。この状態をグラフで表すと，図1のようになる。図1を参考にして，以下の問いに答えよ。

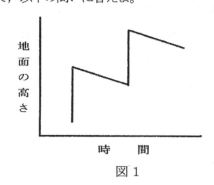

ある地域のA市で，地面の上下方向の変化の量を調べた。その結果，1900年から1920年の20年の間に，地面が25cm下がっていたことがわかった。

その後しばらくして大地震が発生し，この地震によって地面が130cm上がったことがわかった。A市では，大地震が80年ごとに発生するが，それ以外の時期（平常時）には地震は起こらず，地面が自然に下がるものとする。

図1

問1　地震が発生しない平常時，A市では1年間に地面が何mm下がるか。

問2　A市では，平常時の地面の下がりと地震のときの地面の上がりから，1年で平均して地面が何mm上がるか，あるいは何mm下がるか，答えよ。解答らんの（　　）内には，「上」か「下」をいれよ。

問3　B市において約9万年前，海面と同じ高さにあった地面が現在，海面から135mの高さに見られる。B市では，1回の大地震で125cm一気に地面が上がり，大地震は100年ごとに起こるとする。大地震の後，B市の地面は1年で何mm下がることになるか。

（B）　木片1m³あたりの重さを500kg，水1m³あたりの重さを1000kgとする。

今，底面積100cm²，厚さ10cmの木片を水に入れると，右の図2のようになって，木片の一部が水面の上に5cm浮かび上がる。このように，軽い物体を重い物体の上にのせると，軽い物体の一部が重い物体の上に浮かび上がる。このとき，

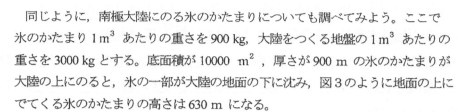

（木片の重さ）＝（木片がおしのけた水（図2の灰色の部分）の重さ）

という関係がなりたっている。これを「アルキメデスの原理」という。

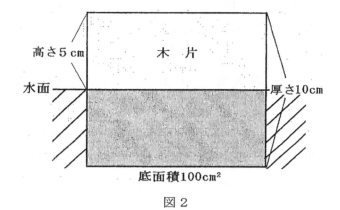

図2

同じように，南極大陸にのる氷のかたまりについても調べてみよう。ここで氷のかたまり1m³あたりの重さを900kg，大陸をつくる地盤の1m³あたりの重さを3000kgとする。底面積が10000m²，厚さが900mの氷のかたまりが大陸の上にのると，氷の一部が大陸の地面の下に沈み，図3のように地面の上にでてくる氷のかたまりの高さは630mになる。

このとき，図2の木片と水の関係と同じように，図3の氷のかたまりと地盤の関係においても，「アルキメデスの原理」がなりたっている。

以上を参考にして，以下の問いに答えよ。

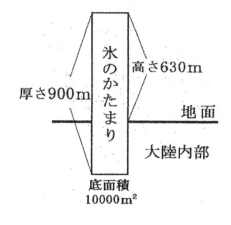

図3

問4　1m³あたりの重さ1000kgの水の中に，1m³あたりの重さ900kgの立方体の氷のかたまりが浮かんでいるとする。氷のかたまりの底面積を900m²，氷の高さを30mとすると，水面の上に出てくる氷のかたまりの高さは何mになるか。

問5　ある平らな地盤（地盤1m³あたりの重さ3000kg）に，氷のかたまり（氷のかたまり1m³あたりの重さ900kg）がのっている。

地点1では底面積が20000m²の氷のかたまりが上にのっていることで，地盤が498m下がっている。

地点2では底面積が30000m²の氷のかたまりが上にのっていることで，地盤が687m下がっている。

地点1と地点2それぞれの氷の厚さは何mか。

（注意）　解答はすべて解答用紙に記入しなさい。解答用紙のみ提出しなさい。

（40分）

1　日本の自然環境や農林水産業に関連する（１）～（６）の問いに答えなさい。

（１）北海道の自然環境や農林水産業について述べた文のうち，誤っているものをア～オから２つ選び，記号で答えよ。

　ア．品種改良や土壌改良によって稲作がおこなわれている地域は拡大したが，栽培が困難な地域も残されている。

　イ．根釧台地では夏の気温が低く穀物栽培に向かないため，乳牛を飼育してバターなどをつくる酪農が盛んである。

　ウ．さとうの原料となるてんさいは，十勝平野を中心に，寒さの厳しい冬に栽培されている。

　エ．知床半島では世界自然遺産に登録後，居住人口が制限され，豊かな生態系が維持されている。

　オ．十勝平野や旭川盆地ではキャベツやアスパラガスなどの栽培が盛んであり，東京などに出荷されている。

（２）次のＡ～Ｃには，北海道地方の地名ではないものがふくまれている。それぞれア～エから１つ選び，記号で答えよ。

　Ａ…　ア．北見山地　　　イ．日高山脈　　　ウ．養老山地　　　エ．天塩山地

　Ｂ…　ア．十和田湖　　　イ．サロマ湖　　　ウ．屈斜路湖　　　エ．洞爺湖

　Ｃ…　ア．積丹半島　　　イ．根室半島　　　ウ．牡鹿半島　　　エ．渡島半島

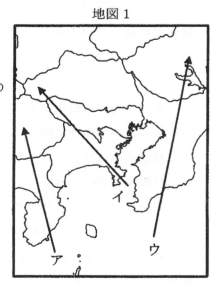

地図１

（３）右の地図１中，ア～ウのルートで飛行したとき，通過する地名として誤っているものをア～ウから１つ選び，記号で答えよ。

　アのルート：　伊豆半島　→　富士山　→　甲府盆地

　イのルート：　三浦半島　→　相模川　→　関東山地

　ウのルート：　房総半島　→　利根川　→　中禅寺湖

（４）世界重要農業遺産システムという考え方が2002年に世界食糧農業機関から提唱された。「世界農業遺産」とも呼ばれ，何世代もの間，農民や遊牧民によって受け継がれてきた農業生産の方法や文化を認定している。2014年末現在，世界では25か所，うち日本では５か所が認定されている。これに関する以下の①～③の問いに答えよ。

　①日本で初めて認定を受けた地域は，佐渡島と能登半島一帯である。この両地域に関して述べた文として誤っているものをア～エから１つ選び，記号で答えよ。

　　ア．佐渡島は沖合を流れる暖流の対馬海流の影響で冬でも本土より暖かく，また本土よりも積雪量が少ない。

　　イ．佐渡島は，金山開発時代に土地開拓が急速に進み，現在では島の大部分をしめる平野で稲作がおこなわれている。

　　ウ．能登半島一帯は農業だけでなく，伝統的な製塩法や輪島塗などの伝統工芸も継承されている。

　　エ．両地域とも人口が減少している地域であるが，豊かな農業環境をいかした地域おこしが進められている。

　②2013年には静岡県掛川地域一帯が茶の栽培に関連して認定された。茶の生産や輸入に関する文として正しいものをア～エから１つ選び，記号で答えよ。

　　ア．茶の栽培に適した地域は，気温が比較的高く日照時間が長く，降水に恵まれた台地が多い。

　　イ．茶の栽培は静岡県が生産第１位であり，中部・近畿地方の府県で日本の生産量のほぼ全てを占めている。

　　ウ．日本の茶の消費量は世界でも有数であり，世界第１位の輸入量を誇っている。

　　エ．この地域で茶の生産地として有名なところは，磐田原や牧ノ原，笠間原などである。

地図２

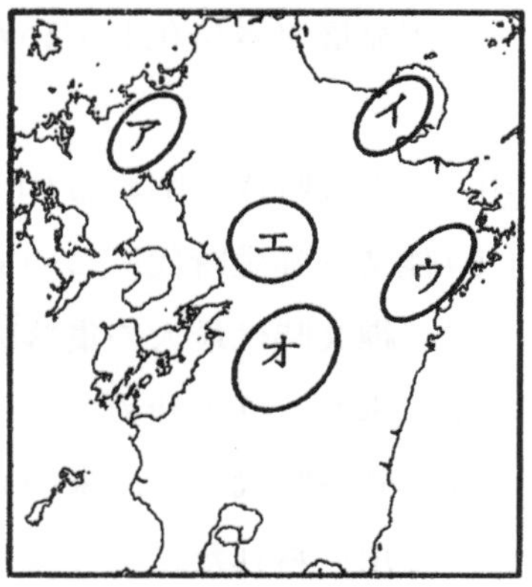

　③同じく2013年に，阿蘇地域と国東半島地域が認定された。地図２中，阿蘇地域および国東半島地域に当てはまるものをア～オから１つずつ選び，記号で答えよ。

（５）日本の農業について述べた文として誤っているものをア～オから２つ選び，記号で答えよ。

　ア．米の消費量が減り古米の在庫量が増えたため，1971年より生産調整が本格的に始まった。

　イ．農家数は減少を続けており，1960年と比較すると，この50年間で総農家数は半分以下に減った。

（注意）　解答はすべて解答用紙に記入しなさい。解答用紙のみ提出しなさい。

ウ．年齢別農業人口でみると，最も多い層は30～59才の年齢層である。

エ．1993年の冷害時の緊急輸入以外，日本は米の輸入を行っていない。

オ．機械や設備，農作業の共同化などを目的に新しい生産組合もつくられるようになった。

（６）稲作の生産過程で見た場合，地域ごとに田植えがおこなわれる時期は異なっている。この理由を説明した文中の空欄（　ア　）～（　ウ　）に当てはまる語句を答えよ。

「全国で田植えがおこなわれる時期がもっとも早いのは沖縄県で３月上旬，もっとも遅いのは福岡県・佐賀県などの九州地区で６月中旬頃となっている。東北地方では５月中旬頃が多い。これらの違いは，稲の（　ア　）による影響が大きい。さらに九州地区では二毛作が多く，福岡県から佐賀県にまたがる筑紫平野では（　イ　）の刈り取り後に田植えが始まり，熊本県中部に位置する（　ウ　）平野では熊本県が生産の大部分を占める いぐさ の刈り取り後の田植えとなるために時期が遅くなる。」

2　日本や世界の自動車産業に関する（１）～（３）の問いに答えなさい。

（１）日本の自動車産業に関する文として誤っているものをア～エから１つ選び，記号で答えよ。

ア．自動車には２万点以上の部品が使われるため，最終組み立て工場の周辺に多くの関連工場が集まっている。

イ．自動車工場は太平洋ベルトにその多くが立地しているが，内陸部にも工場が立地している。

ウ．自動車生産台数は1980年代を中心に日本が世界第１位であったが，現在は中国が第１位である。

エ．日本で生産された自動車の約半分は輸出されており，輸出先の第１位は経済発展が続く中国である。

（２）自動車関連工場では，最終組み立ての工程に対応して，必要な部品を必要なときに必要な数だけ送り届けるシステムを採用している。このシステムを何と呼ぶか，カタカナで答えよ。

（３）右の世界地図は，日本のある自動車会社の現地生産工場の分布(2014年現在)を示している。この地図を参照し，誤っている文を１つ選び，ア～エの記号で答えよ。なお，全て正しい場合にはオと答えよ。

ア．ロシアにも工場進出しているが，部品の輸送や製品の輸出入の難しさから，内陸部には工場は立地していない。

イ．かつて貿易摩擦が発生したことから，アメリカ合衆国に多くの工場が建設され，現地生産が盛んに行われている。

ウ．日本の自動車産業において，現地生産台数はすでに輸出台数を超えており，日本への逆輸入も進んでいる。

エ．自動車の購買力はその国の経済発展と強く結びついている。経済発展が本格化していないアフリカにはあまり進出していない。

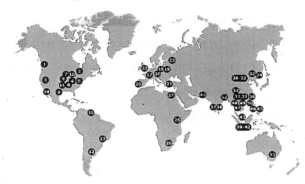

出典：http://www.toyota.co.jp/jpn/company/about
_toyota/facilities/worldwide/index.html

3　次の各時代に関わる（１）～（８）の問いに答えなさい。

（１）縄文～弥生時代について述べた文として正しいものをア～エから１つ選び，記号で答えよ。

ア．縄文時代最大の集落跡が見つかった青森県の三内丸山遺跡では，当時の人々が稲作をしていたことがわかっている。

イ．米づくりを始めたころは，湿地を耕して水田をつくり，苗床をつくらずに種もみをじかにまいた。

ウ．弥生時代には，米づくりの手法とともに，金属器も大陸から伝わった。とくに鉄器はめずらしく，まつりの道具として用いられた。

エ．女王卑弥呼が治めた邪馬台国の場所については，九州地方とする説と近畿地方とする説が有力であり，それぞれ福岡県の板付遺跡と奈良県の纒向遺跡が注目されている。

（２）古墳～飛鳥時代について述べた文として正しいものをア～エから１つ選び，記号で答えよ。

（注意）　解答はすべて解答用紙に記入しなさい。解答用紙のみ提出しなさい。

ア．堺市の大仙古墳をはじめ，古墳はおもに大和・河内に集中し，大和朝廷から離れた九州では見ることができない。

イ．埼玉県の稲荷山古墳から出土した鉄剣には，「オワケ」という大王の名を記した文章がきざまれており，関東地方にまで当時の大和朝廷の勢力がおよんでいたことがわかる。

ウ．聖徳太子が亡くなると，蘇我氏の勢いは大王をしのぐほどになった。この動きに不満をもった中大兄皇子と中臣鎌足たちは蘇我馬子を倒し，中国から帰った留学生らとともに政治改革を進めた。

エ．飛鳥時代の有力豪族はおもに高床の邸宅で生活をしていたが，農民たちは竪穴住居での生活をつづけていた。

（３）奈良時代について述べた文として誤っているものをア〜エから１つ選び，記号で答えよ。

ア．平城京の外には，東西二つの市がおかれて，各地から税として集められた品々が取り引きされた。

イ．政治のしくみが整うにしたがい，国のなり立ちを明らかにした『古事記』・『日本書紀』が完成した。

ウ．天皇の命令を全国に伝える政治のしくみが整っていたので，東大寺の大仏づくりでは大量の物資と人手を集めることができた。

エ．鑑真が来日する直前の752年には，東大寺の大仏完成を祝う開眼式が盛大に行われた。

（４）平安時代について述べた文として誤っているものをア〜エから１つ選び，記号で答えよ。

ア．中国から伝わった囲碁は，『源氏物語』や『枕草子』など，この時代の文学作品のなかにも登場しており，男性貴族のみならず，宮中の女性たちもたしなむ遊びの一つに数えられた。

イ．世の中に対する不安や恐れから仏教が説く極楽浄土へのあこがれが強まり，貴族や天皇による熊野もうでが行われたり，極楽浄土を表現した寺などもつくられた。

ウ．藤原道長は，自分のむすめのために，菅原道真などの漢詩や和歌の教養をもった学者をそばに仕えさせた。

エ．山口県の下関に位置する壇ノ浦は，源平合戦に敗れた平氏一族の終えんの地となった。

（５）鎌倉時代について述べた文として正しいものをア〜エから１つ選び，記号で答えよ。

ア．源頼朝は関東の武士を地頭に任命して全国各地におき，村での年貢の取り立てや犯罪の取りしまりにあたらせた。

イ．「征夷大将軍」とは，もとは南九州地方に住む人びとを武力で従わせる役職であったが，源頼朝が任命されてからは武家政治の代表者をさすようになった。

ウ．源頼朝が亡くなったあと，北条氏のもとで幕府の力はしだいに朝廷をしのぐようになり，それまでの律令を廃止して新たな武家の法律を定めた。

エ．筑前国の御家人である竹崎季長が描かせたとされる『蒙古襲来絵詞』には，元軍と戦う九州の御家人のすがたや季長本人が幕府に自分の手がらをうったえに行く様子が描かれている。

（６）室町時代について述べた文として正しいものをア〜エから１つ選び，記号で答えよ。

ア．障子やふすまで屋内を仕切る建築様式が生まれ，３代将軍の足利義満ゆかりの金閣もその様式で建てられた。

イ．京都の足利学校は，学問の中心地として栄え，全国から多くの武士や僧が集まって漢学を学んだ。

ウ．農業の生産力が上がると，民衆の力が高まり，地域のお祭りや盆おどりも盛んに行われるようになった。

エ．当時の京都は幕府がおかれて大いに栄え，祇園祭がこの時代に初めて行われた。

（７）戦国時代，および安土・桃山時代について述べた文として正しいものをア〜エから１つ選び，記号で答えよ。

ア．1560年の桶狭間の戦いでは，織田信長・徳川家康の連合軍が，駿河の戦国大名である今川義元をやぶった。

イ．戦国大名のなかで最初に都へ上って天下に力を示した織田信長は，京都を中心に抵抗する仏教勢力を武力でおさえこむ一方，外来宗教であるキリスト教の布教は認めた。

ウ．1549年のキリスト教の伝来以降，パン・カステラ・カルタ・タバコなど西洋の品々も日本に伝えられた。

エ．豊臣秀吉の検地と刀狩によって，武士・百姓といった身分がはっきり区別され，武士以外のものは城下町に住むことを禁じられた。

（注意）　解答はすべて解答用紙に記入しなさい。解答用紙のみ提出しなさい。

（８）江戸時代について述べた文として正しいものをア～エから１つ選び，記号で答えよ。

ア．初代将軍の徳川家康は，武家諸法度で大名が自分の領地と江戸を１年おきに行き来する参勤交代を定めて，将軍と大名との主従関係を確かなものとした。

イ．キリスト教の布教を行っていたポルトガル船の来航を幕府が禁止すると，島原・天草地方を中心にキリシタンたちによる一揆が起こった。

ウ．元禄期には木版技術が発達し，色あざやかな浮世絵が大量につくられた。なかでも，歌舞伎役者を描いた美人画が人気を集めた。

エ．一日三食の食習慣が広まり，大都市となった江戸の町では，そば・にぎりずし・天ぷらなどの手軽に食べられる食事を出す屋台も発達した。

4　次の文章を読み，（１）～（５）の問いに答えなさい。

　①2008年アメリカ大統領選挙における　　X　　党の候補者争いは，ヒラリー・クリントンとバラク・オバマによる史上まれにみる接戦となった。いずれも本選で当選すれば，アメリカ政治史上，初の女性大統領，黒人大統領の誕生となることから大きな注目を集めることとなった。

　結果としてヒラリー・クリントンは候補者争いに敗れ女性大統領誕生とはならなかったが，アメリカの女性参政権の歴史をふりかえってみると，女性たちの参政権を求める運動は②1848年から始まったといわれる。19世紀後半には女性団体が運動を展開し，③1920年になってようやく憲法修正第19条により「合衆国市民の投票権は，性別を理由として，合衆国またはいかなる州によっても，これを拒否または制限されてはならない」と定められ④女性の政治参加が可能となった。

（１）空欄　　X　　に入る政党名として正しいものを，次のア～エから１つ選び，記号で答えよ。

ア．社会　　　　イ．民主　　　　ウ．保守　　　　エ．共和

（２）下線部①の年，日本の国会では「アイヌ民族を先住民とすることを求める決議」が可決された。アイヌ民族について述べた文として誤っているものを，次のア～エから１つ選び，記号で答えよ。

ア．アイヌ民族とは，古くから北海道・サハリン・千島列島などを居住地とする人びとのことである。

イ．江戸幕府からアイヌの人びとと交易する権利を得た松前藩は，アイヌの人びとが持ってくる大量のサケ・コンブなどを，わずかな米などと交換し，大きな利益を得ていた。

ウ．江戸時代，アイヌの人びとはアテルイを指導者として松前藩と戦ったが，武力によっておさえられた。

エ．北海道開拓を進める明治政府は，アイヌの人びとの土地を取り上げ，日本語の使用や日本名への改名を強制した。

（３）下線部②の年に，後の日露戦争において日本海軍を率いた東郷平八郎とロシア海軍（バルチック艦隊）を率いたロジェストベンスキーが生まれている。日露戦争や日本とロシア（ソ連）との関係について述べた文として誤っているものを，次のア～エから１つ選び，記号で答えよ。

ア．日露戦争は，日清戦争と比べて戦費や戦死者が約７倍となる，日本にとって大きな戦争であった。

イ．日露戦争はイギリスのなかだちによって講和条約が結ばれて終わり，日本はロシアから領土などをゆずり受けた。

ウ．第二次世界大戦の終わりごろ，ソ連は満州やサハリン南部などに侵攻してきた。

エ．第二次世界大戦後，日ソ間の国交が回復してもソ連は国後・択捉島などの北方領土を日本に返還しなかった。

（４）下線部③について，1920年代の日本の人びとの生活や社会について述べた文として正しいものを，次のア～エから１つ選び，記号で答えよ。

ア．日本初の日刊新聞が発行され，ラジオ放送が始まるなど，新しいメディアが登場した。

イ．学校給食が始まり，おなかをすかせた日々を送っていた子どもたちにとって，栄養を補給する貴重な機会となった。

（注意）　解答はすべて解答用紙に記入しなさい。解答用紙のみ提出しなさい。

　ウ．日本が統治していた朝鮮では，朝鮮の人びとの姓名を日本名に改めたり，神社をつくって参拝させたりする政策が進められた。

　エ．デパートの店員やタイピスト・バスの車掌（しゃしょう）・電話の交換手（こうかんしゅ）など，これまでなかった新しい仕事が登場した。

（５）下線部④について，近現代の日本における女性の社会進出について述べた文として誤っているものを，次のア～エから１つ選び，記号で答えよ。

　ア．津田梅子は，岩倉使節団とともにアメリカに渡り，帰国後，学校をひらき女性の英語教師育成に力を注いだ。

　イ．明治半ばから繊維（せんい）工業が発達し，製糸工場では農村出身の女性たちが低い賃金で長時間働いた。

　ウ．大正時代に，平塚らいてう・与謝野晶子・樋口一葉らが女性の自由と権利の拡大をめざす運動を進めた。

　エ．女性参政権は普通選挙法成立から約20年後に実現し，その翌年の総選挙では女性国会議員も誕生した。

5　次の（１）～（３）の問いに答えなさい。

（１）次のａ～ｅの文には，それぞれ誤りが１か所ある。解答欄に誤っている部分の番号を示し，正しい語句に書きかえよ。

　ａ．1889年に発布された大日本帝国憲法は，①ドイツの憲法を模範（もはん）にしてつくられ，主権者は②天皇であった。国民には③兵役の義務があり，一定額の税金を納めた者だけが④衆議院・貴族院の両院の議員を選ぶことができた。

　ｂ．日本国憲法では，外国との争いごとを①武力で解決しない，そのための②戦力を持たないと定めている。また，日本の国会と政府は，「核兵器を持たない，つくらない，③持ちこませない」こと（非核三原則）を定め，平和主義の精神を実現する努力をしている。また，原子力発電所の輸出は④禁止している。

　ｃ．日本国憲法によれば，外国との条約を結ぶのは①内閣であり，その条約は②国会が承認し，③天皇が公布する。日本が国際連合に加盟したのは，1956年に④中華人民共和国と国交を回復したのちのことである。

　ｄ．1970年代初めに出た四大公害裁判の判決では，①すべての裁判で企業の責任が認められた。国は，1967年に②公害対策基本法を定め，1971年に公害対策などを仕事とする③環境庁ができ，のちにそれぞれ環境基本法，環境省へとかわった。一方，環境ホルモンなどの危険な物質や病気の対策をするのは④経済産業省の仕事である。

　ｅ．国際連合は，1972年にスウェーデンのストックホルムで①人間環境宣言を採択したが，環境問題がさらに深刻化したために，1992年にブラジルのリオデジャネイロで②国連貿易開発会議を開いた。この会議では，③持続可能な社会を実現するために，④開発を進めながら環境を守っていくための協力の必要性が合意された。

（２）次の文のうち，誤っているものをア～エから１つ選び，記号で答えよ。

　ア．1950年に始まった朝鮮戦争では，大韓民国にはアメリカ合衆国が，朝鮮民主主義人民共和国には中華人民共和国が軍隊を送った。

　イ．1960年から始まったベトナム戦争は，化学兵器の使用や空爆（くうばく）を繰（く）り返したアメリカ合衆国の軍隊が撤退（てったい）した後，北ベトナム側の勝利に終わり，南北が統一された。

　ウ．1991年にイラクによる隣国（りんごく）クウェート占領をきっかけとする湾岸戦争が起こり，アメリカ合衆国を中心とする多国籍（たこくせき）軍が組織されたが，平和主義をかかげる日本はこの戦争には関わりを持たなかった。

　エ．1991年，多くの民族が暮らしていたユーゴスラビアが崩壊（ほうかい）すると，民族対立などから内戦状態になり，大量の難民が発生した。

（３）日本国憲法に関する，次の文中の空欄（　ａ　）・（　ｂ　）に適切な語句を答えよ。

　　われわれは，憲法の定める（　ａ　）を正しく行使するとともに，おたがいの自由を尊重しなければならない。すなわち，思想や言論や集会の自由が保障されているが，それは他人の（　ａ　）を否定し，（　ｂ　）を否定するものであってはならない。健康で文化的な生活とは，たんに経済的なことがらにかかわるものではない。自分とは違う他者の生き方を認めず，他者の自由を否定し，他者の生きる意欲・生命を奪（うば）うことは，（　ｂ　）を否定するものである。

(中)　算数

※150点満点
（配点非公表）

1
| (1) | (ア) | | (イ) | | (2) | | m |

(3) (ア)　(イ)

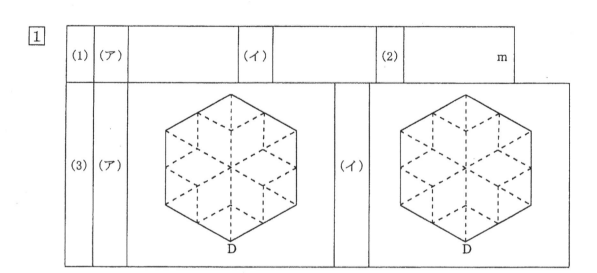

2
| (1) | 値 | 回数 | (2) | 値 | 回数 | (3) | 値 | 回数 |
| (4) | | , | | | | | | |

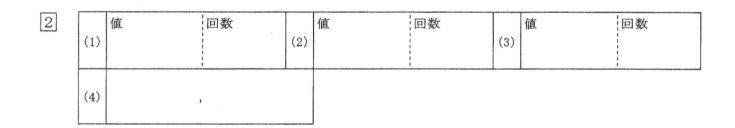

3
(1)		(2)		cm³
		(3)	ア	
		(3)	イ	
		(4)		

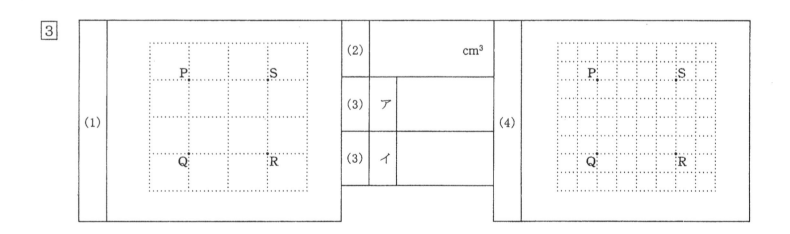

4
| (1) | cm² | (2) | (ア) | cm | (イ) | cm | (ウ) | cm | (エ) | cm |

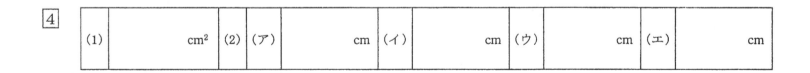

5
| (1) | (ア) | 205円 → 円 | 206円 → 円 | 207円 → 円 | (イ) | 230円 → 円 | 231円 → 円 | 232円 → 円 |
| (2) | | 円 | 円 | 円 | 円 | (3) | 円 | |

平成27年度久留米大学附設中学校入学試験問題解答用紙

㊥　理科

受験番号 _____

※100点満点
（配点非公表）

1

| 問1 | i | (1) | | (2) | (3) | (4) |
| | ii | (5) | | (6) | | (7) |

| 問2 | | | |

| 問3 | i | 斜対歩　　側対歩 | ii | iii | iv | |

2

問1	m	問2	m	問3	m	問4	秒
問5	m	問6	m	問7	秒		
問8	m	問9	m	問10	秒		

3

問1	(1)	問6
	(2)	
問2		
問3		問4	問5	m²	
問7	g		

消石灰[g]

100

50

0

0　　5　　10　　15

水蒸気[g]

4

| 問1 | mm | 問2 | mm（　　）がる | 問3 | mm |
| 問4 | m | 問5 | 地点1 | m | 地点2 | m |

解答用紙

受験番号	

中学社会

（注意）　解答はすべて解答用紙に記入しなさい。解答用紙のみ提出しなさい。

（この欄には記入しない）

*

※100点満点
（配点非公表）

1

（1）	（2）			（3）	（4）		
	A	B	C		①	②	③
							阿蘇　国東半島

（5）	（6）		
	ア	イ	ウ

2

（1）	（2）	（3）

3

（1）	（2）	（3）	（4）	（5）	（6）	（7）	（8）

4

（1）	（2）	（3）	（4）	（5）

5

（1）		
a	b	c
番号　語	番号　語	番号　語

（1）	
d	e
番号　語	番号　語

（2）	（3）	
	a	b

（注意）　解答はすべて解答用紙に記入しなさい。解答用紙のみ提出しなさい。

(1) 円周率は 3.14 とします。

(2) 3 辺の長さの比が 3：4：5 であるような三角形は、すべて直角三角形です。

(3) 角すいの体積は（底面積×高さ）÷ 3 として計算します。（高さとは、頂点から底面に引いた垂線の長さのこと）

（60 分）

1　次の各問いに答えなさい。

(1) 次の計算をしなさい。　$\left\{8-\left(2\frac{1}{9}-\frac{3}{4}\right)\times 1\frac{2}{7}\right\}\div\left(\frac{1}{4}+\frac{1}{6}\right)$

(2) 2014 は 19 で割り切れます。2014×2014 を割り切る 3 けたの数を小さい順に
すべて答えなさい。

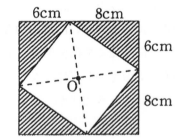

(3) 図のような 2 つの正方形ではさまれた斜線部分を、正方形の対角線の交点 O の
まわりに 1 回転してできる図形の面積は何 cm² ですか。

(4) 図のような AB＝3 cm、BC＝4 cm の直角三角形があり、辺 AC 上に、
AO＝1 cm となる点 O をとります。辺 AB 上に点 P、辺 BC 上に点 Q、
辺 CA 上に点 R を、折れ線 OPQR の長さが最も短くなるようにとるとき、
BQ、CR の長さはそれぞれ何 cm ですか。

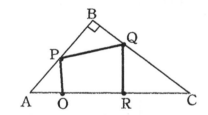

2　A、B、C、D、E 5 人の志願者に実技試験と筆記試験をしました。
それぞれの満点は 10 点、20 点で、A、B、C、D 4 人の得点は右表の通りです。
合計点の 5 人の平均点はちょうど 20 点でした。

(1) E の合計点（ア＋イ）は何点ですか。

(2) A、B、C、D 4 人の実技の平均点、筆記の平均点はそれぞれ何点ですか。

	実技	筆記	合計
A	10	13	23
B	9	14	23
C	3	18	21
D	2	15	17
E	ア	イ	ア＋イ
平均			20

　実技試験は点差が大きいので、得点の［合計］ではなく、各試験の順位の［合計］で合格者を決めることにしました。
順位の［合計］は筆記試験の順位を 2 倍にして計算し、
［合計］が同じ場合は、実技のいい方を上位とします。
右の（例）は、A、B、C、D 4 人で順位を考えて、
合格者を 2 人決めた場合で、B と C が合格です。

（例）	得点		順位			
	実技	筆記	実技	筆記	順位の［合計］	合否
A	10	13	1	4	1＋4×2＝9	×
B	9	14	2	3	2＋3×2＝8	○
C	3	18	3	1	3＋1×2＝5	○
D	2	15	4	2	4＋2×2＝8	×

　さて、A、B、C、D、E から合格者を 3 人決めます。
ただし、実技や筆記の得点で同点がいる場合、順位は平均
をとります。たとえば、3 位と 4 位が同点の場合、順位は
3 と 4 の平均をとって、ともに 3.5 位とします。

(3) E の実技の得点が、(2)で求めた A、B、C、D 4 人
の実技の平均点に等しいとき、表を完成させなさい。

(4) E の筆記の得点が、(2)で求めた A、B、C、D 4 人
の筆記の平均点に等しいとき、表を完成させなさい。

	得点		順位			
	実技	筆記	実技	筆記	順位の［合計］	合否
A	10	13			＋　×2＝	
B	9	14			＋　×2＝	
C	3	18			＋　×2＝	
D	2	15			＋　×2＝	
E					＋　×2＝	

(5) E が合格となることがあります。そのときの、E の実技試験、筆記試験の得点はそれぞれ何点ですか。

3　A さんが、あるスーパーで買い物をしました。買い物をしてレジに並ぶとき、普通の店員のレジと実習生のレジがありました。それぞれのレジでは、買い物客 1 人につき次の時間だけかかります。

　　普通の店員のレジ（普通のレジ）：買い物量が多い少ないに関係なく、25 秒。

　　実習生のレジ：買い物量が多い客は 50 秒、少ない客は 15 秒。

A さんは買い物量が多い客です。今、普通のレジには、買い物客が 10 人並んでいます。レジにかかる時間は A さんが並んでから考えます。

(1)　普通のレジに並ぶと、A さんがレジを終えるまでに何分何秒かかりますか。

(2)　実習生のレジには、買い物量が多い客と少ない客が混じって並んでいて、そのうち買い物量が多い客の割合は 3 割以上 5 割以下です。

　㋐　実習生のレジに買い物客が 10 人並んでいるとき、A さんが実習生のレジに並ぶと、A さんがレジを終えるまでに最も短くて何分何秒、最も長くて何分何秒かかりますか。

　㋑　実習生のレジに並んだ方が普通のレジに並ぶより必ず早くレジが終わるのは、実習生のレジに最大何人まで並んでいるときですか。また、そのとき、A さんがレジを終えるまでに最も長くて何分何秒かかりますか。

4　図のような 1 辺の長さが 6 cm の立方体から 3 つの三角すいを切り取った立体があります。この立体を下から 3 cm の高さで、底面と平行な面で切り、2 つの立体に分けます。

(1)　切り口の面積は何 cm² ですか。

(2)　分けられた 2 つの立体のうち、上側と下側の立体の体積はそれぞれ何 cm³ ですか。

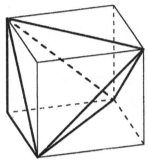

5　1, 3, 5, 7, 9 の 5 つの数字だけでできた数を小さい順に並べると 1, 3, 5, 7, 9, 11, 13, 15, 17, 19, 31, 33, 35, 37, 39, 51, 53, 55, 57, 59, 71, 73, 75, 77, 79, 91, 93, 95, 97, 99, 111, 113, 115, 117, 119, 131, ……, 199, 311, 313, …… になります。これを同じ順番に数字が並んだ列 1 3 5 7 9 11 13 15 17 19 31 33 35 37 39 51 53 55 57 59 71 73 75 77 79 91 93 95 97 99 111 113 115 117 119 131 …… 199 311 313 …… と考えます。6 番目、7 番目、8 番目は 1、9 番目が 3、15 番目は 2 個目の 9 です。

(1)　上の数字の列の …199311313 の続きを 6 個書きなさい。また、途中 131 …… 199 と省略した …… の部分には何個の数字が並びますか。

(2)　101 番目から 106 番目までの数字の列を書きなさい。

(3)　20 個目の 9 の前後の数字は何ですか。

(4)　2014 番目から 2020 番目までの数字の列を書きなさい。

6　高さが 9 cm、底面が面積 10 cm² の正三角形である三角柱の容器 ABC―DEF があり、辺 BE、CF 上にそれぞれ点 P、Q を BP＝6 cm、CQ＝3 cm ととり、三角形 DPQ を作ります。

(1)　この容器 ABC―DEF を傾けて、三角形 DPQ が水面となるように水を入れます。この水の体積を、「底面積×高さの平均」で計算して、10×（0＋3＋6）÷3＝30（cm³）としました。この答えが正しいかどうかを、この式を使わない別の方法で計算して確かめなさい。考え方や説明も書きなさい。

(2)　次に、容器 ABC―DEF を三角形 DPQ で切断して、あらためて容器 ABC―DPQ を作ります。この容器に (1) と同じ量の水を入れ、水がこぼれないように容器 ABC―DPQ を傾けて、水面を三角形 DPQ と同じ形の三角形にすることができます。
　　図の（例）を参考にして、（例）以外の水面の三角形を 3 つ書きなさい。

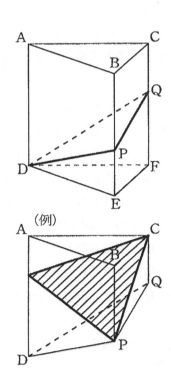

（注意）　解答はすべて解答用紙に記入しなさい。解答用紙のみ提出しなさい。

（40分）
1　次の文を読み，以下の各問いに答えよ。

Ⅰ　室温（20 ℃）の水をビーカーに入れ，ガラス管から空気を送りこむとガラス管から A 気泡（きほう）が出てくる。
これは，空気が水に　1　ので， A 気泡になって出てくるものである。

問1　上の文中の　1　に適するものを選び，記号で答えよ。
　　ア．よく溶ける　イ．あまり溶けない　ウ．まったく溶けない
問2　下線 A の気泡には，送りこんだ空気のほかにふくまれている気体がある。その気体の名前を答えよ。

Ⅱ　室温（20 ℃）の水道水をビーカーに入れ，加熱する実験をおこなった。しばらくすると，ビーカーの器壁に小さな B 気泡が現れた。さらに加熱を続けたところ　2　が始まってさかんに C 気泡が現れた。

問3　上の実験をおこなうとき，アルコールランプ，ビーカーのほかに必要な実験器具の名前をすべて答えよ。
問4　上の文中の　2　に適するものを答えよ。さらに，その現象の説明を「水が　あ　中で　い　になる変化」とするとき，　あ　，　い　に適することばをそれぞれ漢字2文字で答えよ。
問5　下線Bの気泡と下線Cの気泡について適するものを選び，記号で答えよ。
　　ア．下線Bの気泡も下線Cの気泡も空気をふくんでいる。
　　イ．下線Bの気泡は空気をふくむが，下線Cの気泡は空気をふくまない。
　　ウ．下線Bの気泡は空気をふくまないが，下線Cの気泡は空気をふくむ。
　　エ．下線Bの気泡も下線Cの気泡も空気をふくまない。
問6　ビーカーに室温の水を入れ，これに下線Cの気泡の気体をガラス管で導いて送り込むとどうなると考えられるか。
　　次の　う　，　え　に適することばをそれぞれ答えよ。
　　「下線Cの気泡の気体は，室温の水によって冷やされ　う　になるので，気泡は　え　。」

Ⅲ　ペットボトルに入った新しい炭酸飲料がある。キャップを開ける前は気泡はなかった。キャップを開けて，ビーカーに入れると D 気泡が現れた。

問7　この下線Dの気泡の気体は主に何か。
問8　この下線Dの気泡のできかたは，上の下線A〜Cの気泡のどれに似ているか。A〜Cの記号で答えよ。

Ⅳ　ビーカーに鉄の粒を入れ，希塩酸を注ぐと E 気泡が現れた。この気泡の現れ方は上のDのように，はじめから気体が水溶液（ようえき）の中にあったのではない。鉄が　お　ときに物質が変化して新しい物質が生まれる。この物質が下線 A の気泡のように水に　1　ので，気泡になって現れる。

問9　下線 E の気泡の気体は主に何か。
問10　　お　に適するものを5〜10字で答えよ。

Ⅴ　昭和50年（1975年）代はじめまで小学校の音楽教科書には「村の鍛冶屋（かじや）」という歌があった。村の鍛冶屋とは，鉄などの金属を熱して打ちきたえ，鋤（すき），鍬（くわ），鎌（かま）などの農具をつくる職業のことで，かつては身近にあり地元の農家を支えていた。この歌の歌詞は時代により部分的に書きかえられているが，鍛冶屋の作業場の光景を表現している。

　　しばしも休まず　槌（つち）うつ響き（ひびき）
　　飛び散る火花よ　走る湯玉
　　*ふいごの風さえ　息をもつがず
　　仕事に精出す　村の鍛冶屋
　　　*ふいご：火力を強めるための送風装置。右さし絵の左の箱状の装置。

昭和46年発行『音楽4』（教育出版）「かじや」のさし絵

　歌詞の下線部の「走る湯玉」とは，真っ赤になった高温の鉄板に室温の水がふれたとき，急激に熱せられた水が湯玉になって表面を走る（動きまわる）ことを表現したものである。

問11　「走る湯玉」ができることについて，次の文中の　　　　　に適することばを答えよ。
　　水は高温の鉄板にふれて，急激に熱せられ，一部が　か　になって，鉄板と湯玉の間に存在する。ところが　か　は熱の伝わり方が　き　ので，高温の鉄板にふれているのに　く　のまま湯玉となって走ることになる。

（注意）　解答はすべて解答用紙に記入しなさい。解答用紙のみ提出しなさい。

2　問１～問５の各文の下線部に誤りがあれば，その番号を解答らんにすべて記入せよ。下線部がすべて正しければ，「○」を
　　解答らんに記入せよ。

問１　右図は，つぶが流れはじめるときの水の速さ（１秒間に水が流れる距離_{きより}）と
　　つぶの直径との関係を表している。この図から，水の流れが速くなると，より
　　大きなつぶが流れるようになることがわかる。例えば，水の流れる速さが１秒
　　間に 50 cm から 150 cm と３倍になると，流れるつぶの直径は①およそ 10 倍と
　　なる。これらのことから，川の上流と下流を比べると，川の上流の方が②運搬
　　作用_{ばん}が起こりやすく，川の下流の方が③堆積_{たい}作用が起こりやすいことが考えら
　　れる。

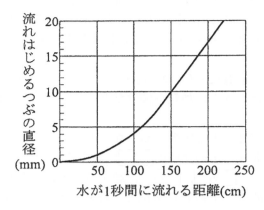

問２　日本付近での天気の移り変わりのようすから，現在地の天気が今後どのように変化するかを知るためには，現在地から見て
　　①西の方の空を観察するとよい。また，一年を通しての季節の移り変わりには，日本付近で発達する大規模な高気圧の発達と
　　衰退_{すい}が関与している。例えば，夏には②太平洋上に大規模な高気圧が発達する。また，③オホーツク海とシベリア上空に同じく
　　らいの勢力の高気圧が発達することで，日本には梅雨という時期が存在することが知られている。

問３　地層がいつできたのかを知るには，地層の中に含まれる物質が長い時間かけて別の物質に変化し，もとの物質の量がだんだ
　　んと減っていくことを利用する。いま，あるウランは 7 億年 たつと，もとの重さの半分になり，減った重さと同じ重さの鉛_{なまり}
　　ができるとする。さらに 7 億年 たつと，ウランの重さはさらに半分になり，減った重さと同じ重さの鉛ができる。このこと
　　から，100 g のウランは，28 億年 たつと，①25 g になることになる。また，400 g のウランが変化して 350 g の鉛ができる
　　には，②21 億年 が必要である。ある地層に，ウランが 2 g，鉛が 62 g 含まれていたとすると，この地層は③35 億年前にで
　　きたことになる。ただし，鉛は全てウランから生じたものとする。

問４　地球は自転によって，24 時間で 360°回転するものとすると，地球が 1°自転するために必要な時間は①4 分 となる。こ
　　のことから，東経 135 度 の明石で昼の 12 時 に太陽が南中した日に，東経 130 度の久留米では②11 時 40 分に太陽が南中す
　　ることになる。また，日本の最東端の南鳥島（東経 153 度）と最西端の与那国島（東経 123 度）では，南中時刻に③2 時間
　　のずれが生じることとなる。

問５　冬の星座として有名な①オリオン座は，リゲルとベテルギウスという 2 つの一等星をもっている。しかし，これらの一等星
　　の色は異なっており，②リゲルは赤い色，ベテルギウスは青白い色をしている。これらの色の違いは星の表面温度の違いを表
　　しており，③赤い色の星の方が表面温度が高いことが知られている。

（注意）　解答はすべて解答用紙に記入しなさい。解答用紙のみ提出しなさい。

3　次の文を読み，以下の各問いに答えよ。

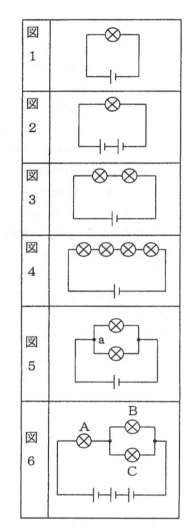

　同じ性能の電池（記号：┤├）と電球（記号：⊗）をたくさん用意し，それらを用いて図１～図６までのさまざまな回路を作った。

　図１のように，電池１つと電球１つを接続して電気回路を作ったところ，回路に電流が流れた。電流の大きさは，回路のどこでも同じであった。

　電流の大きさはアンペアという単位であらわし，この場合の電流の大きさは 0.1 アンペアであった。

　電池の電流を流そうとするはたらきを電圧といい，電圧の大きさはボルトという単位であらわす。この実験に使われた電池の電圧の大きさは１ボルトであった。

　また，電球には電流が流れるのを妨げようとする性質があり，この性質を抵抗という。抵抗に逆らって電流が流れるときに，抵抗をもった物体は光を放ったり，熱を発生したりするのである。電池の電圧は電球の抵抗に逆らって電流を流そうとし，電球の抵抗は電流が流れるのを妨げようとする。電池による回路の電圧と，電球による抵抗の大きさによって，回路を流れる電流の大きさが決まるのである。

　図２の場合，電池が２つつながれて，電圧は，図１の場合の２倍となるので，回路に流れる電流も２倍の 0.2 アンペアとなる。

　図３の場合，電球が２つつながれて，抵抗が２倍となり，回路に流れる電流は 0.05 アンペアとなるので，各電球にかかっている電圧はそれぞれ 0.5 ボルトであることが分かる。各電球にかかる電圧を合計すると１ボルトとなり，これは電池の電圧と等しい。

　図４の場合，回路に流れる電流は（①）アンペアである。

　図５の場合，電流が流れることができる道が二本になり，電流が流れやすくなるので，抵抗は図１の場合に比べて $\frac{1}{2}$ 倍となり，電池から流れ出る電流は（②）アンペアとなる。この電流が交点ａに流れこむが，電流はそこから２方向に分かれて流れ出る。その際，交点ａに流れこんでくる電流の大きさと枝分かれして流れ出る２つの電流の大きさの合計は等しい。だから，各電球に（③）アンペアの電流が流れ，各電球に電圧（④）ボルトがかかっていることがわかる。

　図６の回路で，電球Ｂに流れる電流と電球（⑤）に流れる電流は等しく，電球Ａに流れる電流は，電球Ｂに流れる電流の（⑥）倍となるので，電球Ａにかかる電圧は電球Ｂにかかる電圧の（⑦）倍である。また，

　　（電球Ａの電圧）＋（電球Ｂの電圧）＝（電球Ａの電圧）＋（電球Ｃの電圧）＝３ボルト

となるので，電球Ａに流れる電流は（⑧）アンペアであり，電球Ｂに流れる電流は（⑨）アンペアであることが分かる。

問１　上の文の（①）～（⑨）に適切な数字や文字を記入せよ。

問２　上の実験で用いたのと同じ性能の電球を用いて図７のような回路を作り，13 個の同じ性能の電池（合計 13 ボルト）をつないだ。以下の（１），（２）に答えよ。

　（１）電球Ｄと電球Ｅにかかる電圧は，電球Ｆにかかる電圧のそれぞれ何倍か。

　（２）電池から流れ出る電流の大きさを求めよ。

問３　図８のような立方体の形に回路を作った。各辺には，上の実験で用いたのと同じ性能の電球が１つずつ組みこまれているが，図が複雑になるので電球の記号ははぶいてある。電池から 0.6 アンペアの電流が流れ出るようにしたい。この場合，上の実験で用いたのと同じ性能の電池（１ボルト）を何個つなげばよいか。

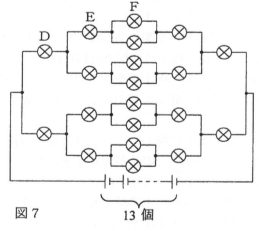

図７　　　　　13 個

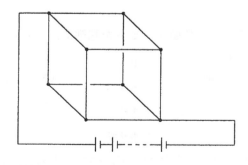

図８

（注意）　解答はすべて解答用紙に記入しなさい。解答用紙のみ提出しなさい。

4　次の文［A］～［C］を読み，以下の各問いに答えよ。

［A］地球上の生物は①約46億年前に海で誕生したと考えられている。最初に出現したセキツイ動物は魚類のなかまで，その後約３億
　　６千万年前に両生類が陸上進出した。我々の祖先であるほ乳類が出現したのは約２億年前と考えられており，陸上の様々な環境に
　　適応していった。
　　　　生物の進化の証拠として，形やはたらきがちがっていても，同じつくりから進化したと考えられる器官がある。例えば，魚類の
　　胸びれと両生類・は虫類の前足，鳥類のつばさ，ヒトのうでは同じ起源の器官であり，このような器官を②相似器官とよぶ。
　　　　２つの系統の中間的な特徴をもつ生物の存在もあげられる。例えば，カモノハシは全身が毛でおおわれ，子に授乳すること か
　　らほ乳類としての特徴をもつ。一方で卵生であり，は虫類としての特徴ももっている。このような，ほ乳類とは虫類の両方の特徴
　　をもつ生物の例は他に③カンガルーがあげられる。

［B］ヒトをふくむ霊長類は木の上での生活にともない様々な特徴をもつようになった。眼が顔の①前方に位置することにより，両眼
　　視の範囲が広がった。②親指が他の指と向かい合うことによって，枝などのものをにぎることができるようになった。また，③かた
　　関節が横に向いたことでうでを自由に回転させることが可能になった。さらにヒトでは直立二足歩行によって，脳が発達した。

［C］現在の進化論では，異なった生物間で共通のはたらきをするタンパク質のアミノ酸のな
　　らびかたを比べる方法がある。
　　　　右表はヘモグロビンを構成するタンパク質のひとつα-グロビンのアミノ酸のならびかた
　　を比べ，異なるアミノ酸の個数を示したものである。この場合，近い種ほど異なるアミノ
　　酸の数が A ｛ア．少ない　イ．多い｝。つまり，アミノ酸のならびかたの変化が大きいほど
　　B ｛ア．古い　イ．新しい｝時代に種が分かれたことを示している。

	ヒト	イヌ	ウサギ	ウマ
ヒト	0			
イヌ	23	0		
ウサギ	25	28	0	
ウマ	18	27	25	0

問1　文［A］，［B］中の下線部①～③に誤りがある場合，その番号をすべて記せ。ただし，すべて正しい場合には解答らんに「○」
　　を記入せよ。

問2　文［C］中の｛　｝内の語のうち，正しい方の記号を解答らんに記せ。

問3　文［A］に関して，セキツイ動物の陸上進出にともなうからだの特徴の変化の例として誤っているものを次のあ～えよりひとつ
　　選び記号で答えよ。
　　あ．両生類やは虫類のあしは下につきだしているが，ほ乳類では横につきだしており，からだを支えるのに適している。
　　い．両生類は皮ふが粘膜でおおわれているのに対し，は虫類やほ乳類では角質層が発達し，体表からの水分蒸発が抑制されている。
　　う．ほ乳類では両生類やは虫類と比べて気管支が複雑に枝分かれしており，肺胞の表面積が著しく増大している。
　　え．両生類の胚には胚をつつむ膜が形成されないが，は虫類やほ乳類の胚には膜が形成されるため，陸上での発生に適している。

問4　文［B］に関して，ゴリラとヒトの骨格を比べた文のうち誤っているものを次のあ～えよりひとつ選び記号で答えよ。
　　あ．ヒトはかかとの骨が大きく土ふまずが発達しているが，ゴリラはかかとの骨が小さく，土ふまずもない。
　　い．ヒトの骨盤は縦長で前向きに開いているのに対し，ゴリラの骨盤は横に広く，丸みをおびて上向きに開いている。
　　う．ヒトではあごと歯が小型化しているのに対し，ゴリラのあごはヒトより大型で，特に犬歯が発達している。
　　え．ヒトの頭骨は真下に開き，首の骨は地面に垂直であるが，ゴリラの頭骨はななめ後ろ方向に開き，首の骨も地面に垂直ではない。

問5　表の数値からヒトを基準に，これらの生物の種としての近さを表した図として最も近いものを以下のあ～えから選び記号で答え
　　よ。

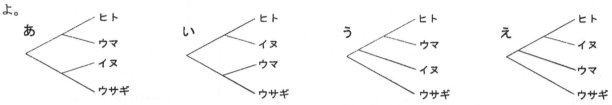

問6　文［C］について述べた文中の（　a　）～（　c　）に適切な数値を入れよ。
　　　進化の過程において，アミノ酸のならびかたがひとつ変化するのには一定の年月がかかる。ヒトとウマの場合を考えると，
　　8千万年前に枝分かれした共通の祖先から（　a　）個ずつアミノ酸が変化していると考えることができる，よってα-グロビンの
　　アミノ酸のならびかたがひとつ変化するには約（　b　）百（　c　）十万年の時間がかかると推定される。

（注意）　解答はすべて解答用紙に記入しなさい。解答用紙のみ提出しなさい。

（40分）

1　東経140度を基準に，東北日本の地域に注目したい。（1）～（10）の問いに答えなさい。

（1）日本の国土は南北に長く，縦横に走る山脈によっても気候の違いが大きい。下の
　雨温図ア～エは，それぞれ札幌・上越（高田）・松本・東京のいずれかを表している。
　このうち，札幌と東京に当てはまるものをア～エから１つずつ選び，記号で答えよ。

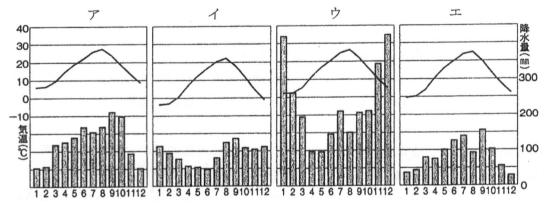

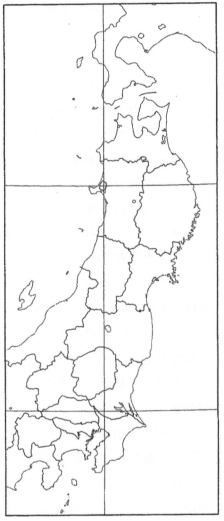

（2）日本の気候をつくる要因の一つとして，夏と冬で風向きが変わる風があげられる。
　この風を何と呼ぶか，漢字３字で答えよ。

（3）北海道地方に住む人びとのくらしについて述べた文のうち，誤っているものをア～
　エから１つ選び，記号で答えよ。

　ア．家の窓やドアを２重にしたり，壁に断熱材を入れたりして，家の中の熱が逃げな
　　いようにしている。

　イ．市民が，決まった時間に，道にたまった雪を流雪溝に捨てる地域がある。

　ウ．太陽光を効率良く受けるために，屋根の傾斜はゆるやかにしている。

　エ．道路の下に温水パイプや電熱線を通して，その熱で地面の雪や氷をとかす設備が
　　ある。

（4）北海道・東北地方は稲作が特にさかんな地域である。秋田県内における稲作の様子について述べた文のうち，誤ってい
　るものをア～エから１つ選び，記号で答えよ。

　ア．奥羽山脈や越後山脈など多くの山があり平野にとぼしいため，横手盆地や大館盆地，能代平野など限られた平地を活
　　用しながら稲作を続けている。

　イ．秋田県の沖合には暖流の対馬海流が流れ，同じ東北地方の太平洋側よりも気温が高くなる。また，春先の雪どけ水は
　　養分を多く含み，稲作に向いている。

　ウ．品種改良を重ねることで，寒さに強い品種を生み出してきた。また，農地を改良し耕地整理を行うことで，大型機械
　　の利用を可能とし，効率良い稲作ができるようになった。

　エ．戦後の食糧増産を目的に，八郎潟では国家事業として干拓が進み，20年の歳月を費やして大型農地が完成した。

（5）地図中の各地方には，伝統工芸品をはじめ，地域に根ざした工業が発達している地域も多い。次のア～オのうち，組合
　せとして誤っているものを１つ選び，記号で答えよ。

　ア．新潟県：燕市－金属洋食器　　　　イ．宮城県：盛岡市－南部鉄器　　　　ウ．北海道：札幌市－ビール

　エ．福島県：会津若松市－会津塗　　　オ．千葉県：銚子市－しょうゆ

（6）男鹿半島や磐梯山，秩父市，糸魚川市などは特に貴重な地質が認定され，珍しい地形や地質をいかした新たな観光や地
　域活性化に向けての取り組みが進められている地域がある。このような地域を何と呼ぶか，カタカナで答えよ。

（7）地図中には，谷津干潟，尾瀬や渡良瀬遊水池など，水鳥の生息地としての湿地を守る条約に登録されている場所がいく
　つか存在する。この条約名をカタカナで答えよ。

（注意）　解答はすべて解答用紙に記入しなさい。解答用紙のみ提出しなさい。

（8）千葉県市原市や茨城県鹿嶋市などでは石油化学工業がさかんである。石油化学工業について述べた文のうち，誤っているものをア～エから１つ選び，記号で答えよ。なお，全て正しい場合にはオと答えよ。

　ア．海外からのタンカーを受け入れるために，鹿嶋市では掘り込み式港湾を建設し，大型タンカーに対応している。

　イ．日本国内では新潟県や秋田県でも石油生産は行われており，大規模な石油化学工業が発達している。

　ウ．日本で消費される石油はその大部分を海外に依存しているため，石油化学コンビナートは臨海部に立地している。

　エ．石油化学工業は，動力源や熱源としての燃料だけでなく，工業製品の原料も作り出している。

（9）日本近海の漁場は漁獲物の種類・漁獲高ともに世界最大の地域に含まれ，水産物は日本人の食生活には欠かせないといえよう。水産物を取り巻く状況について述べた文のうち，誤っているものをア～エから１つ選び，記号で答えよ。なお，全て正しい場合にはオと答えよ。

　ア．さけ・ます・たらなどは主に北部の冷たい水域で，さば・いわし・かつおなどは主に南部の暖かい水域でとれる。

　イ．日本の漁獲量の減少にともない水産物の輸入依存度が高まっており，約半分を輸入に頼っている。

　ウ．2011年３月に発生した東日本大震災により，水揚げ量の豊富な気仙沼・大船渡などの漁港が被災しており，長期的な支援が必要となっている。

　エ．スペインやトルコなどで日本向けに行われているクロマグロの蓄養が問題となり，資源保護の観点から取引関係国が非難された。

（10）第二次世界大戦後，日本の貿易はどのように変わったかを述べた文のうち，誤っているものをア～エから１つ選び，記号で答えよ。

　ア．特に高度経済成長のころ，海外から原料を輸入し，すぐれた技術で加工し輸出していた。この方式を加工貿易と呼ぶ。

　イ．かつて輸出の主力製品であった せんい品 は現在その割合を大きく落としている。

　ウ．近年は以前と比べて機械類や衣類など，工業製品の輸入が増えている。これは東アジアや東南アジアの国々で工業化が進んだことや，日本企業が海外進出し，現地工場で生産を増やしたことなどが理由である。

　エ．安価ですぐれた日本製品が大量に輸出されたことで，中国との間では貿易摩擦問題が長期化している。

2　世界の住居に関して，写真①～④に当てはまる説明を語群Ⅰ・Ⅱからそれぞれ選び，記号で答えよ。

①　　　　　　　　　②　　　　　　　　　③　　　　　　　　　④

【語群Ⅰ（写真の説明）】　　　　　　　　　　　　【語群Ⅱ（よく見られる国々）】

　ア．固まった雪をブロックに切り出しドーム型にする。　　　　A．エジプト

　イ．強い日ざしをさけるために，壁を白くぬる。　　　　　　B．カナダ

　ウ．木の骨組みの上に厚いフェルトをかぶせる。　　　　　　C．ギリシャ

　エ．日干しレンガを材料にし，室内温度を低くする。　　　　D．モンゴル

（注意）　解答はすべて解答用紙に記入しなさい。解答用紙のみ提出しなさい。

3　日本の歴史における（１）～（７）のテーマについて，誤っているものをそれぞれ１つ選び，ア～エの記号で答えなさい。

（１）動物

ア．縄文時代の貝塚からは，カツオやタイなどの魚の骨だけでなく，動物の骨から作られた釣り針が発見されている。

イ．東大寺の正倉院に収められている宝物の中には，ラクダの絵が描かれている琵琶がある。

ウ．古墳の上や周囲に置かれた埴輪には，人間の形をしたものだけでなく，馬や猿や鳥の形をしたものがある。

エ．奈良時代には，各地からアユなどの魚やイノシシの肉などが租として朝廷に納められた。

（２）絵画

ア．水墨画は，鎌倉時代に中国から日本に伝わり，禅宗寺院を中心に発達し，室町時代後期に雪舟によって大成された。

イ．平氏一族の繁栄を願って製作された平家納経が，日本全国の神社に納められた。

ウ．『蒙古襲来絵巻』には，竹崎季長が恩賞を求めて，鎌倉幕府に直接訴えている場面が描かれている。

エ．江戸時代に流行した浮世絵は，歌舞伎役者，女性，すもうとりや風景などが題材とされた。

（３）貿易

ア．遣唐使船によって，中国だけでなくインド・西アジアなどの品々も日本にもたらされた。

イ．10世紀には遣唐使は１度も派遣されなかったが，個人的な商船は中国から多く来航した。

ウ．江戸時代初期，大名や商人がさかんに貿易を行った結果，東南アジアに日本町ができた。

エ．朝鮮には日本人の住む商館が置かれ，そこで薩摩藩が江戸幕府の許可を得て木綿などを輸入した。

（４）服装・はき物

ア．弥生時代の水田での作業で，足が沈まないですむように田げたが使用された。

イ．平安時代の貴族男性の正装である束帯では，裳と呼ばれる着物が帯で腰に巻かれた。

ウ．江戸時代には，江戸や各地の城下町に絹織物などを売る呉服屋が増えていった。

エ．太平洋戦争が始まると，衣類の購入についても衣料切符で制限されるようになった。

（５）仏教・学問・教育

ア．奈良での大仏づくりでは渡来人の子孫が技術の指導をし，僧の鑑真も協力して農民たちを働かせた。

イ．遣唐使とともに留学生や僧も中国へ送られ，中国の政治や法律，仏教の教えなどを学び，学問や文化をもたらした。

ウ．応仁の乱で京都の文化人が地方へ行ったため，地方で学問がさかんになり，足利学校には多くの学生が集まった。

エ．江戸時代後期，江戸や大坂などの都市の文化が地方にも広がり，教育への関心の高まりから多くの寺子屋ができた。

（６）一揆

ア．室町時代の村の人びとは，寄合を開いて村の決まりを定めたり，一揆を起こし領主に対抗したりした。

イ．平安時代から行われてきた京都の祇園祭は，室町時代に農民の一向一揆で中断されたが，のちに復活した。

ウ．江戸時代の農民は，年貢の引き下げや不正を行う役人をやめさせることなどを要求して，百姓一揆を起こした。

エ．幕末期，開国によって生活が苦しくなった人びとが増え，世直しを求める一揆もさかんに起こるようになった。

（７）焼き物

ア．縄文時代に土器の使用が始まり，煮炊きが容易となって食べ物の幅が広がった。

イ．古墳時代に日本に渡来してきた人の中には，焼き物の進んだ技術をもたらした者もいた。

ウ．足利義満が始めた日明貿易では，日本から焼き物がさかんに輸出された。

エ．江戸時代の中期には，今の佐賀県有田で作られた陶磁器が，長崎からヨーロッパへさかんに輸出された。

（注意）　解答はすべて解答用紙に記入しなさい。解答用紙のみ提出しなさい。

4　次の年表を参考にして，（１）～（６）の問いに答えなさい。

1853年	ペリーが浦賀に来航した。	……①
1867年	江戸幕府の第15代将軍の徳川慶喜が政権を朝廷に返した。	……②
1872年	学制公布により，全国に多くの小学校がつくられた。	……③
1881年	明治政府は10年後までに国会を開く約束をした。	……④
1894年	日清戦争が始まった。	……⑤
1922年	全国水平社が結成された。	……⑥
1937年	日中戦争が始まった。	……⑦

（１）①から②の間のできごとについて，正しい文をア～オから２つ選び，記号で答えよ。

　ア．江戸幕府は，関税自主権が認められていない日米和親条約を結び，下田と函館（箱館）の２つの港を開いた。

　イ．日米修好通商条約が結ばれ，輸出品の綿糸や茶の不足が国内でおき，物価が急に上がった。

　ウ．江戸幕府の政策に反対していた吉田松陰は，大老井伊直弼によって，江戸で処刑された。

　エ．長州藩主の行列を横切ろうとしたイギリス人が藩士によって切られ，翌年，下関がイギリス艦隊の砲撃を受けた。

　オ．坂本龍馬の努力で，薩摩藩の西郷隆盛と長州藩の桂小五郎（木戸孝允）が京都で軍事同盟を結んだ。

（２）②から③の間のできごとについて，正しい文をア～エから１つ選び，記号で答えよ。

　ア．大政奉還の直後，新政府軍と旧幕府軍の間に戦いが起こり，勝利をおさめた新政府が王政復古の大号令を出した。

　イ．新政府に江戸城が明け渡され，江戸はまもなく東京と改名され，翌年には天皇も東京に移った。

　ウ．廃藩置県によって，元の大名は府や県の知事となって，その後数年間，そのまま統治を続けた。

　エ．ヨーロッパの国ぐにとの貿易がさかんになったので，東京に建てられた鹿鳴館で舞踏会が連日のように行われた。

（３）③から④の間のできごとについて，正しい文をア～エから１つ選び，記号で答えよ。

　ア．近代的な軍隊を作るために徴兵令が出され，20歳の男子は３年間，軍隊に入ることを義務づけられた。

　イ．地租改正では，土地の値段を決め，その30％を税として農作物で納めさせることにした。

　ウ．政府の役人をやめた大隈重信が，欧米のように早く議会を開くべきだと主張し，自由民権運動が始まった。

　エ．不平士族たちによる反乱が各地で起こり，西南戦争が平定された後も武力による反抗は続いた。

（４）④から⑤の間のできごとについて，正しい文をア～エから１つ選び，記号で答えよ。

　ア．ヨーロッパに派遣された伊藤博文は，帰国後，皇帝権力の強いイギリス憲法を手本にして憲法案を作成した。

　イ．伊藤博文は行政を担当する内閣制度をつくり，初代の内閣総理大臣となった。

　ウ．帝国議会は，貴族院と衆議院からなり，両院とも一定の税金を納めた25歳以上の男子だけが選挙権を持った。

　エ．大日本帝国憲法は帝国議会で審議され，自由民権運動家との激しい議論の末，天皇の名で発布された。

（５）⑤から⑥の間のできごとについて，正しい文をア～エから２つ選び，記号で答えよ。

　ア．外務大臣の陸奥宗光が，関税自主権の回復を内容とする新しい条約をイギリスと結ぶことに成功した。

　イ．衆議院議員の田中正造は，足尾銅山の銅の生産中止を天皇に直訴し，中止させることに成功した。

　ウ．日本は韓国を併合して植民地とし，そののち学校では日本語や日本の歴史が教えられるようになった。

　エ．平塚らいてうや市川房枝によって新婦人協会が設立され，女性の地位向上を求める運動が進められた。

（６）⑥から⑦の間のできごとについて，正しい文をア～エから２つ選び，記号で答えよ。

　ア．関東大震災が起こったが，まもなく景気は回復し，その後も日中戦争開始まで経済成長が続いた。

　イ．普通選挙法が成立し，25歳以上のすべての男子に選挙権が与えられ，有権者が約４倍になった。

（注意）　解答はすべて解答用紙に記入しなさい。解答用紙のみ提出しなさい。

ウ．日本軍は中国軍を攻撃して中国東北部を占領し，翌年，その地域を満州国として独立させた。

エ．国際連盟は調査を行ったのち，日本政府の主張する満州国の独立を認める決議をした。

5　次の（1）と（2）の問いに答えなさい。

（1）次の文は国際連合の機関について述べたものである。文中の空欄　A　と　B　に適する語を答えよ。

　　　国際連合の目的は世界平和と安全の維持だけでなく，広い範囲にわたって国際協力をすすめ，平和をおびやかす問題の解決に努力することにある。おもな機関として，国連の最高議決機関であり理事国や　A　の裁判官を選出する総会や，国際平和と安全を守るために強い権限をもつ安全保障理事会などの６つの機関があり，そのほか多くの専門機関や総会で設立された機関とつながりをもっている。これら各種の機関のなかで，教育科学文化の面で諸国間の協力を進め，平和と安全保障に貢献することを目的とするユネスコ（国連教育科学文化機関）や，戦争や飢えなどによって厳しい生活をおくっている子どもたちを助ける目的でつくられたユニセフ（　B　）などの活動はよく知られている。

（2）次の文は私たちの生活と法律とのかかわりについての話である。①～⑥の文中で下線をつけた部分の内容とかかわりの深い事項を後の語群より選び，記号で答えなさい。また，それぞれについて，法律上認められるものには○を，認められないものには×を記入せよ。ただし，話はすべて架空のものである。

①文部科学大臣のＡ氏は，衆議院の文教委員会の質疑応答で「中学生の勉強量をもっと減らすべき」と発言したところ，委員のＢ氏が反対，「大臣は中学しか卒業していないからそんなことを言うのだ」と発言したことが問題となった。Ａ氏の支持者からはＢ氏の発言は人権侵害であり，Ｂ氏は発言の責任を取って国会議員を辞めるべきだという意見があがった。

②Ｃ小学校のそばを通る国道の通行量が多いので，校長先生がバイパスを作ってほしいと国土交通省に直接陳情したが，国土交通省からは予算がないので歩道を拡げることでがまんしてもらいたいという説明があった。しかし，校長先生は絶対にバイパスを作るべきだと，再度陳情した。

③Ｄ小学校では全校ハイキングで通りかかった神社の前で，生徒たちが誰からともなく自主的に手を合わせて頭を下げ，結局ほとんどの生徒が頭を下げた。その様子がテレビのワイドショーで放送され，番組出演者の一人が，学校が生徒たちに何も指導しなかったことを批判した。しかし，学校側はこの時の対応に何も問題はなかったとした。

④Ｅ小学校で行われた児童会長選挙の立会演説会で，候補者のＦ君はゲーム機の持ち込みを自由にすると主張しようとした。しかし，これは学校で禁止されている内容だからという理由で，Ｆ君の演説は途中で中止を命じられた。

⑤中学３年の女子生徒Ｇ子が進路相談の時，担任の先生に「２年後に，今高校２年の男性と結婚するので進学しない」と言った。担任の先生が反対すると，Ｇ子は憲法に婚姻は両性の合意のみに基づいて成立すると定められており，両方の母親も賛成しているのだから何も問題はないと答えた。

⑥Ｈ小学校で６年生担任のＩ先生が生徒の算数の学力が低いためにそれまで使っていた教科書をやめて，先生手作りのプリントを教科書として用いていることが問題となった。しかし，Ｉ先生は生徒のために必要で仕方がないと主張した。

【語　群】

ア．請願権　　　　　イ．男女平等　　　　ウ．学校教育法　　　エ．名誉き損　　　　オ．信教の自由

カ．未成年者の婚姻　キ．道路交通法　　　ク．言論の自由　　　ケ．教育を受けさせる義務　コ．議員特権

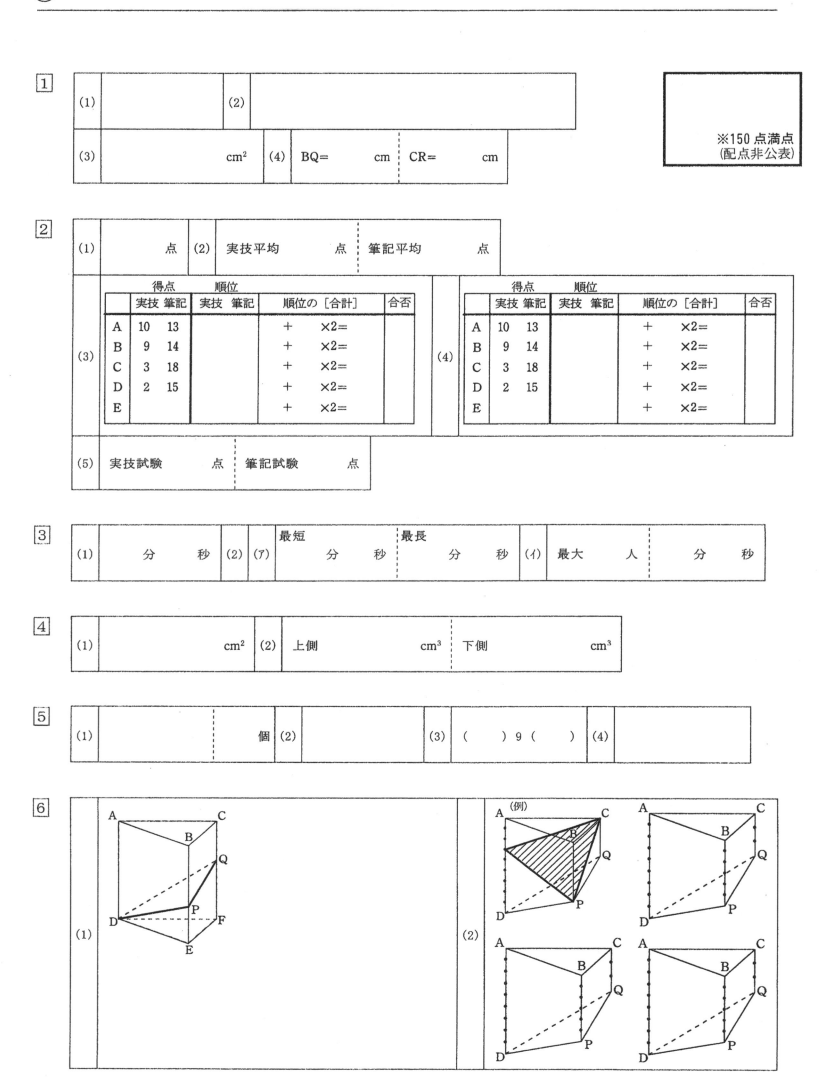

1
(1)　　　　　(2)
(3)　　　　　　cm²　(4)　BQ=　　cm　CR=　　cm

※150点満点
(配点非公表)

2
(1)　　　　点　(2)　実技平均　　　点　筆記平均　　　点

(3)

	得点		順位		順位の [合計]	合否
	実技	筆記	実技	筆記		
A	10	13			+ 　 ×2=	
B	9	14			+ 　 ×2=	
C	3	18			+ 　 ×2=	
D	2	15			+ 　 ×2=	
E					+ 　 ×2=	

(4)

	得点		順位		順位の [合計]	合否
	実技	筆記	実技	筆記		
A	10	13			+ 　 ×2=	
B	9	14			+ 　 ×2=	
C	3	18			+ 　 ×2=	
D	2	15			+ 　 ×2=	
E					+ 　 ×2=	

(5)　実技試験　　　点　筆記試験　　　点

3
(1)　　　分　　　秒　(2)(ア)　最短　　　分　　　秒　最長　　　分　　　秒　(イ)　最大　　　人　　　分　　　秒

4
(1)　　　　cm²　(2)　上側　　　　cm³　下側　　　　cm³

5
(1)　　　　個　(2)　　　　(3)　(　)9(　)　(4)

6
(1)

(2)

平成２６年度　久留米大学附設中学校入学試験　解答用紙

中　理科

受験番号 [　　　　]

※100点満点
（配点非公表）

1

問1	問2	問3		

問4	2	あ	い	問5	問6	う	え

問7		問8	問9	問10				

問11	か	き	く	

2

問1	問2	問3	問4	問5

3

問1	①	②	③	④	⑤
	⑥	⑦	⑧	⑨	

問2	（1）電球D	電球E	（2）	問3	
	倍	倍	アンペア		個

4

問1	[A]	[B]	問2	A	B	問3	問4	問5

問6	a	b	c	

解答用紙

受験番号	

中学社会

（注意）　解答はすべて解答用紙に記入しなさい。解答用紙のみ提出しなさい。

（この欄には記入しない）

*
※100点満点
（配点非公表）

1

(1)		(2)	(3)	(4)	(5)	(6)
札幌	東京					

(7)	(8)	(9)	(10)
条約			

2

①		②		③		④	
語群Ⅰ	語群Ⅱ	語群Ⅰ	語群Ⅱ	語群Ⅰ	語群Ⅱ	語群Ⅰ	語群Ⅱ

3

(1)	(2)	(3)	(4)	(5)	(6)	(7)

4

(1)	(2)	(3)	(4)	(5)	(6)

5

(1)	
A	B

(2)					
①	②	③	④	⑤	⑥
記号					
○					
×					

（注意）　解答はすべて解答用紙に記入しなさい。解答用紙のみ提出しなさい。

(1)　円周率は 3.14 とします。

(2)　3 辺の長さの比が 3：4：5 であるような三角形はすべて直角三角形です。

(3)　角すいの体積は（底面積×高さ）÷ 3 として計算します。（高さとは、頂点から底面に引いた垂線の長さのこと）

（60分）

1　次の各問いに答えなさい。

(1)　次の □ に当てはまる小数を答えなさい。　$0.625 - \boxed{} \times \left(0.6 - \frac{1}{3} \div \frac{5}{6}\right) = \frac{19}{40}$

(2)　ある値段で仕入れた品物に、2 割の利益を見込んで定価をつけましたが、なかなか売れなかったため、定価の 8 ％
引きで売ったところ、利益は 130 円でした。この品物の仕入れ値はいくらですか。

(3)　1，2，3，4 と書かれたカードが 1 枚ずつあります。この 4 枚のカードをならべ、
4 けたの数を作ります。できた 4 けたの数をすべて足すと、いくつになりますか。

(4)　右の図のように、AB = 1cm、AC = 2cm の直角三角形 ABC で、BC を 1 辺とする
正方形を作ります。その正方形の対角線を 1 辺とする正方形の面積は何 cm² ですか。

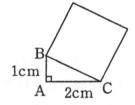

2　分数を次のようにならべました。

$$\frac{1}{2}, \frac{1}{4}, \frac{3}{4}, \frac{1}{6}, \frac{3}{6}, \frac{5}{6}, \frac{1}{8}, \frac{3}{8}, \frac{5}{8}, \frac{7}{8}, \frac{1}{10}, \cdots\cdots$$

ならべ方の規則を考え、次の問いに答えなさい。

(1)　$\frac{11}{12}$ は何番目の分数ですか。

(2)　91 番目の分数は何ですか。

(3)　1 番目から 91 番目までの分数の和を計算しなさい。

(4)　1 番目から順にある分数まで足し続けると、和が $\frac{303}{11}$ になりました。この最後の分数は何番目で何ですか。

3　図のように 1 辺 4cm の正五角形の内側に、中心が P で半径が 1cm で
弧の長さが 2cm のおうぎ形があります。この正五角形の内側でおうぎ形を
すべることなく矢印の向きにころがします。

(1)　点 P が辺 BC 上にくるまでおうぎ形をころがしたとき、点 P が動いて
できる図形を解答用紙の図にかき入れなさい。

(2)　おうぎ形が元の場所にもどるまでに、点 P が動いてできる図形の長さは
何 cm ですか。

(3)　(2)でできる図形と正五角形の辺で囲まれた部分の面積は何 cm² ですか。

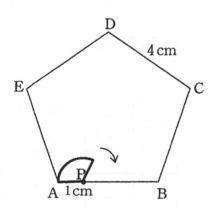

4　A君、B君、C君の 3 人が 400m 競走をします。3 人の走りは① 0m ～ 100m、② 100m ～ 200m、③ 200m ～ 300m、④ 300m ～ 400m の各 100m を走るのにどれだけの時間がかかったかが分かるようになっていて、それぞれラップタイム①、②、③、④ということにします。また、3 人の走りには次のような特徴があります。

A君…ラップタイム①と②は同じで、0.1 秒単位で短くできますが、最短でも 13.8 秒とし、15.0 秒を越えることはありません。

　　ラップタイム③は 15.0 秒です。

　　ラップタイム④は、ラップタイム①を 15.0 秒より何秒短く走ったかの 3 倍だけ 15.0 秒に加算されます。たとえば、ラップタイム①が 14.9 秒のとき、ラップタイム④は 15.3 秒になります。

B君…ラップタイム①と②は 14.8 秒です。

　　ラップタイム③は、スタートしてから 200m 走った時点で自分が先頭、もしくは 200m 通過時のタイムが先頭と 0.4 秒未満のとき 14.8 秒のままで、200m 通過時のタイムが先頭より 0.4 秒以上遅いと 15.2 秒になります。

　　ラップタイム④は、300m 通過時のタイムが先頭より 1.0 秒以上遅いと 16.2 秒になり、それ以外の時はラップタイム③と同じです。

C君…ラップタイム①、②、③、④とも 15.2 秒で、400m のタイムは 60.8 秒になります。

(1)　A君のラップタイム①が 14.7 秒のとき、A君の 400m のタイムは何秒になりますか。また、このとき、3 人の中で A君の順位は何位になりますか。

(2)　B君のラップタイム④が 15.2 秒になるのは、A君のラップタイム①が何秒のときですか。すべて答えなさい。

(3)　A君が 1 位もしくは 1 位タイでゴールするのは、A君のラップタイム①が何秒のときですか。すべて答えなさい。

(4)　3 人中 1 人が単独で 1 位でゴールし、残りの 2 人が同時に 2 位タイでゴールするのは、A君のラップタイム①が何秒のときですか。

[必要があれば下の表を利用してください]

A君

	①	15.0	14.9	14.8	14.7	14.6	14.5	14.4	14.3	14.2	14.1	14.0	13.9	13.8
	②	15.0	14.9	14.8	14.7	14.6	14.5	14.4	14.3	14.2	14.1	14.0	13.9	13.8
	③	15.0	15.0	15.0	15.0	15.0	15.0	15.0	15.0	15.0	15.0	15.0	15.0	15.0
	④	15.0	15.3											
	合計	60.0	60.1											

B君

	①	14.8	14.8	14.8	14.8	14.8	14.8	14.8	14.8	14.8	14.8	14.8	14.8	14.8
	②	14.8	14.8	14.8	14.8	14.8	14.8	14.8	14.8	14.8	14.8	14.8	14.8	14.8
	③													
	④													
	合計													

5　右の図のような長さ 20cm の左右対称な棒があり、真ん
中が天井からつり下げられています。真ん中より右側に物を
のせる皿をぶら下げますが、この問題では皿の重さは考えなく
てよいことにします。また、この棒には 1cm ごとに目盛りが
あって、〇の中にはおもりが入るようになっています。入る
おもりの重さは、アとコには 9g、イとケには 4.5g、ウとク
には 3g、エとキには 1.5g、オとカには 1g とし、それ以外に
は入れません。また、5 種類のおもりは、どれも 1 個ずつしか
ありません。

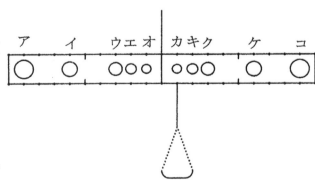

　はじめに、真ん中から右に 1cm の所に皿をぶら下げます。
たとえば、皿に 1g の物をのせるときオにおもりを入れると
つり合い、皿に 9g の物をのせるときウにおもりを入れると
つり合うので、図 1 のように皿に 8g の物をのせるときウと
カにおもりを入れるとつり合います。

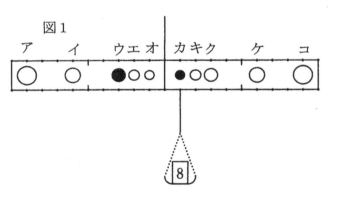

(1)　皿に 100g の物をのせるときどこにおもりを入れればつり
　　合いますか。アイウエオ順の記号で書きなさい。

　次に、皿は、真ん中から右に 1cm , 2cm , 3cm , … , 10cm
の 10 ヶ所に移動できるとします。たとえば、皿に 2g の物を
のせて真ん中から右に 4cm の所に移動するとき、図 2 のよう
にウとカにおもりを入れるとつり合います。
これを「4cm でウカ」と表します。

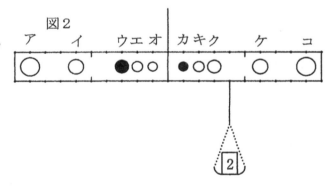

(2)　皿に 40g の物をのせてつり合う場合をすべて考え、
　　「何 cm でアイウエ」のように答えなさい。

(3)　皿に 11.5g の物をのせてつり合う場合をすべて考え、
　　「何 cm でアイウエ」のように答えなさい。

6　右の図のように、正方形 EFGH を底面とする正四角すいを底面と平行な平面で
切断した四角すい台 ABCD－EFGH があります。この四角すい台の高さは 12cm で、
上面 ABCD は対角線の長さが 7cm の正方形、底面 EFGH は対角線の長さが 25cm
の正方形です。また、4 つの側面はすべて台形で、AE＝BF＝CG＝DH です。

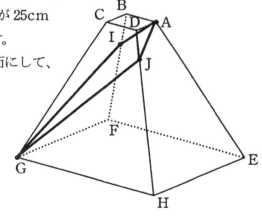

　辺 BF、DH 上に BI＝DJ となる 2 点 I、J があり、四角形 AIGJ を切断面にして、
図のように、この四角すい台を切断します。

(1)　辺 AE の長さは何 cm ですか。

(2)　四角形 AIGJ の対角線 AG の長さは何 cm ですか。

(3)　四角形 AIGJ の面積は何 cm² ですか。

(4)　もとの四角すい台 ABCD－EFGH の体積は何 cm³ ですか。

(5)　切断面より上の部分の立体の体積は何 cm³ ですか。

（注意）　解答はすべて解答用紙に記入しなさい。解答用紙のみ提出しなさい。

（40分）

1　問１〜問５の各文の下線部に誤りがあれば，その番号を解答らんにすべて記入せよ。下線部がすべて正しければ，「○」を
解答らんに記入せよ。

問１　ある日，北の空を見上げたところ，図１のような星のならびを見ることができた。
これは，①北斗七星といい，②こぐま座の一部であった。この星のならびを使って，
北極星を探すには，図中の③エとキの星の間の長さを約５倍にのばすとよいこと
が知られている。２時間後，あらためて観察すると，この星のならびは北極星を中心に
④時計回りに⑤３０度回転していた。

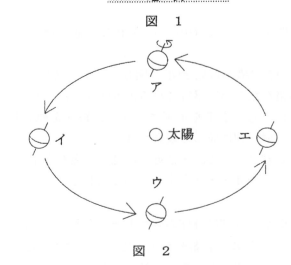

図　１

問２　図２のア〜エの地球は，春分，夏至，秋分，冬至のいずれかの位置にあ
り，図中の矢印は，地球の自転と公転の向きを表すものとする。ある日，
日本のある場所で日の出の方角を調べると，真東から太陽が出ていた。こ
の日，東経１３５度の場所で日の出の時刻が午前６時であったとすると，
東経１３０度の場所では，①午前５時４０分に日の出をむかえることとな
る。また，同じ日に地面に鉛直にたてた棒のかげの動きを観察したところ，
この日は棒のかげの先たんは②西から東へ③曲線を描くように移動してい
た。さらに，１ヶ月後に同じ場所で日の出の方角を調べると，前回よりも
南の方から太陽が出てきた。このことから，最初に日の出の方角を調べた
とき，地球は図２の④ウの位置にあったことが分かる。また，日本では，
最初に日の出の方角を調べたときから日にちが経過する毎に太陽の南中高
度がだんだんと⑤高くなったと考えられる。

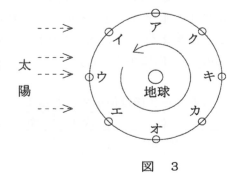

図　２

問３　図３の矢印は，月の公転の向きを表している。ある日，日本のある場所で月を
観察したところ，午前０時に満月が南中した。このとき，月は図３の①キの位置
にあった。また，下弦の月は，図３の②オの位置に月があるときに観察できる。
満月の２日後，同じ場所で月を観察したところ，午前０時に月は，③南中後で，
満月の時に比べ，自分を中心に，④２４度回転していた。また，南中したときの
月の形は満月に比べ，⑤西側が少し欠けていた。

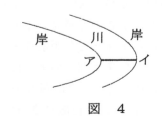

図　３

問４　川の流れを上流から下流へたどったところ，川の上流では下流に比べ，水の量は
①少なく，流れの速さは②速かった。また，川に落ちている石を比べたところ，川の
下流では上流に比べ，③小さく，④丸い石が多かった。川の中流で図４のように川の
流れている場所があった。図中のアイの線で川底の様子を調べたところ，ア側の方
がイ側よりも川底が⑤深くなっていることが分かった。

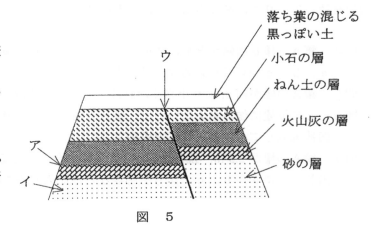

問５　あるがけの様子は，図５のようになっていた。このがけを調査
したところ，①アの場所から地下水がたくさんしみ出しており，
イの場所からはアサリの化石が見つかった。このことから，この
場所は昔②深く冷たい海の底だったことが分かる。また，小石の
層を調べたところ，層の下の方ほど粒が大きいことが分かった。
このことから，この地層は，下の方が③古い層である事が分かる。
さらに，図中のウの場所では地層がずれていた。このような場所
を④断層といい，このようすから，昔，このがけには，⑤左右に
引っ張られるような力が働いたことが分かる。

（注意） 解答はすべて解答用紙に記入しなさい。解答用紙のみ提出しなさい。

2 次のⅠ～Ⅲの文を読んで，以下の各問いに答えよ。

Ⅰ．図１のように，床に垂直に鏡を立て，鏡から３ｍ 離れた位置にＳ君が立ち，鏡の中の自分の像を観察した。

　　鏡の中のＳ君の像は，Ｓ君から（①）ｍ 離れた位置にあるように見えた。Ｓ君が右手を水平にあげると，鏡の中のＳ君の像は（②）手を水平にあげたように見えた。

　　Ｓ君の像が，Ｓ君から毎秒１ｍ の速さで遠ざかるようにするには，Ｓ君が毎秒（③）ｍ で鏡から遠ざかるか，または，鏡を毎秒（④）ｍ で，Ｓ君から遠ざければいい。

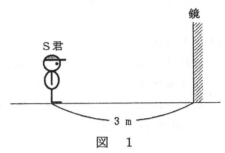

図　１

　　問１　上の文章中の（　）内に，適切な数字や言葉を入れよ。

Ⅱ．図２（横から見た図），図３（上から見た図）のように，鏡Ａと鏡Ｂを床に垂直に，両鏡がたがいに平行になるように立てた。Ｓ君は鏡Ａと２ｍ，鏡Ｂと１ｍ 離れた位置に立ち，右手を水平にあげて，鏡Ａを観察したところ，手をあげたＳ君の像が多数，縦一列に並んで観察された。

　　Ｓ君から見て，一番近くに見える像を像１，その次の奥に見える像を像２，順次，像３，像４・・・と名付けることにする。

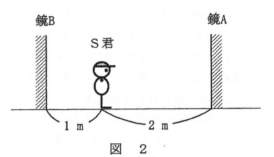

図　２

　　問２　Ｓ君は野球のユニホームを着ていて，胸には F の文字が，背中には 24 の背番号が入っていた。像１では，文字または数字はどのような図形で観察されるか。解答らんの [⋮] 内にかけ。次に，像２のユニホームの文字または数字はどのような図形に見えると考えられるか。実際には，像２は像１と重なって見えるので，Ｓ君の位置からは観察困難であるが，そのことは考えなくてよい。このように見えるはずだと思われる図形を解答らんの [⋮] 内にかくこと。

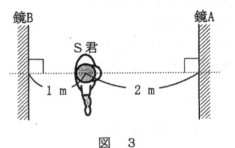

図　３

　　問３　Ｓ君から各像は何ｍ先にあるように見えるか。下の表を完成させよ。

像	像１	像２	像３	像４	像５	・・・	像１５
距離(m)						・・・	

Ⅲ．図４（上から見た図）のように，鏡の前にＴ君が立ち，Ｓ君が鏡の中を観察する。この時，Ｔ君から出た光が，矢印のように真っ直ぐ進み，鏡で反射されてＳ君の眼に届くと，Ｓ君には，Ｔ’の位置にＴ君の像が見えるのである。鏡での光の反射の際は，角アと角イが等しくなる。また，鏡からＴ君までの距離ウと，鏡からＴ君の像Ｔ’までの距離エは等しくなる。

　　図５（上から見た図）のように，鏡Ａと鏡Ｂをくっつけ，鏡の面の角度が９０°になるように，床に垂直に置いた。Ｔ君は鏡Ａから２ｍ，鏡Ｂから２ｍ離れた位置に立ち，Ｓ君は鏡Ａから１ｍ，鏡Ｂから４ｍ離れた位置に立った。そして，Ｓ君が鏡に映ったＴ君の像を観察する。各鏡が十分な幅を持っていれば，図５のように，Ｔ君の３つの像がａ，ｂ，ｃの位置にあるように見える。

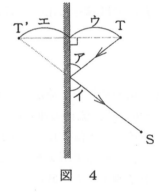

図　４

　　問４　鏡Ａと鏡Ｂの幅がともに３ｍの場合，観察される像をすべて答えよ。解答らんにａ，ｂ，ｃの記号を必要なだけ記入すること。

　　問５　鏡Ａの幅が何ｍより小さくなれば，ａ，ｂの位置の像がともに見えなくなるか。

　　問６　ｃの位置に像が見えないのは，鏡Ｂの幅が何ｍより小さいときか。小数第２位を四捨五入して小数第１位まで求めよ。

　　問７　鏡Ａの幅が2.5ｍ，鏡Ｂの幅が1.5ｍの場合，見えるのはどの位置の像か。解答らんにａ，ｂ，ｃの記号を必要なだけ記入すること。

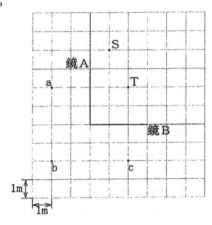

図　５

（注意）　解答はすべて解答用紙に記入しなさい。解答用紙のみ提出しなさい。

③　次のⅠ～Ⅲのミツバチについての文を読んで，以下の各問いに答えよ。

Ⅰ．ミツバチには次の（ⅰ），（ⅱ）のような特ちょうが見られる。

　（ⅰ）ミツバチの幼虫は，（　Ａ　）の時期を経てから成虫になる。

　（ⅱ）ミツバチのからだは，頭，胸，腹の３つの部分からなり，はねが４枚，あしが６本，しょっ角が２本ついている。

　問１　（　Ａ　）に適する語を答えよ。

　問２　ミツバチのように，（　Ａ　）の時期を経てから成虫になることを何というか。漢字で答えよ。

　問３　はね，あし，しょっ角は，頭，胸，腹のどの部分にそれぞれついているか。次の①～⑥の中から適当なものを選べ。

　　　①　頭　　②　胸　　③　腹　　④　頭と胸　　⑤　胸と腹　　⑥　頭と胸と腹

　問４　次の（ア）～（ウ）の特ちょうをもつ虫（成虫）を下の①～⑮の中からそれぞれ３つずつ選べ。

　　　（ア）（　Ａ　）の時期はあるが，はねは２枚である。

　　　（イ）（　Ａ　）の時期はないが，はねは４枚である。

　　　（ウ）（　Ａ　）の時期はなく，あしも６本ではない。

　　　①　テントウムシ　　②　ダンゴムシ　　③　カブトムシ　　④　コガネムシ　　⑤　カマキリ　　⑥　トンボ

　　　⑦　ホタル　　⑧　アブ　　⑨　セミ　　⑩　クモ　　⑪　ハエ　　⑫　ダニ　　⑬　ノミ　　⑭　カ　　⑮　ガ

Ⅱ．ミツバチが花のどのような情報を手がかりにして花のみつを集めているのかを確かめるために次のような実験を行った。

　　ミツバチの巣箱の近くに置いた机の上に，ペパーミントのにおいをつけた三角形の青色の紙を１枚置いて，その上に砂糖水を入れた皿をのせた。しばらくすると多数のミツバチが飛んできて，皿の中の砂糖水を飲むようになり，巣箱との間を何度も行き来するようになった。

　　数時間後，新たに下の表の実験１～実験５にあるような，においと形と色をした２枚の紙を机の上に並べて置き，その上に砂糖水の入っていない皿をのせて観察すると，実験１～実験５のいずれの場合にも，必ずどちらか一方の紙にミツバチが集まった。

	ミツバチが集まった紙	ミツバチが集まらなかった紙
実験１	ペパーミントのにおいをつけた三角形の青色の紙	オレンジのにおいをつけた円形の黄色の紙
実験２	ペパーミントのにおいをつけた円形の黄色の紙	オレンジのにおいをつけた三角形の青色の紙
実験３	ペパーミントのにおいをつけた三角形の青色の紙	ペパーミントのにおいをつけた円形の黄色の紙
実験４	ペパーミントのにおいをつけた円形の青色の紙	ペパーミントのにおいをつけた三角形の黄色の紙
実験５	ペパーミントのにおいをつけた三角形の青色の紙	ペパーミントのにおいをつけた円形の青色の紙

［実験１の例］

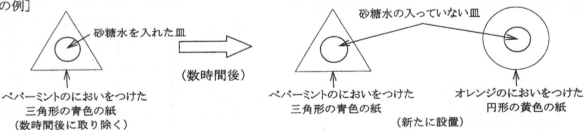

　問５　実験１～実験４の結果から，ミツバチは花のみつを探す手がかりとして，花のにおい，形，色のどの情報を優先して判断していると考えられるか。次の文中の（　ア　）～（　エ　）に適するものを下の①～⑥から選べ。

　　　実験１と実験２の結果から，（　ア　）の情報は（　イ　）の情報よりも優先して判断していると考えられる。また，実験３と実験４の結果から，（　ウ　）の情報は（　エ　）の情報よりも優先して判断していると考えられる。

　　　①　におい　　②　形　　③　色　　④　においと形　　⑤　においと色　　⑥　形と色

　問６　実験５を行った理由は何か。次の（　Ｂ　）に適する文を20字以内で答えよ。

　　　実験１～実験４の結果だけからは，（　　　　　　　Ｂ　　　　　　　）がわからないから。

Ⅲ．ここ数年，養蜂家が飼育しているセイヨウミツバチが世界中で激減し，大きな問題となっている。原因はウイルスなどの病原体，寄生ダニ，農薬などいろいろな説があるが，今のところはっきりとした理由は分かっていない。日本でも2009年以降，セイヨウミツバチの減少は深刻で，日本でハチミツを採集する養蜂家だけでなく，果物や野菜を栽培している園芸農家にも大きな打撃を与えている。

　問７　養蜂家だけでなく，果物や野菜を栽培している園芸農家にも大きな打撃を与えている理由を20字以内で説明せよ。

（注意）　解答はすべて解答用紙に記入しなさい。解答用紙のみ提出しなさい。

4　次のⅠ，Ⅱの文を読んで，以下の各問いに答えよ。

Ⅰ．わが国では古代から，生活に必要な「塩」は海水からつくられた。古代の歌集「万葉集」には，次のような短歌がある。

　　　　志賀の海人の　塩焼く煙　風をいたみ　立ちは上らず　山にたなびく　（万葉集 1246）
　　　　（志賀島の海人の塩を焼く煙は風が強いのでまっすぐに立ちのぼらずに山にたなびいている。）

このことから，現在の福岡市東区にある志賀島でもさかんに塩がつくられていたことがわかる。

　海水は，いろいろな物質の水溶液である。①海水 1 kg 中には平均 35 g の塩分が含まれている。海水から塩をつくるには，できるだけ水分を減らして濃い塩水をつくり，それを煮つめる。やがて②溶けきれなくなった塩が沈んでくるので，それを集める。

③水に食塩を溶けきれるだけ溶かした食塩水は，25 ℃での密度が 1.20 g/cm³，つまり体積 1 cm³ あたりの重さが 1.20 g である。食塩の結晶の密度は 2.18 g/cm³，つまり体積 1 cm³ あたりの重さが 2.18 g である。

　　問1　上の短歌の「塩焼く」という表現は，実際の塩のつくり方にそって考えると，（ a ）何を，（ b ）どうすること，を指していると考えられるか。

　　問2　下線部①より，海水の塩分の濃度は何％か。小数第２位を四捨五入して小数第１位まで答えよ。

　　問3　下線部②で残ったうわずみ液を何というか。また，この液はある食品をつくるのに使われる。その食品として適するものを次のア～カから１つ選び，その記号を答えよ。
　　　　ア．味噌　　　　イ．梅酒　　　　ウ．納豆　　　　エ．豆腐　　　　オ．酢　　　　カ．菜種油

　　問4　下線部③の食塩水を何というか。

　　問5　25 ℃の下線部③の食塩水 1 リットル（= 1000 cm³）から水分を完全にとりのぞくと食塩 318 g が得られた。この食塩水の25 ℃での濃度は何％か。小数第２位を四捨五入して小数第１位まで答えよ。

　　問6　食塩の結晶 318 g の体積は何 cm³ か。小数第２位を四捨五入して小数第１位まで答えよ。

　　問7　問6の関係から考えると，下線部③の食塩水の体積は，それに含まれている食塩の結晶の体積にくらべて何倍になるか。小数第２位を四捨五入して小数第１位まで答えよ。

Ⅱ．食塩（塩化ナトリウム）の結晶は，下図のモデルのように，２種の粒子（ナトリウムの粒子と塩素の粒子）が規則的に並んでできている。一方，Ⅰの下線部③の食塩水は，食塩が最少限の水に溶けていることになる。この食塩水中では，食塩の粒子と粒子の間に水の粒子が入りこんで，食塩の粒子の間隔が広がっているものと考えて，次の問いに答えよ。なお，次のグラフは，立方体の１辺の長さとその体積の関係を示したもので，例えば１辺の長さが２倍になるとその体積は８倍になることを示している。

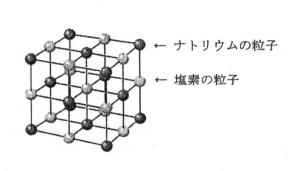

← ナトリウムの粒子

← 塩素の粒子

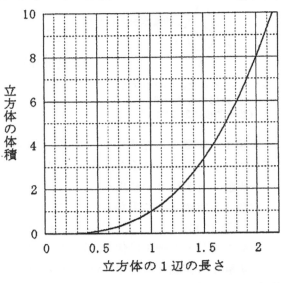

立方体の体積／立方体の１辺の長さ

　　問8　問7の結果から，Ⅰの下線部③の食塩水中では，食塩の粒子の間隔は，もとの結晶の粒子の間隔に対して何倍に広がっていると考えられるか。グラフを参考にして，小数第２位を四捨五入して小数第１位まで答えよ。

（注意）　解答はすべて解答用紙に記入しなさい。解答用紙のみ提出しなさい。

（40分）

1　自然災害とその対策に関する次の会話文を読み，（1）～（5）の問いに答えなさい。

先　生：昨日の夕方も，すごい雨が降ったね。雷も鳴っていたみたいだけれども，君たちは大丈夫だったかい？

生徒Ａ：僕の家の近くでは，あまり雷は落ちていなかったようでした。しかし，①ニュースなどで川の水位が上がっているということを言っていたので，九州北部豪雨を思い出して怖（こわ）かったです。

生徒Ｂ：私も，７月の豪雨を思い出しました。熊本の祖父達が②がけ崩（くず）れの被害（ひがい）にあっていたので，一番に祖父達が安全かどうかが気になりました。

先　生：あの豪雨のときは，学校の周りも道路が川のようになっていたり，池があふれていたりで，登下校にも十分な注意が必要だったね。九州北部豪雨もそうだったけれども，最近では異常気象が目立っているね。特に，私たちの住んでいる地域は，都心部で③周りの地域よりも温度が高く，（　Ｘ　）豪雨が起こりやすいから注意しなければならないよ。豪雨による水害などの④危険を予測した地図は，色々な町で作られているんだよ。

生徒Ａ：僕の祖父母の住む町では，近くに火山があるので，以前からそういう地図が作られていたそうです。

先　生：（　Ｙ　）などでそういう地図を手に入れた後に，実際にその地図にのっている避難場所に行ってみるなど，ふだんから災害に対する備えは万全にしておきたいね。

（1）文中の空欄（　Ｘ　）・（　Ｙ　）に当てはまる語句を，それぞれ答えよ。

（2）下線部①について，一般的に河川のはんらんが起こる可能性がある場合にとる行動として正しくないものを，ア～エから１つ選び記号で答えよ。

ア．インターネットの防災情報を活用して，近くの川のようすを調べる。

イ．*漏電（ろうでん）する危険もあるので，無駄（むだ）な電気を使わないようにテレビやラジオは消しておく。

ウ．床上・床下浸水などをふせぐために，玄関前に土（ど）のうを積み上げておく。

エ．近所に住むお年寄りにできるかぎり声をかけ，いざというときにはなるべく助け合って逃げる。

　　*漏電（ろうでん）：水にぬれるなどして電流が正しい回路を流れなくなること。火災の原因となることが多い。

（3）下線部②に関連して，洪水や地震などの災害のときには電気やガス・水道などが使えなくなり，不便な生活をしいられることがある。私たちの生活に必要不可欠な，電気・ガス・水道などをまとめて何というか，カタカナで答えよ。

（4）下線部③について，このような現象が起こる原因として誤っているものを，ア～エから１つ選び記号で答えよ。

ア．森林や緑地の減少　　　　　　　　イ．エアコンからの排熱

ウ．エルニーニョ現象　　　　　　　　エ．交通じゅうたいの増加

（5）下線部④について，このような地図を何というか。解答らんにしたがってカタカナで答えよ。

2　日本に関するさまざまな事がらについて，（1）～（3）の問いに答えなさい。

（1）日本の工業をリードする自動車工業について述べたア～エの文のうち，誤っているものを１つ選び記号で答えよ。

ア．かつて日本からの輸出が増えすぎたため，アメリカ合衆国などに工場をつくって現地生産をするようになった。

イ．自動車工業には，組み立て工場以外にも多くの部品工場が関わっているが，それらのほとんどが大工場である。

ウ．ハイブリッドカーや電気自動車，燃料電池自動車などの，二酸化炭素の排出がガソリン車に比べて少ない自動車の開発が行われている。

エ．自動車工業には多くの労働力が必要であるが，いくつかの工程では産業用ロボットが活躍している。

（2）領土をめぐる問題について述べた文中の空らん（　ア　）～（　エ　）に当てはまる語句を，それぞれ答えよ。

　　（　ア　）大陸の東側にある日本は，国土の周りをすべて海に囲まれた島国である。北にはロシアとの間に（　イ　）海が，西には中国との間に（　ウ　）海があるが，それらの海にはさまざまな（　エ　）がある。領土をめぐっていくつかの国が争うことがあるが，そのような場合は領土だけでなく，その周りの海底にある（　エ　）も大きく関わっていることがある。

（注意）　解答はすべて解答用紙に記入しなさい。解答用紙のみ提出しなさい。

（3）右の図は，日本が輸入している＊仮想水（バーチャルウォー
　　ター）の輸入相手国とその総量を示したものである。仮想水に
　　ついて，以下の①・②の問いに答えよ。

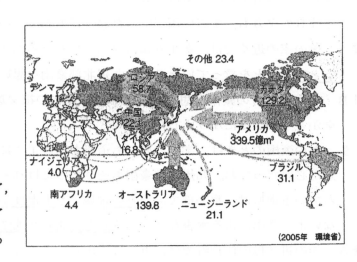

（2005年　環境省）

　＊仮想水：食料を輸入している国で，もしその輸入食料を自国
　　　で生産するとしたら，どの程度の水が必要になるかを推定
　　　したもの。例えば，パン1枚を作るには，約100Lの水が必
　　　要である。

　①仮想水の主な輸入相手国はアメリカ合衆国，オーストラリア，
　　カナダである。このうち，アメリカ合衆国とオーストラリア
　　からの仮想水は，主に何の輸入にともなって輸入されている
　　ものか，農産物・畜産物をそれぞれ答えよ。

　②西アジアでは，乾燥地域が多く農業がふるわないため，外国から多くの食料とともに仮想水を輸入している国がいくつ
　　かみられる。その背景には，それらの国がもつ豊富な資金力がある。その資金は何によって得られたものか答えよ。

3　歴史上で有名な人物が登場する「人物かるた」を使った，かるた大会が行われる。「人物かるた」とは，その人物に関
　する説明を読み札に，名前や絵姿を取り札にしたかるたである。下記の（1）〜（5）に記された，一山ごとの読み札によま
　れたそれぞれの人物名を推定しながら，読み札に書かれている活躍がいつの時代にあたるか，下の「時代」のらんに記さ
　れた記号を用いて，「アイウ」のように答えなさい。また，一山ごとの人物には，どんな共通の性質があると考えられる
　か，解答らんに漢字2字で書きなさい。なお，読み札の情報は意図的に省略されている場合がある。

時代：

ア．縄文時代	イ．弥生時代	ウ．飛鳥時代，奈良時代	エ．平安時代
オ．鎌倉時代	カ．室町時代（戦国時代）	キ．安土桃山時代	ク．江戸時代
ケ．明治・大正時代	コ．昭和時代	サ．平成時代	

例：| 仏教で　政治の安定　国分寺 | | 平安京　平和な世へと　移すため | | 鎌足と　大化の改新　その後も |

→　　解答　時代の組合せ：**ウエウ**，共通点：**天皇**

（1）
| 4せきの　黒い軍艦　米国から | | 人材を　次つぎ育てた　松下村塾 | | 農民と　ともに作った　奇兵隊 |

（2）
| リトアニア　多くのユダヤの… | | イギリスと　一部条約　改正し | | アメリカと　自由に関税　条約を |

（3）
| 開国を　決めた大老　江戸城で | | 命がけの　元との戦い　幕府へと | | 鳴かぬなら　殺してしまえ… |

（4）
| 命がけ　海原越えて　中国から | | 橘や池　大仏までも　弟子たちと | | 日本へと初めて伝えるキリスト教 |

（5）
| 頼朝の　ご恩は山より　高く… | | 君　死にたまふことなかれ | | 6歳からの留学おえて女子教育を |

（注意）　解答はすべて解答用紙に記入しなさい。解答用紙のみ提出しなさい。

4　次の（1）～（8）は，それぞれあるテーマについて述べたものである。これについて，誤っているものの組合せをア～カ
からそれぞれ１つ選び，記号で答えなさい。

ア．a・b	イ．a・c	ウ．a・d	エ．b・c	オ．b・d	カ．c・d

（1）稲作・農業

a．弥生時代，農具で水田をつくり米を生産し，食料が安定して手に入るようになって争いは無くなった。

b．古墳時代，渡来人たちが用水路・ため池の作り方などの土木技術を伝え，米の生産量が増えた。

c．鎌倉時代，鉄製の農具が広まり，草や木の灰を肥料に使って牛馬にすきを引かせるなどの工夫をした。

d．室町時代，戦乱が続くなかで村の人々は団結を強め，水車の利用や千歯こき・とうみの使用が始まった。

（2）芸能・祭り・娯楽

a．古墳時代，村では銅たくを作り，農作物の豊作を祈る祭りの時に，飾ったり鳴らしたりした。

b．田植えの時の豊作を祈る田楽や，祭りでのこっけいな猿楽がもとになって，室町時代に能が完成した。

c．江戸時代の中期，江戸や大坂では歌舞伎や人形浄瑠璃を楽しむ人が増え，芝居小屋がにぎわった。

d．第一次世界大戦後，都市を中心にテレビが家庭に普及し，映画館や劇場などの娯楽施設が増えていった。

（3）商業・流通・交通

a．鎌倉時代には，商人の活動や物資の流通が盛んになり，各地で定期的に市が開かれるようになった。

b．織田信長は，安土の城下や港町の博多などで，商人は誰でも自由に商売ができるようにした。

c．江戸時代は街道や航路が整備され，後半期には庶民の旅がさかんになり，風景画の浮世絵が人気を集めた。

d．明治時代の初め，日本独自の技術で鉄道の建設が進められ，東京から神戸まで開通した。

（4）建物

a．聖徳太子は，仏教を熱心に信仰し，今の大阪府に四天王寺を，今の奈良県に飛鳥寺を建てた。

b．奈良の東大寺は，12世紀後期と16世紀後期の２度，戦乱で焼失したが，そのつど再建された。

c．金閣のある鹿苑寺には，畳や障子・ふすまが使われた書院造で有名な東求堂が残されている。

d．17世紀前半に，今の栃木県の日光に東照宮がつくられ，そこに徳川家康がまつられた。

（5）税制度・土地制度

a．奈良時代の農民は，税として稲や特産物を納めるほかに，兵士として都の警備や九州の守りについた。

b．織田信長は物差しやますを統一し，役人を派遣して田畑の面積，土地の良し悪し，収穫高を調べさせた。

c．明治政府は，従来の年貢にかわって，土地の価格に応じた地租を米などの農産物で納めさせた。

d．戦後，地主が持つ農地の多くを政府が強制的に買い上げ，小作人に安く売り渡す農地改革が行われた。

（6）外国との関係

a．奈良時代，遣唐使とともに，中国の律令制度や文化を学ぶために多くの留学生，僧が唐に渡った。

b．源頼朝は海外交易のための船を鎌倉で建造し，中国の宋へ派遣して積極的に貿易を行った。

c．江戸時代には，琉球からの使いは日本に来たが，朝鮮からの使いは来なかった。

d．明治時代中期，日清戦争で清を破った日本は，清から台湾などの領土や多額の賠償金を得た。

（7）食事・食べ物

a．平安時代の貴族たちは，寝殿造の屋敷でしばしば宴会を開いたが，一日二食が普通だった。

b．禅宗の寺に伝わっていた豆腐・まんじゅう・うどんなどを，室町時代には庶民も食べるようになった。

c．江戸時代の農民は，年貢などの負担が軽かったので，白米中心の豊かな食生活を送っていた。

d．明治時代に，牛肉やパンが食べられるようになって，米や魚を食べる家庭が大幅に減少した。

（注意）　解答はすべて解答用紙に記入しなさい。解答用紙のみ提出しなさい。

（８）貿易・産業

　　ａ．幕末期に開国して貿易が始まると，生糸や茶などがさかんに輸出され，品不足になって物価が上がった。

　　ｂ．日露戦争後，今の北九州市に八幡製鉄所が建設され，鉄鋼業や造船業が政府の援助を得てさかんになった。

　　ｃ．大正時代に起こった第一次世界大戦で工場が多大な被害を受けたので，日本の工業生産額は減少した。

　　ｄ．1960年代に，重化学工業を中心に急速に産業が発展し，新幹線や高速道路が整備されていった。

[5]　下の文を読み，（１）～（７）の問いに答えなさい。

　　2008年８月26日から８月31日にかけて，中国，東海，関東，東北地方などで記録的な豪雨が降り，各地で家が水につかったり，交通がまひしたりする被害がでた。特に大きな被害が出た愛知県では，岡崎市と名古屋市に対して「災害救助法」と①「被災者生活再建支援法」が適用され，災害の復旧と被災者の支援が行われた。

（１）下線部①の法律は，自然災害で被災した人たちの復興を後押しする目的で1998年に制定された。そのきっかけとなったできごとを答えよ。

（２）次の文の下線部（ア）～（ウ）のうち，１つ間違いがある。間違っている部分の記号を書き，正しい語句を答えよ。

> (ア)住民の代表者も参加して(イ)国土交通省が復興計画を作成し，(ウ)国から資金が提供される

（３）選挙権・被選挙権について述べたア～エの文のうち，誤りを含むものを１つ選び記号で答えよ。

　　ア．都道府県・市町村議会議員選挙に立候補するには，25歳以上でなければならない。

　　イ．市町村長選挙に立候補するには，30歳以上でなければならない。

　　ウ．衆議院議員選挙に立候補するには，25歳以上でなければならない。

　　エ．国会議員・地方議会議員および首長の選挙権は，20歳以上の男女に与えられる。

（４）選挙権以外の国民の権利について述べたア～エの文のうち，誤りを含むものを１つ選び記号で答えよ。

　　ア．憲法改正は，内閣が内容を決定した後に国民投票で承認されなければならない。

　　イ．健康で文化的な生活を送る権利を保障するために，生活保護などの制度が整えられている。

　　ウ．県議会に対して条例の制定を請求することができる。

　　エ．労働組合をつくって，賃金などの条件を会社の経営者と交渉することができる。

（５）地球環境問題について述べたア～エの文のうち，誤りを含むものを１つ選び記号で答えよ。

　　ア．1972年に「かけがえのない地球」を合言葉に国連人間環境会議が開かれ，国連を中心に国際社会が協力することが決められた。これを受けて，国連環境計画という機関がつくられた。

　　イ．1992年に「国連環境開発会議」が開かれ，持続可能な社会や環境をつくるために，先進国・発展途上国を問わずすべての国で温室効果ガスの排出を６％（1990年と比べて）減らすことが決められた。

　　ウ．地球環境問題の解決のためにさまざまな国際会議が開催されるが，そこでは世界各国の政府代表だけではなく，多くのＮＧＯ（非政府組織）も話し合いに参加している。

　　エ．ゆきすぎた木の伐採や，放牧のし過ぎなどが原因で砂漠化が進行し，地球の陸地の約４分の１が砂漠化の影響を受けているといわれている。

（注意）　解答はすべて解答用紙に記入しなさい。解答用紙のみ提出しなさい。

（６）第二次世界大戦後の戦争・紛争に関して述べたア～エの文のうち，誤りを含むものを１つ選び記号で答えよ。

　　ア．ボスニア・ヘルツェゴビナ内戦ではたくさんの難民が発生し，国連は国連難民高等弁務官事務所（ＵＮＨＣＲ）を中
　　　心にその解決に努力した。

　　イ．カンボジアをはじめ紛争や戦争があった地域で数多く残る地雷が人々の生活をおびやかしている。多くの国が対人
　　　地雷全面禁止条約に署名したが，アメリカ合衆国や中華人民共和国などいまだに署名していない大国がある。

　　ウ．アフガニスタン紛争は，外国勢力の侵入とは無関係に起きた内戦であり，シーア派とアラウィ派という宗教対立が
　　　原因である。そのため，国連も積極的に解決しようとしなかった。

　　エ．安全保障理事会の常任理事国には拒否権が認められているため，朝鮮戦争をはじめ紛争解決に十分な対応ができな
　　　いこともしばしばであった。

（７）次の文の下線部（ア）～（エ）のうち，１つ間違いがある。間違っている部分の記号を書き，正しい語句を答えよ。

　　　子どもの権利条約は，生きる権利，育つ権利，(ア)守られる権利，(イ)学ぶ権利の４つの柱からなり，(ウ)ユニセフ
　　の活動の中心となる考え方を表している。(ウ)ユニセフはそのための募金を呼びかけているが，たとえば100円で下痢
　　で身体から水分がなくなって命を失うことを防ぐ(エ)経口補水塩が14袋，300円あまりでウール製毛布が１枚買える。

㊥　**算数**

1　(1)　　　(2)　　円　(3)　　　(4)　　cm²

※150点満点
（配点非公表）

2　(1)　　　(2)　　　(3)　　　(4)　　番目で

3　(1)

(2)　　cm

(3)　　cm²

4　(1)　　秒，　位　(2)

(3)　　　(4)　　秒

5　(1)

(2)

(3)

6　(1)　　cm　(2)　　cm　(3)　　cm²　(4)　　cm³　(5)　　cm³

平成２５年度　久留米大学附設中学校入学試験　解答用紙

中　理科

受験番号 □

※100点満点
（配点非公表）

1

問1		問2		問3	
問4		問5			

2

問1
①	②	③	④

問2
像1	像2

問3
像	像1	像2	像3	像4	像5	…	像15
距離(m)						…	

問4		問5	m	問6	m	問7	

3

問1		問2		問3	はね	あし	しょっ角

問4
ア	イ	ウ

問5
ア	イ	ウ	エ

問6

問7

4

問1	a	b	問2	％
問3	うわずみ液	問4	問5	％
問6	cm³	問7	倍	問8	倍

解 答 用 紙

受験番号	

中学社会

（注意）　解答はすべて解答用紙に記入しなさい。解答用紙のみ提出しなさい。

（この欄には記入しない）

*
※100点満点 （配点非公表）

1

(1)		(2)	(3)
X	Y		

(4)	(5)
	マップ

2

(1)	(2)			
	ア	イ	ウ	エ

(3)	
①	②
農産物：　　　畜産物：	

3

(1)		(2)		(3)	
組合せ	共通点	組合せ	共通点	組合せ	共通点

(4)		(5)	
組合せ	共通点	組合せ	共通点

4

(1)	(2)	(3)	(4)	(5)	(6)	(7)	(8)

5

(1)	(2)		(3)	(4)	(5)
	記号　　語句				

(6)	(7)
	記号　　語句

■ ご使用にあたってのお願い・ご注意

（1）問題文等の非掲載

　著作権上の都合により，問題文や図表などの一部を掲載できない場合があります。

　誠に申し訳ございませんが，ご了承くださいますようお願いいたします。

（2）過去問における時事性

　過去問題集は，学習指導要領の改訂や社会状況の変化，新たな発見などにより，現在とは異なる表記や解説になっている場合があります。過去問の特性上，出題当時のままで出版していますので，あらかじめご了承ください。

（3）配点

　学校等から配点が公表されている場合は，記載しています。公表されていない場合は，記載していません。

　独自の予想配点は，出題者の意図と異なる場合があり，お客様が学習するうえで誤った判断をしてしまう恐れがあるため記載していません。

（4）無断複製等の禁止

　購入された個人のお客様が，ご家庭でご自身またはご家族の学習のためにコピーをすることは可能ですが，それ以外の目的でコピー，スキャン，転載（ブログ，ＳＮＳなどでの公開を含みます）などをすることは法律により禁止されています。学校や学習塾などで，児童生徒のためにコピーをして使用することも法律により禁止されています。

　ご不明な点や，違法な疑いのある行為を確認された場合は，弊社までご連絡ください。

（5）けがに注意

　この問題集は針を外して使用します。針を外すときは，けがをしないように注意してください。また，表紙カバーや問題用紙の端で手指を傷つけないように十分注意してください。

（6）正誤

　制作には万全を期しておりますが，万が一誤りなどがございましたら，弊社までご連絡ください。

　なお，誤りが判明した場合は，弊社ウェブサイトの「ご購入者様のページ」に掲載しておりますので，そちらもご確認ください。

■ お問い合わせ

　解答例，解説，印刷，製本など，問題集発行におけるすべての責任は弊社にあります。

　ご不明な点がございましたら，弊社ウェブサイトの「お問い合わせ」フォームよりご連絡ください。迅速に対応いたしますが，営業日の都合で回答に数日を要する場合があります。

　ご入力いただいたメールアドレス宛に自動返信メールをお送りしています。自動返信メールが届かない場合は，「よくある質問」の「メールの問い合わせに対し返信がありません。」の項目をご確認ください。

　また弊社営業日（平日）は，午前９時から午後５時まで，電話でのお問い合わせも受け付けています。

2025 春

株式会社教英出版

〒422-8054　静岡県静岡市駿河区南安倍３丁目 12-28

TEL　054-288-2131　　FAX　054-288-2133

URL　https://kyoei-syuppan.net/

MAIL　siteform@kyoei-syuppan.net

教英出版　2025　32 の 1　久留米大学附設中７年分